# Essai

sur

# l'Orchestique

## Grecque

### Étude de ses mouvements

d'après les monuments figurés

ἐστὶ δὲ καὶ τὰ τῶν ἀρχαίων
δημιουργῶν ἀγάλματα τῆς
παλαιᾶς ὀρχήσεως λείψανα.

Ατηένέε, 629. b.

### Thèse

présentée à la Faculté des lettres de Paris

PAR

## Maurice Emmanuel

Lauréat du Conservatoire

### PARIS

LIBRAIRIE HACHETTE ET Cᵢₑ

79, BOULEVARD SAINT-GERMAIN, 79

1895

# Essai

sur

# l'Orchestique

## Grecque

COULOMMIERS

Imprimerie PAUL BRODARD.

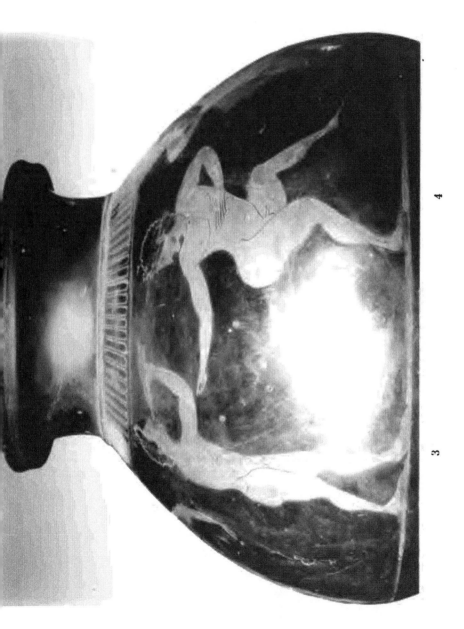

3    4

Sans le secours de M. le D<sup>r</sup> Marey, membre de l'Institut, et de M. Hansen, Maître de Ballets à l'Opéra, je n'aurais pu tirer parti des images antiques qui servent de base à cet ouvrage. M. Hansen, avec une compétence à laquelle j'attachais le plus grand prix et avec une bonne grâce charmante, a bien voulu me donner son avis sur chacune des représentations de mouvements empruntées aux monuments figurés. De plus, il a dirigé les expériences de *Chronophotographie* qui avaient pour objet l'analyse et la synthèse des mouvements de la danse. M. le D<sup>r</sup> Marey avait mis en effet à ma disposition ses admirables appareils, et c'est à sa bienveillance que je dois les séries d'images sur lesquelles reposent la plupart de mes interprétations. Je le prie et je prie M. Hansen d'agréer l'expression de ma profonde reconnaissance.

Je remercie de tout cœur M. A. Croiset, membre de l'Institut, dont les conseils m'ont été si précieux, pendant la longue préparation de cet ouvrage ; M. M. Collignon, membre de l'Institut, qui m'a permis de recourir à son autorité pour classer les monuments ; M. E. Pottier, conservateur au Musée du Louvre, qui m'a ouvert ses vitrines et m'a fait profiter de sa délicate érudition ; M. Müntz, membre de l'Institut, archiviste de l'École des Beaux-Arts ; M. de Chantepie, administrateur de la Bibliothèque de la Sorbonne, et ses collaborateurs MM. Chatelain, Lehot, Mortet, qui ont mis, avec tant d'obligeance, les instruments de travail entre mes mains ; M. Nuitter, archiviste de l'Opéra, qui m'a communiqué d'intéressants manuscrits ; M. Babelon, conservateur du Cabinet des Médailles, à qui je dois de publier quelques types inédits de danseurs antiques.

J'ai trouvé auprès de M. L. Havet, membre de l'Institut, le plus bienveillant accueil toutes les fois que j'ai eu besoin de ses avis. Je lui demande de croire à ma vive et affectueuse gratitude.

Que M. Bourgault-Ducoudray, dont j'ai été pendant plusieurs années l'élève au Conservatoire, me permette de lui témoigner ici que je me suis inspiré, autant que je l'ai pu, de ses leçons sur l'histoire de la Musique.

# Sommaire analytique

---

## Les monuments figurés [1].

SOURCES : **1**. Sources de l'histoire de la danse grecque. — **2**. Les Monuments Figurés. — **3**. La Rythmique. — **4**. Les Textes. — **5**. Méthode appliquée à l'étude de l'Orchestique. — **6**. Les monuments figurés et la chronologie.

VASÉS PEINTS : **7**. Vases de style dit mycénien. — **8**. Vases de style géométrique, dits : Vases du Dipylon. — **9**. Vases de style orientalisé. Le procédé de l'incision. — **10**. Vases à figures peintes en noir sur fond d'argile rouge (vi° siècle). — **11, 12**. Vases à figures rouges sur fond noir (v°, iv°, iii° siècles). — **13**. Peinture céramique sur fond blanc. Lécythes funéraires.

HAUTS ET BAS-RELIEFS : **14**. Art archaïque (vii° et vi° siècles). — **15**. v° siècle. — **16**. iv° siècle. Coroplastie tanagréenne. — **17**. Époque dite hellénistique (iii° et ii° siècles). — **18**. i° siècle avant J.-C. L'art grec à Rome. L'art archaïsant. Les bas-reliefs de terre cuite.

INTERPRÉTATION DES MONUMENTS FIGURÉS : **19, 20**. Les « restaurations ». — **21**. Terres cuites fausses. — **22, 23**. Erreurs et conventions du dessin et de la perspective. — **24**. Omission de la ligne de terre sur les peintures de vases. — **25 à 28**. Tête et jambes de profil ; corps de face. Corrections nécessaires. — **29**. Convention propre au bas-relief, appliquée à la disposition des jambes des personnages qui marchent. — **30, 31**. Mouvements dénaturés. Mouvements exacts. Persistance de certains types de mouvements à travers les séries monumentales. — **32, 33**. Limitation de cette étude aux modes du mouvement orchestique chez les Grecs.

LES GESTES TRADITIONNELS D'APRÈS LES MONUMENTS FIGURÉS : **34**. Confusion possible entre certains gestes traditionnels, mimétiques

---

1. Les chiffres renvoient aux paragraphes.

# Les mouvements en général.

## Les mouvements naturels : La Marche et la Course.

# Technique de la Danse.

## I. Les Positions.

(Tout ce qui est en italique est relatif à la danse moderne; le reste a trait à l'orchestique grecque).

## II. Exercices préparatoires.

# Reconstitution des Temps et des Pas

*au moyen des images antiques.*

# Etudes du Danseur.

# La Chorégraphie.

### *La mimique funèbre. — Les jeux rythmés.*

# Les Danseurs.

# Conclusion.

# Les Monuments figurés

# SOURCES

**1**. L'étude de la danse grecque antique (l'*Orchestique*, ἡ ὀρχηστικὴ τέχνή) a pour éléments d'information les trois sources suivantes :

Les *Monuments figurés* (vases peints, reliefs, etc.) qui nous présentent l'image des danseurs;

La *Rythmique* des poètes (lyriques, tragiques, comiques, chansonniers, etc.), dont les œuvres appartiennent à cette période où les trois arts musicaux — poésie, musique, orchestique — sont étroitement associés, et qui nous fournit l'ossature rythmique de la danse;

Les *Textes* des auteurs, qui ont trait aux questions orchestiques, et qui, à l'exception de deux ou trois opuscules spéciaux, sont disséminés à l'état de fragments dans toute la littérature grecque.

**2**. Il est presque inutile de faire observer qu'au point de vue de leur importance relative les *Monuments figurés* prennent le premier rang dans cette liste. Si l'on peut établir — et cette étude n'a pas d'autre but, — qu'abstraction faite de la fantaisie ou de l'inexpérience des artistes, les mouvements de danse qu'ils ont fixés sur les vases et les reliefs sont souvent bien vus et fidèlement traduits, on admettra volontiers que des représentations exactes des scènes orchestiques soient les documents les plus précieux que nous puissions consulter.

**3**. La *Rythmique* poétique, si elle était définitivement restaurée, apporterait à l'étude des monuments figurés le plus utile secours.

Dans une poésie accompagnée de chant et de danse, le rythme est en effet le lien commun qui réalise l'union des trois arts. Chez les anciens, cette union est telle que si l'on arrive à la connaissance exacte du rythme de leur poésie, on a du même coup pénétré le secret du rythme musical et du rythme orchestique. Ce résultat est loin d'être obtenu : jusqu'à présent on n'a pu déterminer avec précision que les formules rythmiques les plus simples. La versification proprement dite n'échappe plus à l'analyse des métriciens ; la succession des temps forts et des temps faibles, les lois de leur alternance, leur durée relative sont parfaitement connues lorsqu'il s'agit de vers uniformes répétés en longues tirades (κατὰ στίχον), ou de systèmes strophiques construits sur un modèle de forme arrêtée (strophe alcaïque, strophe saphique, etc.). Malheureusement, la poésie véritablement orchestique, celle dont l'allure plus libre ne s'astreint pas à des types métriques, la poésie des chœurs d'Eschyle, d'Aristophane ou de Pindare, n'a pu être soumise à une analyse exacte. Déjà d'admirables travaux en ont fait soupçonner la structure, et l'ordre s'est peu à peu introduit dans des ensembles métriques qui paraissaient n'être que confusion. Mais la part des conjectures est telle, dans ces restaurations, qu'il est impossible d'y trouver les éléments nécessaires à un rapprochement plausible avec les monuments figurés de la danse.

D'ailleurs, envisagée à ce point de vue spécial, la Rythmique prendrait peut-être une forme différente de celle qu'on lui a donnée. Les métriciens obéissent plus généralement à des préoccupations grammaticales, et jusqu'à un certain point pédagogiques, qu'ils ne tiennent compte des exigences particulières à la musique et à la danse ; il ne serait pas inutile d'introduire dans leur méthode certaines modifications pour l'appliquer utilement à l'ensemble indissoluble formé par les trois arts musicaux [1].

En dépit des lacunes qui subsistent et qu'il sera peut-être difficile de combler, la Rythmique grecque, dans ce que la poésie nous

---

1. Si l'on veut se faire une idée exacte de l'état actuel des connaissances métriques, on les trouvera exposées avec une admirable précision dans le petit livre de L. Havet : *Cours élémentaire de métrique grecque et latine*, 3ᵉ édition (Paris, Delagrave).

en révèle, est une source d'information directe et féconde à laquelle
doit puiser l'historien de la danse.

**4.** Les *Textes* des auteurs, qui sont nombreux, viennent coor-
donner les indications fournies par les monuments figurés et par la
Rythmique. Non pas que la conciliation soit toujours facile, ni simplement possible. Mais à défaut d'un traité méthodique — qui
semble n'avoir jamais été composé, — ils permettent de connaître
les idées des Grecs sur l'orchestique et de délimiter le domaine de
cet art. Ils nous le montrent singulièrement vaste et beau, et s'ils
nous renseignent mal sur les procédés gymnastiques de la danse,
ils nous apprennent qu'elle est un art divin, et qu'elle joue dans
l'éducation de l'homme un rôle considérable. Ils permettent aussi
de dresser une longue liste des danses pratiquées en Grèce en
divers temps, mais c'est là leur moindre avantage. De ces danses,
en effet, ils ne nous font guère connaître que le nom, et si l'on s'en
tient à de telles indications, on ne peut obtenir que des catalogues
mal ordonnés.

C'est à ce fastidieux et inutile travail que se sont bornés jusqu'ici
les chercheurs. La compilation de J. Meursius, parue en 1618,
n'est qu'une laborieuse énumération, par ordre alphabétique, de
tous les mots qui ont paru au philologue hollandais désigner une
danse. Il serait inutile de chercher dans cet ouvrage, non plus que
dans celui de Krause (*Gymnastik und Agonistik der Hellenen*, Leip-
zig, 1841), les éléments d'une restauration de la danse grecque
antique, même approchée. Les opuscules de Buchholtz, de Kirchhoff,
de Flach, ne sont pas plus explicites. S'en tenir aux textes en effet,
c'est se vouer à l'incertitude et à la confusion. Le *Dialogue de la
danse*, de Lucien, n'est qu'une boutade, pleine de gaîté, dont la
pantomime romaine fait tous les frais. Le discours de Libanius *sur
les danseurs* (ὑπὲρ τῶν ὀρχηστῶν) est de plus basse époque encore :
du IV<sup>e</sup> siècle après J.-C. Les compilateurs et les lexicographes,
Athénée, Pollux, Proclus, Héphestion, Hézéchius, Suidas, etc.,
tous postérieurs à l'époque classique, accueillent sans discernement les informations les plus contradictoires. Quant aux Scoliastes,
ils sont le fléau de la philologie naissante : chercher avec eux la
clef de l'orchestique grecque, c'est se condamner à ne la trouver

jamais. Ils ignorent ce dont ils parlent; ils donnent du même mot les interprétations les plus diverses et se garderaient bien de faire un choix.

Faut-il demander à Platon, à Xénophon, à Aristote, qui dissertent volontiers sur la dignité de la danse, sur ses bienfaits, de nous apprendre ce qu'elle est? Mieux vaudrait s'adresser aux comiques, aux tragiques même, dont les personnages dansent et parfois, en scène, disent comment ils dansent.

Toutes ces indications fournies par les textes ont, à coup sûr, une valeur et un intérêt. On en peut tirer des vues d'ensemble et y découvrir toute une philosophie de la danse bien faite pour nous surprendre; on y trouve aussi d'utiles commentaires des monuments figurés. Mais à elles seules elles restent stériles.

**5**. La méthode qui s'impose pour étudier la danse grecque antique est donc toute différente de celle qu'on a suivie jusqu'ici : c'est aux images orchestiques relevées sur les vases et les reliefs que nous demanderons nos premières leçons de danse.

Ces Images nous apprendront comment les Grecs dansaient *dans l'espace*; — la Rythmique nous aidera ensuite à découvrir comment ils dansaient *dans le temps*; — les Textes nous diront pourquoi ils dansaient et quelle valeur morale était attribuée à la danse. En dernier lieu il faudra, par un effort de synthèse, chercher à concilier des témoignages si nombreux et d'ordres si divers, montrer que les mouvements, les rythmes, l'esthétique de cet art s'unissaient dans un harmonieux ensemble. On n'a d'autre ambition, dans cet Essai, que d'indiquer une méthode rigoureuse applicable à l'étude de l'orchestique grecque. Afin de parvenir à ce but, on divisera les difficultés « pour les mieux résoudre ».

Nous supposerons d'abord que seuls les monuments figurés nous parlent de la danse grecque, et nous éliminerons provisoirement toutes les autres sources.

Quels sont ces monuments? Comment doit-on les interpréter? Quelle est la valeur des indications qu'ils fournissent? Quelles conventions comportent-ils?

**6**. Les monuments figurés, auxquels sont empruntées les représentations orchestiques qui sont la base de cette étude, s'échelonnent sur une longue série de siècles. Depuis les vases du Dipylon jusqu'aux objets d'art gallo-romains, dont la provenance ou le modèle sont encore helléniques, il s'écoule plus de douze cents ans. Les transformations de la technique, bien plus que les transformations des sujets représentés, permettent d'assigner une date approchée aux vases et aux reliefs. Quelques-uns, mais c'est le petit nombre, ont pris leur rang définitif dans la chronologie. Tous les autres appartiennent à des séries dont la durée est variable et dont les limites mêmes ne sont pas toujours nettement fixées. Les archéologues, par une interprétation méthodique qui a, depuis peu d'années, établi une chronologie, trouvent à chaque instant, dans de nouvelles découvertes, l'occasion de la modifier. Mais les résultats acquis fournissent dès maintenant des points de repère assez sûrs, et le tableau suivant peut être considéré comme un cadre vraiment utile :

# VASES PEINTS [1]

**7. Vases de style dit mycénien.** — Ces vases, qu'il vaudrait mieux étiqueter, avec M. Perrot, *vases de style égéen* — puisqu'on les trouve dans tout le bassin de la mer Egée, — ont un décor exclusivement végétal et animal, qui ne comporte pas encore la représentation humaine. Ils ne sont donc mentionnés ici que pour mémoire. C'est surtout de la faune et de la

XV° à X° siècle.

---

1. L'aperçu suivant, auquel le lecteur aura l'occasion de se reporter, est un abrégé très imparfait, simplifié à outrance, de l'enseignement archéologique donné publiquement à la Sorbonne par M. Max. Collignon, et au Louvre par M. E. Pottier. En tête d'un travail dont les Vases et les Reliefs grecs antiques sont la base, il était nécessaire de rappeler le classement que l'archéologie française contemporaine en a fait. Mais le lecteur est averti qu'un certain nombre de questions restent pendantes et que plusieurs solutions sont provisoires.

flore marines que s'inspirent les artistes de ces temps
reculés; ils aiment à représenter des algues, des mol-
lusques, et souvent ils s'en tirent avec une remarquable habileté. Leur pinceau, parfaitement souple,
se plaît aux lignes courbes. M. E. Pottier a mis en
lumière [1] la prédominance du décor linéaire curviligne
sur les vases de cette catégorie.

**XI<sup>e</sup> à VII<sup>e</sup><br>siècle.** **8. Vases de style géométrique, dits V. du
Dipylon.** — De même que les vases dits mycéniens,
ils se retrouvent dans tous les pays grecs, mais ils
se distinguent profondément des vases de la série précédente. Une évolution se produit, dont l'origine est
encore obscure, et le décor se transforme. La ligne
droite se substitue à la ligne courbe; l'ornementation
se fait géométrique; les plantes et les animaux se
raidissent et prennent un aspect schématique. La
figure humaine, qui apparaît, n'échappe pas à cette
étrange *géométrisation* des formes : les personnages
se détachent en silhouettes opaques, monochromes,
sur le fond clair du vase, sortes d'hiéroglyphes aux
angles brusques, à tournure grotesque (fig. 541, 542,
515, 516).

Les représentations de mouvements orchestiques
sont déjà nombreuses; on pourrait presque dire que
la danse est le premier mode du mouvement qui ait
tenté le pinceau des céramistes grecs : les scènes
funèbres qui se déroulent autour des grands vases du
Dipylon, appartiennent, par la mimique des personnages, à une orchestique rituelle qui accompagnait
l'ensevelissement des morts. De même les files de guerriers armés, qui s'avancent du même pas, sont de
bien près apparentées à ces files de danseurs qui se
tiennent par la main; et ces trois sortes de représentations : *danses funéraires*, *danses armées*, *danses*

---

1. Cours professé au Louvre, 1893-94.

*populaires*, constituent à elles seules presque tout le répertoire des céramistes du Dipylon, lorsqu'ils osent s'attaquer à la figure humaine.

**9. Vases de style orientalisé.** — On les trouve dans les Iles de l'Archipel, en Ionie et dans la Grèce propre. Les principaux centres de fabrication sont Rhodes, Milo et Corinthe. L'influence orientale est évidente dans le choix des motifs d'ornementation. Les personnages sont encadrés par un décor végétal et animal emprunté sans doute aux industries textiles des pays orientaux. Une *couverte* blanchâtre, étendue sur toute la surface du vase, sert de fond aux ornements et aux figures; ceux-ci sont souvent répartis en zones parallèles superposées.

VII<sup>e</sup> siècle.

Vers le milieu du vii<sup>e</sup> siècle, un nouveau procédé de dessin apparaît sur les vases, celui de l'*incision*. Il consiste à dessiner à la pointe les contours des figures; la pointe enlève la peinture et le fond clair de l'argile reparaît. Les rapports de cette technique avec la métallurgie sont évidents. La présence de traits incisés sur les vases a une grande importance dans l'établissement de la chronologie céramique.

La polychromie, toute conventionnelle, se réduit au blanc, au noir et au rouge. Le coloris, dans son ensemble, a pour caractère la clarté, la gaîté.

Les mouvements orchestiques représentés se font plus souples et plus hardis. La marche sur la demi Pointe (102), la course agenouillée (77), le saut, marqué par la flexion des genoux (300), deviennent autant de formules souvent répétées. Les danses burlesques du *kômos* (415) sont un des thèmes préférés des peintres céramistes du vii<sup>e</sup> siècle. Les files de guerriers en armes, de la série précédente, si elles ne disparaissent pas entièrement, font souvent place à des combats singuliers : deux héros casqués, affrontés, qui doivent être parfois de simples pyrrhichistes (358), se menacent de la lance. Tous ces personnages sont encore d'assez vilains bonshommes ; mais, par leur individualité déjà marquée, ils sont en très grand progrès sur les types uniformes du style géométrique.

**10. Vases à figures peintes en noir sur fond d'argile rouge.** — La fabrication et le style atti·ques deviennent prédominants : le décor végétal et animal disparaît. Le goût sévère et peut-être trop exclusif des peintres de vases attiques élimine tout élément pittoresque ; ils ne s'intéressent plus qu'à la figure humaine et lui sacrifient entièrement la faune et la fleur. Les personnages se détachent sur le champ que les ornements de toute sorte ne remplissent plus. La couverte blanche est abandonnée : la pâte de l'argile, rougie avec de l'oxyde de fer, donne un fond fauve et doux sur lequel tranchent vivement les figures peintes en noir. Le procédé de l'incision (9) est tout à fait généralisé. Les peintres se servent souvent d'*engobes* ou retouches blanches pour les chairs des femmes ; les chairs des hommes restent noires (fig. 504, 505).

La technique s'affine, et bien que le dessin soit encore d'une raideur archaïque, les mouvements se font libres ; mais ils sont rarement très amples et ils ne s'écartent pas des formules compatibles avec la simplicité de la représentation, — simplicité vers laquelle les peintres céramistes tendent de plus en plus.

Les danses funèbres, les danses militaires, les danses du kômos continuent à jouir de la même faveur, mais des scènes orchestiques nouvelles apparaissent : cortèges de dieux précédés d'un joueur de lyre ou d'un joueur de flûte qui rythme le pas des Immortels ; Satyres et Ménades du cycle de Dionysos, dansant en l'honneur de leur maître, qui parfois figure au milieu d'eux ; choreutes du théâtre, en rangs et en files, etc. Il faut mentionner aussi, sur les

*Amphores Panathénaïques* [1] (données en prix aux vainqueurs des jeux gymniques), des scènes de palestre (course, saut, jet du disque ou du javelot, etc.), qui ont, avec les danses proprement dites, plus d'un trait commun (372).

**11. Vases à figures rouges sur fond noir.** — V° siècle.
A partir de 470 environ la technique des peintres céramistes se transforme entièrement : ils appliquent en sens inverse les procédés du vi° siècle. C'est la figure qui est réservée sur le fond rouge de l'argile et encadrée dans un fond noir. L'incision ne tarde pas à disparaître. Dans l'intérieur des figures les détails sont obtenus par des traits noirs, dus à la touche légère du pinceau. Le dessin s'assouplit ; la raideur archaïque fait place à une parfaite élégance (planche I, fig. 481,552). Les scènes restent simples.

Toutes les représentations orchestiques signalées plus haut se retrouvent sur les vases du v° siècle. La mimique funèbre prend une importance capitale sur les grands vases funéraires, dits *loutrophores*, et sur les *lécythes* à fond blanc (13), qui sont des objets rituels du culte des morts.

Les *danses de caractère* ne sont pas rares sur les peintures céramiques du v° siècle.

**12. Suite des Vases à figures rouges.** — Ces IV° et III° vases, une fois créés, subsistent avec la même technique siècles. jusqu'à la fin du iii° siècle, époque à laquelle paraît cesser entièrement en Grèce la fabrication des vases peints. Mais il y a lieu de distinguer, par leur style, les œuvres céramiques du iv° siècle d'avec celles du iii°.

iv° *siècle*. — L'habileté du peintre se complaît aux minuties ; les mouvements sont interprétés avec une science parfaite ; les draperies flottent et se fouillent.

---

1. Par respect pour une sorte de tradition rituelle, la technique à figures noires persistera sur les *Amphores Panathénaïques*, aux siècles suivants.

En même temps, les scènes représentées se compliquent : les personnages sont souvent disposés sur plusieurs plans. Le pinceau de l'artiste acquiert une surprenante virtuosité : les danseuses voltigeant, les danseuses tourbillonnant et, gonflant au vent leurs longs voiles, le tentent et ne le déconcertent pas : quelques-unes de ces fantaisies orchestiques sont des chefs-d'œuvre.

Il est presque inutile de faire remarquer, si l'on songe à la perpétuité de la tradition chez les Grecs, que tous les sujets antérieurement traités, ou à peu près, se retrouvent sur les vases du ive siècle.

iiie *siècle*. — Le dessin s'alourdit ; le style se perd. Les retouches blanches se multiplient. La confusion s'introduit dans les scènes représentées, par la prodigalité des figures. La décoration florale envahit peu à peu le champ du vase dont l'aspect se fait à la fois lourd et riche.

Parmi les sujets traités, les scènes dionysiaques, les Bacchanales, sont prédominantes. C'est un véritable débordement de Satyres et de Ménades ; ils se livrent aux danses les plus mouvementées, les moins eurythmiques, à grand renfort de tympanons et de crotales. Souvent Éros Hermaphrodite voltige au milieu d'eux, marquant par sa présence la fusion qui s'est faite entre le cycle d'Aphrodite et le cycle de Dionysos [1].

**13.** Pour plus de simplicité, on a négligé de suivre, dans cet aperçu trop sommaire, le développement de la *peinture sur fond blanc* dont les vases du viie siècle (9) sont le point de départ. Le vie siècle et les suivants ne renoncèrent pas à cette technique ; elle se développa au contraire en série parallèle à celles qui ont été indiquées ci-dessus, et elle ne se confond pas avec elles.

Les *lécythes funéraires* (vases à parfums déposés auprès des

---

1. Les peintures à fresque de Pompéi [fin du iie siècle et commencement du ier] doivent être considérées comme des imitations industrielles de l'art grec alexandrin.

morts) du v⁰ et du ɪv⁰ siècles, dont les plus beaux sont attiques, appartiennent à cette catégorie. Les figures y sont peintes en profil, au simple trait et transparentes, avec une légèreté et une sûreté de main qui dénotent une habileté prodigieuse (fig. 547, 548).

# HAUTS ET BAS-RELIEFS
# FIGURINES DE TERRE CUITE

**14. Art archaïque.** — La sculpture en Grèce s'est développée plus tardivement que la peinture, qui prend sur elle une avance considérable. Au vɪɪ⁰ siècle, les arts plastiques en sont encore à d'informes essais, alors que les peintres céramistes — et sans aucun doute les peintres de fresques, leurs modèles, perdus pour nous — produisent des œuvres de très beau style. Le caractère commun à tous les monuments des premiers âges de la sculpture grecque est la raideur, souvent la gaucherie des mouvements figurés. Aux antiques statues de bois (les ξόανα), sortes d'idoles rigides, tout d'une pièce, que l'on parait de riches étoffes, succèdent des dieux de marbre qui ne sont guère plus souples. Au vɪ⁰ siècle, seulement, les bras se détachent du corps, les jambes s'espacent, la statue se met à marcher. Au commencement du v⁰ siècle la technique est déjà savante, et si par leur caractère les œuvres sculpturales des premières années de ce siècle se rattachent encore à ce qu'on est convenu d'appeler l'*Archaïsme*, elles font pressentir les chefs-d'œuvre de la période suivante.

VII⁰ et VI⁰ siècles.

Parmi les monuments auxquels on aura l'occasion
de se reporter dans le cours de cette étude et qui appartiennent à la fin du vi° ou au commencement du
v° siècle, citons :

*Les statues viriles qui marchent toutes du pied gauche;*
*Les métopes de Sélinonte;*
*Les petits bronzes de Dodone;*
*Les statues féminines polychromes de l'Acropole;*
*Le monument des Harpyes;*
*Les bas-reliefs de Thasos;*
*Les frontons d'Égine.*

Les mouvements figurés sont généralement simples,
mais les thèmes sont nombreux : types divers de la
marche et de la course; poses et gestes conventionnels
(geste de la tunique, geste du voile, par exemple), qui
deviendront de véritables formules et se perpétueront
à travers tout l'art grec (43, 44); files de personnages;
scènes de combat, etc., sont les principaux motifs mis
en honneur par l'art archaïque. S'ils n'ont pas trait
directement à l'orchestique ils s'y rattachent par le
*mouvement*, dont ils préparent les différentes formes.

A la fin du vi° et au commencement du v° siècle
appartiennent des *plaques estampées de terre cuite*, qui
sont de véritables reliefs et ne peuvent se confondre
avec les plaques peintes de la même époque. Des scènes
de mimique funèbre, des danses exécutées par des
courtisanes agitant des crotales, témoignent de l'avance
que peuvent prendre sur les sculpteurs les artisans de
l'argile, en raison de la plasticité de la matière
employée. Mais les *figurines de terre cuite* proprement dites, en haut-relief, restent encore très grossières.

V° siècle.      **15. Kalamis; Myron; Polyclète; Paeonios;
Phidias.** — Le v° siècle, épris d'un idéal très élevé,
va créer des œuvres sévères, tout imprégnées du sentiment religieux qui domine cette époque.

Principaux monuments :

*Frontons, métopes, frises du Parthénon;*

*Frontons, métopes d'Olympie;*

*Frise de Phigalie;*

*Frise de la Victoire Aptère* (Athènes);

*Niké de Paeonios;*

*Héroon de Trysa* (Ghieul-Baschi);

*Les danseuses d'Herculanum* (bronzes).

La technique a atteint toute sa perfection, et les mouvements les plus hardis entrent dans l'art; ils conservent toutefois un caractère de noblesse, qui n'ôte rien à leur ampleur en excluant toute exagération. La marche lente des cortèges qui défilent, les danses plastiques exécutées par de belles jeunes filles ne sont pas les seuls mouvements orchestiques interprétés par les sculpteurs du vᵉ siècle. Ils ont fait parfois tourbillonner des danseuses et gonfler les tuniques en gracieux *coups de vent* (268); Paeonios a lancé sa Victoire dans les airs avec une maîtrise qui ne sera pas dépassée.

Les figurines de terre cuite du vᵉ siècle reflètent le style sévère de la grande sculpture.

**16. Scopas; Praxitèle; Lysippe.** — L'art **IVᵉ siècle.** devient plus sensuel, plus réaliste. A la noble sévérité du vᵉ siècle se substitue la grâce. Le style se modifie, mais il ne saurait être question de décadence. En Grèce l'art va vite et se transforme sans cesse.

Monuments :

*Frise et statues du mausolée d'Halicarnasse;*

*Ménade de Scopas* (il n'en reste que des répliques postérieures);

*Aphrodite de Praxitèle* (même observation);

*Apoxyomène de Lysippe* (id.);

*Vénus de Milo;*

*Victoire de Samothrace;*    .

*Monument choragique de Lysicrate;*
*Stèles, sarcophages.*

Les mouvements désordonnés des danses bachiques n'effarouchent pas les maîtres du iv° siècle, et ils seront désormais un des thèmes préférés des sculpteurs et des bronziers.

La série tanagréenne des figurines de terre cuite du iv° siècle occupe une place à part dans l'histoire de la plastique. Il n'est pas douteux que les *coroplastes* de Tanagre n'aient subi l'influence des grands sculpteurs contemporains et ne leur aient fait des emprunts nombreux; mais il est évident aussi qu'ils ont été des créateurs. La familiarité et, si l'on peut dire, la ténuité des sujets qu'ils traitent, montrent assez quelle indépendance ils avaient prise vis-à-vis du grand art. D'ailleurs, les figurines de terre cuite, par la petitesse de leur taille et la ductilité de l'argile dont elles sont faites, échappent à un grand nombre des difficultés qui limitent l'art du sculpteur. Nous verrons les coroplastes du iii° siècle créer des figures ailées privées de tout support et destinées à être suspendues par des fils. Au iv° siècle, la fantaisie des modeleurs, sans aller aussi loin, s'arrête à des détails d'une exquise minutie; le charme de la vie intime la fixe; elle y découvre mille et une scènes : jeunes filles jouant à la balle; coquettes qui se retournent et se cambrent pour se regarder marcher; femmes voilées qui dansent et gonflent aux vents leurs légères tuniques. Rien de plus élégant, rien de plus chaste aussi, que cette orchestique raffinée, pleine de sous-entendus qui ne font naître pourtant aucun désir sensuel : ce sont des femmes jeunes et gaies, qui dansent. Ce ne sont point des *danseuses.*

III° et II° siècles.

**17. Époque dite hellénistique. —** Au iv° siècle, le mouvement était resté sobre; au iii° siècle, il s'exagère et la virtuosité devient le dernier terme de l'art.

L'école d'Athènes s'efforce cependant de conserver la
tradition classique, mais les écoles asiatiques de Pergame, de Rhodes, de Tralles, accusent les nouvelles
tendances. L'art alexandrin, plus éclectique, est aussi
moins violent ; Alexandrie est une ville de lettrés et de
collectionneurs. Le bas-relief pittoresque, à décor
pictural, où la recherche du détail est poussée si loin,
est une création de l'art alexandrin.

Principaux monuments hellénistiques :

*Frise de Pergame ;*

*Laocoon ;*

*Taureau Farnèse.*

Les monuments de la grande sculpture qui nous ont
été conservés fournissent peu d'exemples de mouvements orchestiques ; mais le rythme compliqué auquel
sont soumis les gestes des personnages rattache ces
gestes, d'une certaine manière, à la gymnastique des
danseurs.

Par contre, dans les figurines de terre cuite (fabri-
quées à Myrina, à Smyrne, à Tarse, à Éphèse, à Milet,
à Alexandrie, en Cyrénaïque) les sujets orchestiques
abondent : Niké danseuses, Satyres, Bacchantes, Eros
bacchants ; danseuses tournoyant en déployant leur
voile ; figures ailées voltigeant, etc. C'est ici une orchestique sensuelle bien faite pour une époque où le culte
d'Aphrodite et celui de Dionysos s'étaient substitués
partout au culte des grands dieux du vᵉ siècle.

**18.** Au 1ᵉʳ siècle avant J.-C. une réaction se produit, un retour à la tradition classique, grâce à l'école
d'Athènes qui n'a jamais rompu avec elle, et qui
envoie à Rome un rénovateur de génie, Pasitélès.
Ses œuvres et celles de ses élèves ont un caractère
de noblesse et de simplicité qui les distingue profondément d'un grand nombre d'œuvres hellénistiques.
Mais on ne se contente pas alors de s'inspirer de l'esprit des anciens ; on remonte avec une ardente curio-

I<sup>er</sup> siècle.

2

sité aux origines mêmes de l'art; on se passionne pour
ces antiques figures du vɪᵉ siècle, toutes raides de
dignité, et on les copie. Un art nouveau prend naissance, l'*art archaïsant*, qui est le produit d'un véritable dilettantisme, et qui a longtemps donné le change
aux archéologues. Aujourd'hui même il n'est pas toujours facile de distinguer une œuvre archaïsante d'une
œuvre archaïque, tellement furent habiles les faiseurs
de pastiches au ɪᵉʳ siècle.

Il est facile de constater que, fréquemment, par une
convention singulière — qui est presque toujours une
indication    révélatrice, — les personnages de l'art
archaïsant marchent sur la demi Pointe (102). C'est là
un détail orchestique très reconnaissable, qui fait
généralement défaut dans l'art archaïque.

Les figurines de terre cuite ont disparu avec le
ɪɪᵉ siècle, mais l'industrie des modeleurs reparaît au
ɪᵉʳ siècle sous une autre forme : les *bas-reliefs de terre
cuite*, tous fabriqués en Italie, et qui sont souvent de
style archaïsant, nous fourniront quelques beaux types
de danseurs : Satyres et Ménades débordant d'enthousiasme bachique, Curètes dansant en armes, vignerons
foulant la grappe en cadence, etc.

# INTERPRÉTATION DES MONUMENTS FIGURÉS

**19. Les Restaurations.** — De tous les monuments grecs
antiques on peut dire que les plus fragiles, vases peints et figurines
de terre cuite, sont ceux que le temps et la main destructrice des
hommes ont le plus épargnés. Ils faisaient partie du mobilier funé-

raire ; pendant de longs siècles, ils sont restés enfouis dans des
tombeaux dont les parois les ont plus ou moins protégés : quelques-
uns nous sont parvenus intacts. Ces vases, ces statuettes d'argile ne
sont pas moins des documents d'histoire par les sujets qu'ils nous
présentent que des objets d'art dignes d'admiration. Les fouilles
méthodiques, si fécondes déjà, auxquelles on se livre depuis peu dans
les nécropoles, peuvent faire espérer que nombre de questions pendantes jusqu'ici trouveront leur réponse dans le mobilier des morts.

Les monuments de la statuaire ont beaucoup plus souffert, bien
qu'ils soient plus solides et plus résistants. Exposés à l'air libre,
ils ont été dégradés par les agents atmosphériques ; enfermés dans
les temples, ils ont été brisés par l'écroulement des murs qui les
abritaient. Mais les pires outrages sont ceux que les populations
ignorantes leur ont fait subir : le temps, bien moins que l'homme,
a mutilé les œuvres d'art antiques.

Aujourd'hui tous les morceaux exhumés, quel que soit l'état de
leur conservation, passent dans les vitrines des musées sans subir
de restauration frauduleuse. C'est là une règle absolue, dont les
savants se font un devoir ; mais cette probité est une acquisition
toute nouvelle de la conscience archéologique. Jadis les « pots
cassés » n'étaient pas du goût des amateurs d'antiquités ni des
conservateurs de musée, pas plus que les statues sans tête, ou les
têtes sans nez. De là un art de la prothèse en argile ou en marbre
auquel nous devons tant de déplorables chefs-d'œuvre.

Demandez aux galeries de la sculpture, au Louvre, de vous
livrer quelques-uns des secrets de la danse grecque antique ; vous
y trouverez entre autres, non loin de cette déesse admirable qui est
amputée des deux bras, deux Satyres rieurs, qui jouissent de tous
leurs membres. Ils sont très dignes de votre attention : ils dansent ; tous deux ont le pied droit armé d'une étrange chaussure ; la
tête penchée en avant, ils paraissent tracer du regard sur le sol,
par une habitude chère au danseur, les figures que leurs pas y des-
sineront. L'un de ces Satyres tient des cymbales. Voici deux précieux monuments de l'orchestique grecque : mouvements des
jambes, des bras, inflexions du torse et de la tête, instruments
accompagnateurs, tout cela n'est-il pas sous vos yeux ? L'usage des

*kroupezia*, sandales énormes en bois bardé de fer, est clairement révélé par la pose de nos deux danseurs : ce sont des aides rythmiques, des moyens de marquer plus nettement les divisions du pas et d'intéresser les oreilles du spectateur en même temps que ses yeux. Admirez donc ces statues fécondes en indications de toute sorte.... Mais avant de les dessiner ou d'en prendre de fines épreuves, lisez, n'omettez pas de lire les honnêtes notices que le catalogue officiel leur consacre : Du Satyre cymbaliste il est dit :

*Belle statue de marbre de Paros....*

*Tête antique mal rapportée. Le menton, la bouche, le nez avec une partie du front et du cou, le bras gauche, les deux jambes et l'arbre sont modernes ; mais le bras droit rapporté est antique.*

Il est dit de l'autre Satyre :

*Marbre de Paros.*

*Tête antique rapportée et retravaillée, mais étrangère à la statue. Sont modernes l'avant-bras droit, les mains, le pied droit avec le kroupezion, le pied gauche et une partie de la jambe.*

Vous aurez appris du moins que des deux Satyres danseurs, il n'y a d'antique, à peu près, que les torses.

**20**. Telles sont les « restaurations » dont nos musées sont encombrés. Tel est l'« art antique » que l'on offre à l'admiration des visiteurs et qui si souvent les rebute. Depuis bien des années déjà on a renoncé à des falsifications que la Renaissance et l'époque moderne avaient déclarées légitimes, nécessaires : on respecte à la fois les œuvres et le public. Faut-il regretter qu'on n'ait pas encore eu le courage de mutiler les statues « restaurées » pour en retirer les fragments antiques qui ont servi de prétexte à la fantaisie des sculpteurs modernes? Une pareille mesure ne saurait s'appliquer sans transformer nos musées nationaux en vastes nécropoles.

On devrait du moins placer à côté de la « restauration » le moulage en plâtre des morceaux antiques; bien qu'il puisse être plaisant, il est vrai, d'apercevoir à côté d'une haute statue un pied ou une main, ou un pan de draperie, précieux motifs qui ont servi à composer le reste [1].

1. M. le Dr Treu, conservateur du musée de sculpture, à Dresde, n'a pas hésité à entreprendre un travail très délicat, mais dont les résultats sont très précieux. Il a

Des étiquettes rectificatives ont été placées sur les socles ; elles sont un avertissement très utile. Elles ne suffisent pas. L'œuvre est dénaturée par les additions qu'elle a subies. Les conservateurs de nos musées, dont le savoir et la probité archéologique sont au-dessus de tout éloge, subissent un état de choses qu'ils déplorent et auquel ils n'ont pu jusqu'ici remédier.

**21.** La plus grande attention est nécessaire lorsqu'on essaie de lire sur les monuments l'histoire de l'antiquité. Autrefois on les restaurait ; maintenant on les fabrique, — ce qui n'est, après tout, qu'une restauration un peu plus complète. L'industrie des faussaires a pris, depuis quelques années, une telle extension que la méfiance est le premier devoir d'un archéologue lorsqu'on lui soumet une « trouvaille » exhumée par les soins d'un marchand de terres cuites. Il est moins facile de fabriquer un vase peint qu'une figurine : on ne peut guère tromper l'œil exercé d'un connaisseur qui sait les procédés spéciaux des céramistes grecs et quelle patine prennent les terres, les couleurs et les vernis. Les terres cuites donnent lieu à des imitations bien plus parfaites, et il n'est pas toujours possible de les convaincre de mensonge.

Quelques-uns des vases de notre collection Campana présentent des retouches ; il est et il restera sans doute difficile d'y remédier, sous peine de compromettre la conservation des parties antiques. Quant aux terres cuites exposées dans nos galeries, elles peuvent défier tout examen ; chacune d'elles a son histoire et sa marque d'origine. Les réfections qu'elles subissent ne comportent jamais que la mise en place des morceaux antiques détachés par le temps.

L'ère des « restaurations » est close ; mais elle a été assez longue — et assez féconde ! — pour qu'il soit nécessaire de se prémunir contre les erreurs auxquelles pourraient donner lieu les œuvres pseudo-antiques dont elle nous a dotés.

fait enlever à toutes les statues grecques et romaines les parties restaurées. Les statues auxquelles il manque des morceaux importants, dont la reconstitution serait purement hypothétique, resteront privées de ces morceaux et exposées telles quelles. Quant à celles dont il existe des répliques *antiques*, M. Treu n'hésite pas à les reconstituer d'après ces répliques, mais il a soin de rendre mobiles les morceaux rapportés, en les montant sur des tiges de fer, de telle sorte qu'on puisse les ôter facilement et remettre ainsi la statue dans l'état de mutilation où elle se trouvait avant la restauration.

**22. Les erreurs et les conventions du dessin.** — Il ne
suffit pas de s'assurer de l'authenticité des monuments; il faut faire
le départ entre ceux qui n'ont aucune valeur indicative et ne sont
que des fantaisies de décorateurs, et ceux qui fournissent des
données exactes sur les *Positions* et sur les *Mouvements*. (On verra
plus loin quel sens particulier il convient d'attacher à ces mots.)

Chez les Grecs, tout le monde dansait, mais tout le monde ne
savait pas danser. Bien que la technique de la danse fût d'une
grande simplicité, elle était assez spéciale pour échapper à ceux
qui n'y étaient pas initiés. Pour comprendre et traduire les mouvements orchestiques il ne suffisait donc pas de manier habilement
le pinceau ou l'argile; il fallait, sinon avoir soi-même pratiqué ces
mouvements, du moins en avoir fait, par de longues et difficiles
observations, une étude minutieuse : condition nécessaire que tout
céramiste, sculpteur ou coroplaste ne remplissait certainement pas.
D'ailleurs, en dessinant ou en modelant des danseurs, ils ne s'astrei-
gnaient pas toujours, cela est évident, à une rigoureuse exactitude,
et il faut compter avec leur fantaisie au moins autant qu'avec leur
ignorance. Le peintre de vases, dont le pinceau rapide était le plus
apte à fixer au passage un mouvement sitôt qu'entrevu, se livrait
plus souvent à une improvisation facile, de style décoratif, qu'il ne
se souciait d'être un copiste fidèle; de plus il était trop respectueux
des traditions propres à son art pour ne pas s'écarter volontairement, à l'occasion, de ses modèles orchestiques. C'est ainsi que,
ennemi de la symétrie absolue, il la sacrifie toujours, aux vi[e], v[o] et
ive siècles, à un équilibre moins rigoureux [1].

Chaque art ayant de même ses préjugés et ses formules, on comprend qu'il faille faire une large part aux systèmes, à la fantaisie
des artistes, — ou à leur ignorance [2].

**23.** Il faut également tenir grand compte de certaines conventions du dessin et de la perspective, qui, sur les monuments figurés,
masquent souvent le mouvement véritable. Ces conventions, plus
nombreuses dans l'art archaïque, sont le fait de l'inexpérience;

1. Cf. (333, 395).
2. On sait que bon nombre de peintres céramistes et presque tous les coroplastes
étaient de simples artisans.

elles tendent à disparaître à mesure que l'art progresse. Quelques-
unes d'entre elles cependant deviennent de véritables formules qui
se perpétuent par tradition.

**24.** Sur la plupart des vases, la *ligne de terre* n'est pas indiquée :
des personnages juxtaposés, qui se meuvent tous sur le même plan,
ont les pieds situés à des niveaux différents. Il arrive aussi que le
peintre céramiste, pour différencier deux plans, dispose ses personnages sur deux lignes de terre idéales, situées l'une au-dessus
de l'autre et beaucoup trop éloignées l'une de l'autre, si l'on prend
pour mesure la perspective réelle. Il résulte de là que certains personnages ont l'air de sauter très haut, alors qu'ils appuient sur le
sol par les deux pieds ou tout au moins par l'un des deux.

**25.** Les peintres de vases ont soigneusement évité la figure
humaine vue de face; ils s'en tiennent presque toujours à l'indication plus simple d'un profil. Les jambes vues également de profil [1]
et l'une derrière l'autre, comme dans l'art égyptien, leur sont aussi
une formule habituelle. Mais ils trouvent leur compte à présenter
le corps de face, afin d'éviter des raccourcis, des jeux de perspective
compliqués. La figure 111 résume ces caractères. La direction de
la course est nettement déterminée; les jambes sont vues de côté.
Pour interpréter la position relative de chacune des autres parties
du corps, il faut supposer que le torse, les bras et la tête appartiennent à un personnage qui courrait face à l'observateur; cela revient
à dire qu'on doit, par la pensée, faire subir au torse — lequel
entraînera tout d'une pièce les bras et la tête — une rotation
d'un quart de tour, de droite à gauche. A l'image proposée on
substituera ainsi la représentation idéale suivante :

Corps vu du côté droit, de profil ;

Bras étendus, chavirés à droite, en raccourci ;

Tête de face, mais vue par le sommet; visage en raccourci ;

Les jambes restent ce qu'elles sont.

**26.** Il ne faudrait pas trop généraliser le genre de correction
qui précède : il est des cas où le corps vu de face, supporté par des
jambes de profil, n'est pas une gaucherie, mais le résultat d'une

---

1. Jambes vues de profil : expression abusive, qu'on voudra bien nous pardonner
et qui s'oppose à celle-ci : jambes vues de face.

observation très exacte. Un vase archaïque célèbre, le vase François, à figures noires (10), nous montre la farandole conduite par
Thésée après le meurtre du Minotaure. Jeunes gens et jeunes filles,
entremêlés, se suivent en file en se tenant par la main. Tandis que
le conducteur de la danse, qui est indépendant de la chaîne, se
présente entièrement de profil, tous les autres danseurs, par une
nécessité de leurs positions relatives, nous montrent leur corps de
face. Le peintre a parfaitement exprimé la torsion imposée à ses
personnages (350 et fig. 517).

**27**. Les Bacchants ont souvent la tête penchée en avant ou la
tête renversée : c'est un signe de l'*enthousiasme* (400) rituel auquel
se livrent les suivants de Dionysos. Lorsque le peintre, ayant dessiné de face le corps du Satyre ou de la Ménade, veut renverser fortement leur tête, il se heurte à une difficulté de perspective, et, au
lieu de tenter des raccourcis redoutables, il renverse la tête de
profil (fig. 118, 199, B).

S'il s'agit de pencher en avant la tête du bacchant sur le corps
vu de face, le peintre rencontrera des difficultés du même ordre et
les éludera par un procédé semblable : n'osant pas montrer de
face, par le sommet (fig. 197), une tête inclinée sur la poitrine, il
lui fera faire un quart de tour et la penchera de profil (fig. 111).

**28**. Ici encore on doit se garder de vouloir corriger toujours :
la tête peut être penchée ou renversée de profil sur un corps vu de
face. Certaines statuettes réalisent ces positions exceptionnelles ;
ce n'est donc pas sur tous les vases une maladresse de dessin
(fig. 136).

**29**. Les bas-reliefs archaïques et archaïsants présentent souvent
les mêmes conventions que les peintures des vases : le corps est de
face, les bras s'ouvrent à droite et à gauche, la tête et les jambes
au contraire sont vues de profil. Il est inutile d'insister, mais il
faut signaler une convention d'un autre genre, qui est d'ordre
décoratif et qui s'applique, avec une remarquable persistance, à
presque toutes les figures qui marchent, sur les bas-reliefs, du
vi⁰ au iii⁰ siècle.

Au vi⁰ siècle, les statues en ronde bosse marchent généralement
du pied gauche ; c'est-à-dire que le sculpteur a détaché la jambe

gauche en avant. La constance de cet usage dans l'archaïsme montre qu'il correspondait à une intention bien arrêtée; plus tard, cette tradition se perdra et la jambe portée en avant sera indifféremment la droite ou la gauche. Or, le bas-relief archaïque échappe à la formule de la jambe *sinistre*; il adopte une sorte de règle qu'il léguera au bas-relief du v⁰ siècle : *la jambe qui se porte en avant est toujours la gauche quand le marcheur se dirige vers la droite du spectateur, et toujours la droite quand il va vers la gauche* [1]. Il semble logique au sculpteur de donner à ses personnages un aplomb qui change de forme suivant la direction qu'ils prennent, afin de rendre visibles les deux jambes du marcheur. Les exemples fournis par la frise du Parthénon sont caractéristiques (fig. 21, 596).

La même convention se retrouve appliquée à la plupart des figures de la Victoire Aptère, de Phigalie, de Trysa, du Mausolée, de Pergame. A la fin de la période hellénistique seulement, et à l'époque romaine, on voit les sculpteurs rompre avec une tradition qui avait presque force de loi, pour donner à leurs figures un aplomb nouveau et leur permettre de montrer le dos au spectateur.

**30.** Les observations qui précèdent, auxquelles il serait facile d'ajouter bien d'autres remarques, suffisent à montrer que les monuments figurés sont parfois d'une lecture difficile. Pour les interpréter avec une entière justesse, il serait nécessaire de connaître toutes les causes de détérioration auxquelles les mouvements sont exposés lorsqu'ils sont traduits par les artistes grecs, tous les artifices qui les transforment, toutes les conventions qui les dénaturent. A défaut d'une interprétation sûre on se fera, dans ce travail, une règle de douter.

**31.** Ces réserves faites, il est utile d'affirmer dès maintenant ce que prouvera la suite de cette étude : la vérité de nombreuses représentations orchestiques relevées sur les monuments. Il y eut des peintres et des coroplastes pour qui la fixation des mouvements

---

1. Il y a des exceptions, mais elles s'expliquent généralement par des considérations techniques. C'est ainsi que les bas-reliefs du trésor des Siphniens (fin du vi⁰ siècle) et du trésor des Athéniens (commencement du v⁰ siècle), à Delphes (fouilles de M. Homolle), dont les personnages sont traités en très haut relief, presque en ronde bosse, et plaqués sur les dalles, ne peuvent être considérés comme une négation de la convention précitée.

les plus fugitifs semble avoir été un jeu. Leur œil exercé savait voir; avec quelques traits, avec un peu d'argile, ils exprimaient la chose vue. La comparaison des images orchestiques que nous leur devons, avec celles que la photographie nous permet d'obtenir, sera la garantie de leur exactitude.

Il faut donc pouvoir distinguer ces images exactes dans le nombre plus grand des représentations confuses. Elles se ramènent à des types nettement caractérisés, dont la persistance à travers des séries d'œuvres très différentes prouve que la danse grecque avait une grammaire et des traditions.

**32**. Nous ne nous astreindrons pas à dresser le catalogue complet des monuments figurés de la danse. Nous procéderons par sélection et par élimination, choisissant parfois des vases ou des reliefs de mauvais style de préférence à des œuvres d'une valeur artistique plus grande, mais dont les indications orchestiques sont moins précieuses.

Le point de vue auquel on se place ici n'a pas permis de procéder à une enquête méthodiquement chronologique. Les lacunes sont trop nombreuses dans les diverses séries monumentales pour qu'on puisse espérer jamais suivre pas à pas les transformations de la danse grecque. On a été contraint de la considérer dans son ensemble, d'en faire par artifice une sorte de bloc, et d'établir des groupes dont les éléments sont presque toujours dissociés par le temps. En avait-on le droit? Est-il permis de rapprocher les uns des autres, dans une illusion volontaire, plus de dix siècles de l'histoire? N'est-ce pas s'exposer au danger de confondre, sous un titre commun, des arts tout différents?

Nous ne le croyons pas, et la suite de cette étude légitimera peut-être la méthode à laquelle, faute de mieux, nous avons dû nous tenir. Sans invoquer la continuité et la persistance des traditions antiques, dont ce modeste Essai fournira plus d'une preuve nouvelle, nous ferons remarquer que ce que nous étudions de la danse grecque, *le mouvement*, peut être isolé du reste de son histoire.

Nous cherchons moins à suivre les transformations des types orchestiques qu'à retrouver, à travers leurs variations, la gymnastique qui s'applique à tous. Dans cette première partie de notre étude nous n'avons d'autre prétention que de répondre à la question ainsi posée :

*Quels sont, chez les Grecs, les modes du mouvement orchestique?*

**33.** Ce n'est point là, évidemment, la danse tout entière. Bien moins que chez les peuples modernes, la danse et la mimique étaient séparées chez les Grecs. Pour eux, l'association des deux arts est étroite, constante. Ils ne voient pas dans la danse un simple prétexte à s'agiter suivant un certain rythme, à prendre d'élégantes poses, à dessiner de beaux mouvements. Ils veulent que toute gymnastique soit un signe, un langage ; avant d'avoir créé la pantomime proprement dite, ils attachent une signification mimétique, ou tout au moins symbolique, aux mouvements en apparence les plus désordonnés. Pour pénétrer dans l'esprit de leur danse il faudrait donc connaître toutes les intentions qu'elle impliquait. Tel n'est pas actuellement notre but.

La danse moderne est notre terme de comparaison. Nous réduirons la danse antique, par une simplification voulue, à un art analogue. En un sens c'est l'amoindrir ; c'est la supposer privée d'un caractère mimétique qu'elle a toujours eu. Mais c'est ainsi ramener le problème à des données qui permettent d'en aborder l'examen et de le conduire avec quelque sûreté. Réduite à ses principes gymnastiques, l'orchestique grecque échappe en grande partie aux transformations du temps ; son mécanisme reste le même : les monuments en font foi. Si l'on ajoute d'ailleurs que son style, presque autant que son mécanisme, se perpétue à travers les âges avec une surprenante continuité, on aura échappé au reproche d'avoir considéré la danse grecque comme un ensemble homogène, en dépit de la diversité des éléments que le temps y a introduits.

# LES GESTES TRADITIONNELS
## D'APRÈS LES MONUMENTS FIGURÉS

**34**. A chercher sur les monuments figurés les traces de la danse
grecque, on est exposé au danger commun à toutes les investiga-
tions minutieuses, qui est d'apercevoir partout des exemples appli-
cables à l'étude entreprise. Il faut avouer qu'on serait excusable de
tenir pour danseurs un très grand nombre des personnages fournis
par les peintures et les reliefs : Platon, Lucien, Athénée — pour
ne citer que les trois auteurs les plus utiles à l'histoire de l'orchestique, — ne définissent-ils pas en effet la danse, l'*art de tout dire
au moyen du geste*? Il s'ensuit que souvent on pourrait donner des
scènes représentées une interprétation orchestique plausible, en y
voyant des scènes mimées. Souvent aussi, nous le croyons, on serait
dans le vrai. Quant aux figures isolées dues à la statuaire, elles sont,
au dire même des anciens [1], directement inspirées de l'orchestique.
Les sculpteurs allaient étudier dans les réunions et dans les spec-
tacles publics les attitudes des danseurs, et, plus tard, la gesticulation des mimes; les danseurs, à leur tour, choisissaient leurs
modèles dans les chefs-d'œuvre de l'art. De ce mutuel échange, qui
est indiscutable, il faut bien conclure que, sur les monuments
figurés, la danse occupe une large place. Très nombreux d'ailleurs
sont ceux dont le sujet est évidemment orchestique.

Mais on a précédemment (32) limité cette étude à la gymnastique
de la danse; on ne traitera donc pas de la partie *mimétique* de cet
art, à proprement parler du *geste*. On prendra soin seulement de le
distinguer des mouvements purement gymnastiques avec lesquels

---

1. Athénée, liv. XIV, 629, b. (Voir l'épigraphe de ce volume.)

il est parfois facile de le confondre. Entre un mouvement qui n'est rien de plus, et un mouvement qui, tendant à un but utile ou ayant une valeur de signe, devient *geste*, la différence d'aspect peut ne pas être grande. Il suffit pour s'en convaincre de comparer les figures 1 à 10 aux autres images de ce livre. Pour éviter des attributions fausses, autant que pour permettre des rapprochements qui s'imposent entre les mouvements gymnastiques et les gestes, une liste a été dressée des gestes traditionnels qui se sont perpétués dans l'art grec et qu'il a le plus reproduits.

**35.** L'art grec est avant tout mobilité, changement. Il se renouvelle sans cesse, soit par des transformations de la technique, soit par l'introduction de nouveaux thèmes. Les révolutions politiques, les innovations religieuses autant que les progrès de l'art lui-même, contribuent à le modifier. Et cependant, la force des traditions y est telle que sept ou huit siècles après la création d'un motif, on le retrouve encore, plus ou moins altéré, mais reconnaissable. Cette persistance doit être attribuée en partie au formalisme religieux; dans les religions antiques, les gestes comme les objets du culte ont leur signification rituelle qui est pieusement conservée. Dans la vie privée elle-même, les usages sont loin de subir au même degré que chez nous les fluctuations de la mode, parce que l'esprit religieux les pénètre. En dépit des bouleversements politiques, les Grecs ne brisent jamais avec le passé; c'est là le fond même de l'âme hellénique. L'art qu'elle crée s'avance pas à pas, toujours curieux du nouveau, mais toujours désireux d'allier dans une large mesure les richesses de la tradition aux conquêtes récentes. Comment s'étonner que les artistes grecs n'aient pas eu notion de la contrefaçon? Pour eux les efforts de chacun doivent profiter à tous. Qu'une œuvre fasse fortune, elle tombe aussitôt dans le domaine commun; on la copie, on la répète, on la transforme, sans que l'auteur s'émeuve autrement que pour s'en glorifier. Puisant à un patrimoine commun, dans un esprit de confraternité qui nous étonne, les artistes grecs ont répété, indéfiniment, les mêmes formules : elles leur sont chères parce que les maîtres les leur ont léguées. Et ce n'est là ni paresse, ni timidité, mais un sentiment profond de respect dû à la tradition; respect qui n'exclut pas la hardiesse. Au peintre, au sculpteur, comme à l'écrivain, ne suffit-il pas de découvrir une nuance délicate pour rajeunir et vivifier les lieux communs de l'art?

Cet esprit de continuité s'affirme particulièrement dans l'art hellénique par la transmission d'un siècle à l'autre des formules qui expriment les gestes.

**36**. Tous ces gestes ont eu primitivement une signification concrète. Quelques-uns l'ont toujours conservée; d'autres en ont changé; d'autres enfin ont perdu entièrement leur valeur première et ne subsistent dans l'art qu'à titre de motifs décoratifs. Mais tous ont gardé de leur ancienne forme les caractères essentiels et, sous les variantes, on retrouve aisément le thème initial.

Il n'est pas facile de préciser l'époque à laquelle ce prototype de chaque geste fait son apparition dans l'art. Ce qu'on peut constater, c'est qu'une fois créé par un peintre ou par un sculpteur, un geste est assuré de vivre et de se perpétuer.

**37**. On peut répartir en trois groupes les gestes traditionnels de l'art grec :

Gestes rituels et symboliques;

Gestes de la vie usuelle;

Gestes concrets devenus gestes décoratifs.

### *Gestes rituels et symboliques.*

**38**. **Geste des divinités courotrophes.** — Il est très ancien et d'origine orientale. La déesse nue porte la main à son sein comme pour en faire jaillir le lait, dans un mouvement grossier. L'art grec s'empare de ce geste, le transforme, l'idéalise et en fait le geste de la Vénus pudique. Heuzey [1] a fait de cette évolution une analyse souvent citée.

**39**. **Geste de la Vénus pudique.** — Praxitèle lui donna-t-il, dans son Aphrodite de Cnide, la forme du geste de la Vénus de Médicis (fig. 1) et de la Vénus du Vatican, répliques lointaines du

----

1. Catalogue des figurines de terre cuite du Louvre, vol. I, p. 39.

chef-d'œuvre perdu ? — Ce geste n'a de sens que si la déesse est nue. A l'époque romaine, on l'attribua à des figures drapées, preuve manifeste que sa signification première n'était plus comprise ; même c'était prêter à une singulière équivoque. Exemple : la *Danzatrice* du Vatican, qui est une œuvre médiocre.

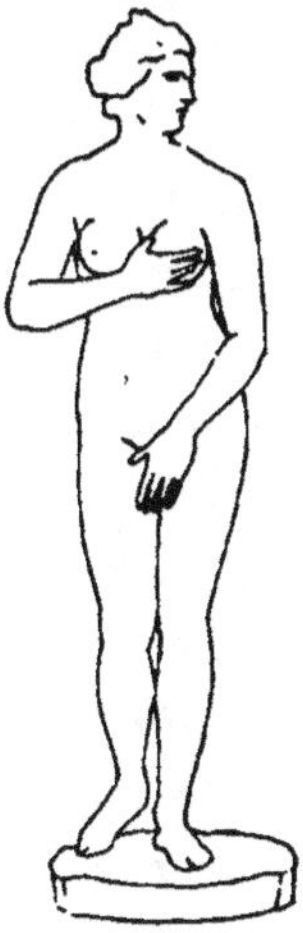

**40. Geste des Adorants**. — L'une des formes les plus ordinaires de l'adoration (προσκύνησις) consiste à tendre les bras en avant, la paume des mains tournée en haut (χεῖρας ὑπτίας προτείνειν). L'enfant en

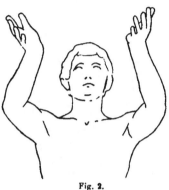

Fig. 1.

Fig. 2.

prières du musée de Berlin (fig. 2) peut être pris pour type d'Adorant.

**41. Gestes de la mimique funèbre.** — Ils sont un exemple frappant de la transformation en un mouvement abstrait, purement décoratif — donc orchestique, — d'un geste concret. Très anciennement (vases du Dipylon et vases de Corinthe) (8, 9) les pleureuses s'arrachent les cheveux et s'égratignent le visage, pendant l'exposition du mort et les cérémonies de l'ensevelissement. Peu à peu la gesticulation funèbre se fait moins violente. Dès le v⁰ siècle elle n'est plus qu'un simulacre des usages barbares auxquels Solon avait tenté de mettre ordre par un décret. On trouvera plus loin (363 à 370) une étude des gestes propres aux danses funèbres.

**42. Geste de la sandale rattachée.** — Type : la figure (bas-relief) de la Victoire Aptère. De Niké ce geste passe à Aphrodite, du bas-relief à la ronde bosse. Il comporte une foule de variantes. Il devient parfois le *g. de la sandale détachée*. Quelle que soit la signification qu'il ait eue dans le principe, symbolique ou concrète, il entra de bonne heure dans l'art grec. La déesse se tient sur une seule jambe ; l'autre est relevée pour permettre aux mains d'atteindre la sandale. La hardiesse de la pose permet de supposer que les peintres les premiers ont créé ce motif et que par eux il a passé dans la statuaire.

**43. Geste du voile.** — L'ampleur du manteau grec permet à la femme d'en faire à son gré un manteau, un voile, une écharpe longue. Le geste du voile consiste à écarter de la tête ou du buste l'enveloppe qui les couvrait. Au v⁰ et au ıv⁰ siècles, l'intention de ce geste est avant tout pudique : le voile est un rempart mobile derrière lequel la femme se retranche. Le geste par lequel l'épouse éloigne de son visage le voile qui le cachait a été appelé le *geste nuptial*; un exemple admirable s'en trouve sur une des métopes de l'Héraion, à Sélinonte (14). En face de Zeus, assis sur un rocher, sa divine épouse se tient debout « entr'ouvrant son voile avec une exquise pudeur; c'est l'attitude recueillie, le geste chaste de la jeune épousée qui se dévoile dans la chambre nuptiale » (Collignon). Le geste d'une Latone ar-

Fig. 3.

chaïsante (18), au Louvre, bien qu'il soit empreint d'une grande noblesse, n'est plus qu'un motif de décoration (fig. 3).

L'Aphrodite genitrix de Myrina (17), qui appartient d'ailleurs à un type du ıv⁰ siècle, conserve encore au geste du voile son acception primitive; c'est une chaste déesse qui se défend contre l'in-

Fig. 4.

discrétion des regards (fig. 4). Mais à partir du ıı⁰ siècle le voile n'est plus une barrière toujours prête à se fermer. La draperie que l'Aphrodite sensuelle de la période hellénistique écarte en minaudant, n'est qu'un prétexte à faire saillir le nu; elle ne sert qu'à souligner certaines intentions de l'artiste qui en use comme d'un accessoire favorable aux sous-entendus.

Ainsi le geste du voile s'est conservé presque sous la même forme, mais le sens qu'il avait d'abord s'est pour ainsi dire retourné (E. Pottier). De bonne heure il passa dans le répertoire orchestique, et la signification qu'il y prit subit les mêmes métamorphoses que dans les arts du dessin. Graves et chastes au v⁰ et au vi⁰ siècles, les danseuses voilées du iii⁰ et du ii⁰ ne seront le plus souvent que des courtisanes éhontées, aux pas lascifs.

## Gestes de la vie usuelle.

**44. Geste de la tunique.** — Le *geste de la tunique* est un des motifs que peintres de vases et sculpteurs ont le plus répétés, depuis les origines de l'art grec jusqu'à ses dernières manifestations. Ce geste est en quelque sorte instinctif à la femme dès qu'elle porte une robe longue. Il consiste à la relever avec la main, légère-ment, pour rendre plus libres les mouvements des jambes et découvrir les pieds. Les femmes grecques ne saisissent pas à main pleine, comme nos élégantes, la partie postérieure de la robe ; ce n'est point de la boue ni de la poussière qu'elles se garent. Leur geste n'est qu'une coquetterie qui embellit la démarche, y introduit une certaine eurythmie et devient souvent, par son inutilité même, un geste nettement orchestique (fig. 33, 50).

Tantôt le bras qui soulève les plis de l'étoffe reste appuyé le long du corps ; tantôt il s'en écarte latéralement, ou en avant, quelquefois en arrière. Il n'est pas rare que le geste soit double et se fasse symétriquement des deux bras. Enfin il peut s'appliquer au rabat ¹ même de la tunique ; il a perdu alors sa signification pri-mitive et n'est plus qu'un artifice de la danse (fig. 105). La figure 104 est une combinaison assez rare du geste de la tunique et du geste du rabat.

---

1. On sait que la tunique féminine grecque — le chiton — se composait unique-ment d'une ample pièce d'étoffe rectangulaire, pliée de telle sorte que, sans couture, elle s'adaptait au corps avec aisance. Le rabat, produit par un simple pli horizontal de la partie supérieure de la pièce, retombait sur le dos et sur la poitrine. (Fig. 130, 138, 155, 161, etc.)

(On trouvera divers types du geste de la tunique dans le tome I de la Sculpture grecque de Collignon; reproductions des statues archaïques de l'Acropole, entre autres : planche I; images dans le texte, pages 343 et suiv., page 366, etc. Se reporter ici même aux figures 33, 50, 102, 103, 104, 105, 106, 501, etc.)

Comme on peut le voir par ces exemples, il est difficile de marquer la limite qui sépare un geste de la vie usuelle d'un geste purement orchestique.

**45. Geste masculin du bras dans le manteau** (χεὶρ ἐν ἱμα·τίῳ). — Au v° et au iv° siècles, ce geste marquait le repos, la paix dans l'attitude; les orateurs à la tribune en avaient fait comme l'expression de leur dignité professionnelle. A partir du iii° siècle il perd de sa solennité : les Eros malicieux de Myrina, qui cachent leurs bras sous les plis de leur mantelet, n'ont aucune prétention à la gravité; ce sont des espiègles qui dansent. Le noble geste est devenu badin.

**46. Geste de la main à la hanche.** — Le bras est plus ou moins retiré. — Il paraît assez récent (iv° siècle?), mais sa fortune fut rapide. Appliqué aux figurines de Tanagre (16), il est un des éléments d'expression de leur rêveuse immobilité. C'est un geste à la fois noble et familier, qui permettait aux élégantes de faire valoir leur talent à se draper (fig. 5). La danseuse s'est emparée de ce geste qui lui est utile et qui la rend plus belle : la main à la hanche relève la tunique, fixe le manteau, et par la tension de l'étoffe fait saillir la forme féminine à travers les voiles (fig. 452).

Fig. 5.

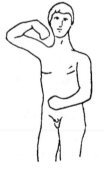

Fig. 6.

**47. Geste de l'athlète qui verse de l'huile sur son corps.** — Un bras est levé et plié à la hauteur de l'épaule; la main tient le petit vase qui contient l'huile;

l'autre bras, serré le long du corps, est arrondi de manière à arrêter l'écoulement du liquide (fig. 6). Ce geste ne doit pas être confondu avec celui des Verseurs (52).

**48. Geste de l'athlète qui se frotte avec le strigile ou geste de l'Apoxyomène.** — Couvert de sueur et de poussière mêlées à l'huile dont il s'est enduit, l'athlète, après les exercices de la palestre, nettoie sa peau en la raclant. Ce geste, que Lysippe paraît avoir introduit dans l'art, au ıv° siècle, n'est pas toujours facilement reconnaissable. La disparition du petit instrument qui l'expliquerait, cause l'incertitude.

Fig. 7.

**49. Geste de l'athlète qui ceint son front d'une bandelette.** — Voici encore un geste concret que l'absence de l'accessoire peut laisser obscur. Le *Diadumène* (fig. 7) a parfois tout l'air d'un danseur.

## *Gestes concrets devenus gestes décoratifs.*

**50. Geste du bras courbé au-dessus de la tête.** — Pottier constate [1] que ce geste, au v° et au ıv° siècles, exprime l'énergie et la lutte (métopes d'Olympie, Parthénon, Théseion, Mausolée d'Halicarnasse, etc.), et que, détourné de son sens primitif, il est devenu, dans l'art hellénistique, le geste de la mollesse et de l'abandon, ou même celui du suprême repos. Il n'est plus alors qu'une convention décorative, pleine d'élégance, mais parfois assez peu logique : il est certain qu'un dormeur ne tient son bras courbé au-dessus de sa tête que si un support lui permet de garder cette position instable. Or tel n'est point le cas du Faune de Munich, appesanti par l'ivresse, ni du Satyre de Naples. L'Ariadne du Vatican est conçue dans un équilibre un peu moins inquiétant,

1. Cours professé au Louvre, 1892-93.

mais le geste de la belle dormeuse est encore une recherche pleine d'afféterie. Le Niobide mort de Florence est plus sincère; ici la tenue du bras devient une dramatique réalité.

Le geste de l'Amazone blessée, assez analogue au précédent,

exprime conventionnellement la souffrance (fig. 8); mais, par une transformation inverse de celle qui vient d'être signalée, il se convertit quelquefois en un geste de lutte active et retourne ainsi à sa valeur concrète primitive [1].

Fig. 8.

Fig. 9.

**51. Geste de l'Aphrodite Anadyomène.** — La déesse tord ses cheveux en sortant de la mer (fig. 9). Bien que ce geste soit essentiellement concret, il devient, par la nature du sujet auquel il s'applique, un motif convenu, d'ordre décoratif. Ce n'est plus ici une femme qui secoue l'eau de sa chevelure, c'est une déesse coquette qui minaude avec ses bras.

**52. Geste du verseur.** — D'une main levée très haut le verseur tient un vase dont il fait couler le contenu sur une phiale qu'il éloigne de l'autre main et qu'il tient le plus bas possible : de cette façon le lïquide décrit dans l'espace une courbe élégante (fig. 10, 151); ce geste est bien

Fig. 10.

reconnaissable encore, sous la forme purement décorative qu'on lui voit prendre, lorsqu'il a perdu sa signification concrète primitive et est devenu orchestique (fig. 152, 584, 590).

Les peintures de Pompéi montrent assez souvent le geste du ver-

1. Voir Collignon, *Sculpture grecque*, I, p. 506.

scur combiné avec des jeux de voile qui ajoutent encore à la convention.

**53**. La liste ci-dessus, très incomplète, suffit à faire deviner le parti que les danseurs ont tiré de ces gestes traditionnels. Par la mimique, ces gestes sont entrés tous dans l'orchestique grecque; les uns y conservent leur valeur première et appartiennent à la partie mimétique de la danse; les autres tendent à y devenir de simples mouvements gymnastiques. A ce double titre ils devaient figurer dans notre exposé.

———

Après avoir cherché, dans les pages précédentes, à préciser l'usage qu'il convient de faire des monuments figurés, on abordera, dans celles qui suivent, une étude comparée du mouvement tel qu'ils nous le présentent et du mouvement réel.

# Les mouvements en général

*Les mouvements naturels : la marche et la course*

**54. Mouvements mécaniques.** — Parmi les mouvements du corps qui dépendent de notre activité volontaire, les uns sont purement *mécaniques* et tendent à la réalisation d'un but déterminé. Exemples : saisir un objet, marcher, courir, sauter un obstacle, etc. Ces mouvements sont instinctifs et d'une forme constante, abstraction faite des accidents individuels.

**55. Mouvements expressifs : Gestes.** — D'autres dépendent bien davantage de la coopération de l'âme ; ils sont les interprètes de la pensée, des moyens de la communiquer à autrui ou d'en commenter l'expression verbale : ce sont les *gestes*. Ils constituent un langage dont les variations sont grandes ; ils sont autant réglés par l'usage propre à chaque peuple que modifiés par le caractère, l'âge, les qualités particulières à chacun de nous. Ces mouvements que, par opposition aux mouvements mécaniques, on doit qualifier d'*expressifs*, les gestes en un mot, ont leur siège dans le corps tout entier. On peut constater facilement, par une expérience renouvelable, qu'à un changement d'objet dans les idées de l'homme qui parle correspond aussitôt un changement de position du corps. Et il ne s'agit pas ici de l'orateur dont la gesticulation étudiée cesse d'être instinctive ; regardez le simple paysan qui cause. Vous serez frappé de la sobriété et en même temps de la mobilité de ses gestes ; à défaut d'élégance ou d'exactitude, ils expriment, par leur succession, que les idées de notre homme marchent ; ils en sont les auxiliaires immédiats.

**56.** Il est inutile de faire ressortir la part d'imitation que comporte chaque geste. S'il est vrai que les mots, à l'origine du langage, aient été des onomatopées, il est évident que le geste reste toujours étroitement lié, dans sa forme, à la pensée qu'il exprime. Deux hommes qui ne parlent pas la même langue peuvent cependant échanger des idées simples par le moyen de la mimique, grâce à la valeur représentative des gestes.

Mais il faut remarquer que la convention s'est peu à peu introduite dans le geste. Très clair et peu varié chez les peuples primitifs, dont les idées sont simples, il a subi l'influence de l'enrichissement intellectuel ; il est devenu complexe et s'est fait aux nuances. Comme la langue parlée, il a eu recours aux figures. Pour exprimer l'explosion soudaine d'un bruit violent ne nous arrive-t-il pas de frapper du poing dans le vide, par une détente brusque du bras ? C'est une sorte de métaphore. Un laquais de comédie, qui veut faire comprendre au spectateur quelle récompense il attend de son maître, et quel en sera l'instrument, se frotte le dos avec la main : c'est une métonymie. Ainsi le geste est devenu un instrument intellectuel auquel chaque peuple a imprimé sa marque ; et il faut, dans un geste, faire la part de ce qui est resté instinctif et imitatif et la part de ce qui est dû aux influences traditionnelles de l'usage. Nous serions bien empêchés d'interpréter le jeu muet de Pylade ou de Bathylle, les fameux mimes romains, tant les gestes usuels de la vie publique et privée ont changé de forme depuis eux.

**57. Mouvements orchestiques.** — Les mouvements mécaniques et les mouvements expressifs ou gestes se distinguent nettement, à notre époque et dans nos mœurs, des mouvements de la danse ou *mouvements orchestiques*, dans le langage des Grecs. Les mouvements orchestiques ne sont, en effet, ni purement mécaniques ni proprement imitatifs. Le jeune animal, dit Platon, ne peut rester en repos ; il saute, il s'agite sans cesse avec un plaisir visible, comme s'il voulait dépenser en mouvements inutiles des forces surabondantes. C'est à un besoin semblable que l'homme obéit lorsqu'il danse. Mais tandis que l'animal n'a pas conscience de l'ordre ou du désordre dans le mouvement, l'homme a reçu des dieux, avec le sentiment du plaisir, celui du rythme et de l'harmonie. Les dieux eux-mêmes se font les conducteurs de ses danses, et le nom du chœur, χορός, dérive tout naturellement du mot qui signifie joie, χαρά (Lois, II, 653, 654 passim).

Si l'étymologie proposée par Platon est fausse, l'explication qu'il donne du plaisir orchestique est peut-être la seule qu'il en faille chercher. La danse est plus qu'un jeu pour l'homme; c'est un exercice du corps qu'il sait embellir par l'art, et la musique, réduite souvent à ses éléments rythmiques, en est l'auxiliaire indispensable.

**58.** Que toutes les danses de l'humanité primitive aient été des actions mimées et que la prédominance des mouvements purement gymnastiques ne s'y soit établie qu'à la longue, il nous importe peu de le vérifier. La séparation est complète aujourd'hui, dans notre art orchestique, entre la mimique et la danse, entre les gestes et les mouvements. Ceux-ci n'ont plus de valeur comme signes. Leur raison d'être est en eux-mêmes, dans l'activité spéciale qu'ils manifestent : la souplesse et la grâce y tiennent lieu d'un langage plus net. Dans nos ballets, les scènes de danse proprement dites ne se confondent pas avec les scènes mimées; celles-ci appartiennent au développement d'une action dramatique et sont du ressort de la pantomime; les autres, caractérisées par la carrure du rythme, la précision des pas et la suspension momentanée de l'action dramatique, sont destinées à mettre en relief le talent des danseurs ou à donner au public le spectacle brillant de mouvements d'ensemble artistement ordonnés.

Cette scission-là n'existait pas dans l'orchestique grecque au même degré que dans notre danse. Bien que nous puissions relever sur les monuments figurés des *pas de danse* tout à fait analogues aux nôtres et qui paraissent, comme les nôtres, entièrement dépourvus de sens mimétique, le symbolisme rituel dont toutes les danses grecques étaient imprégnées ne permet de voir en aucune d'elles un simple exercice de muscles. La mimique proprement dite intervenait à chaque instant dans l'art du danseur [1].

**59.** D'ailleurs le même mot (ὀρχηστής) désigne aussi bien le joueur de balle qui rythme ses mouvements, que le pyrrichiste

---

1. Elle constituait l'élément principal des danses théâtrales, qui étaient un moyen de rendre l'action plus claire, aux yeux des spectateurs; et elle a régné en souveraine dans la pantomime de l'époque romaine. Les monuments figurés nous fournissent à peine l'occasion de parler des danses non mimiques de la scène, et nous n'avons pas à traiter ici de la pantomime, qui est un art tout romain.

dont les évolutions retracent les phases d'un combat en armes. Il
s'applique également au digne citoyen qui célèbre Kômos et au
mime de profession qui « parle avec ses mains et, muet, sait tout
exprimer ». La danse, pour les Grecs, est un art plus vaste et aussi
plus élevé que le nôtre. Les philosophes, en lui attribuant une
influence morale, ont exprimé une opinion accréditée : la danse est
un de ces trois arts musicaux qui sont comme les modérateurs de
l'âme antique. Étroitement liée à la poésie et à la musique, elle
participe à leur nature divine et, comme ses sœurs, a été léguée aux
hommes par les Immortels. Elle n'est pas seulement un plaisir, elle
est un culte, et sert à honorer les dieux, de qui elle vient.

Mais il est impossible de l'étudier sans dissocier les éléments
dont elle est faite. En isolant d'abord ses mouvements gymnastiques, dont nous chercherons à établir la forme et l'enchaînement,
nous pouvons nous abriter derrière l'autorité de Platon qui a dit :
« C'est par l'intermédiaire du corps que l'eurythmie [1] s'insinue
dans l'âme, et c'est la danse gymnastique qui enseigne l'eurythmie ».
— Il y avait donc un enseignement gymnastique de la danse et
c'est à en retrouver les éléments que nous appliquerons nos
efforts.


# LA MARCHE


**60**. Un grand nombre de danses apppartenant à tous les temps
et à tous les pays ne sont qu'une modification plus ou moins grande
des mouvements naturels de la marche et de la course. Parfois
même le danseur se contente de marcher ou de courir suivant un
certain rythme, sans s'éloigner le moins du monde du pas normal

---

1. Qui est l'expression même de l'ordre dans l'âme humaine.

d'un marcheur ou d'un coureur : il réduit alors à ses moyens les plus simples la gymnastique de son art.

Ce sont là des modes de mouvement fréquemment en usage chez les danseurs grecs. Il n'est pas rare de voir leurs jambes s'en tenir aux formules tout ordinaires de la marche et de la course, pendant que les bras, le torse, la tête restent inactifs, ou se livrent au contraire à une orchestique très apparente.

Ces mouvements naturels sont donc les éléments primordiaux de l'orchestique grecque, — comme de toute autre danse, d'ailleurs. C'est par l'étude de leur mécanisme et de leur représentation artistique qu'il convient d'ouvrir la série de nos analyses.

**61. Mécanisme de la marche.** — Le mécanisme de la marche est compliqué. Réduit à ses manifestations extérieures les plus saisissables, il consiste en mouvements d'extension et de flexion à l'aide desquels chaque jambe porte à son tour le poids du corps et projette en avant le centre de gravité. Lorsqu'un peintre ou un sculpteur modernes représentent un homme qui marche, ils nous montrent ordinairement une de ses jambes pliée et l'autre plus ou moins tendue. Ils se contentent de cette traduction : elle correspond à peu près à l'impression que produit sur notre œil un marcheur ou, plus exactement peut-être, au souvenir synthétique que son image laisse dans notre esprit. En réalité, les phases diverses de la marche sont beaucoup moins simples ; un œil très exercé — et nous constaterons bientôt que l'œil des Grecs l'était plus que le nôtre — peut en surprendre quelques-unes. Mais les méthodes chronophotographiques de Marey ont permis de les saisir et de les fixer dans leurs moments les plus fugitifs [1]. Nous rappellerons ici les résultats quelque peu imprévus qui ont été fournis par ses appareils enregistreurs, et nous comparerons ensuite les marcheurs et les coureurs figurés sur les monuments antiques aux personnages vivants dont les mouvements ont été analysés.

**62.** I. Dans la marche normale, en terrain plat, *les deux pieds appuient sur le sol alternativement.* Au moment même où le pied de la jambe qui est en arrière se soulève pour se porter en avant,

[1]. Voir dans Marey, *le Mouvement* (G. Masson, 1894), la définition de la chronophotographie, la description des appareils et leur application à l'étude du mouvement.

l'autre pied se pose sur le sol. La notation automatique de la marche,
due aux appareils de Marey, exprime clairement pour l'œil que les
appuis des deux pieds alternent, sans solution de continuité :

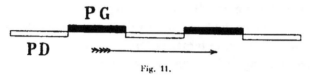

Fig. 11.

II. Le pied se pose sur le sol par le talon, pointe en l'air
(fig. 12, 1). Immédiatement la pointe s'abaisse et la plante du pied
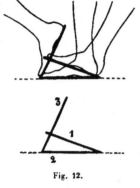
s'applique dans toute sa surface sur le
terrain (fig. 12, 2). Mais bientôt, par suite
de la propulsion du corps, le talon se soulève, décrit un quart de cercle presque
complet, de bas en haut, le pied ne touchant plus au sol que par la pointe (fig. 12,
3), et c'est alors seulement que la jambe
elle-même se soulève pour se porter en
avant. En deux mots, *le pied se pose sur
le sol par le talon et le quitte par la pointe.*
Il exécute donc une sorte de mouvement

Fig. 12.

de bascule que la figure 12 permet de saisir. Elle est faite de la
superposition des trois images qui correspondent aux trois phases
principales de l'appui du pied dans la
marche, et elle est empruntée à des
chronophotographies sur plaque fixe,
analogues à celles que reproduit schématiquement la figure 14.

III. Comme conséquence de ce qui
précède : jamais les deux pieds du
marcheur n'appuient simultanément
sur le terrain par toute la plante, ni
par les pointes seules, ni par les
talons seuls. *Les phénomènes de la
marche sont, pour les deux jambes, symétriquement successifs.*

Fig. 13.

IV. Il y a un moment très court où les deux pieds appuient en même temps sur le sol : c'est celui où la jambe de devant se pose et où la jambe de derrière va se soulever. Cette position, d'une extrême instabilité, est perceptible sur la figure 13. Le pied gauche, en avant, pose le talon sur le sol (cf. fig. 12, 1), tandis que le pied droit, ne touchant plus au sol que par la pointe, va se soulever, immédiatement, pour se porter en avant à son tour [1] (cf. fig. 12, 3).

**63. De l'Opposition des bras aux jambes, dans la marche.** — Si le marcheur laisse ses bras osciller librement, les conditions générales de l'équilibre en mouvement produiront entre les bras et les jambes un contraste d'allures qui peut s'exprimer par la double formule suivante :

*Pendant que le pied gauche se porte en avant, le bras gauche oscille en arrière;*

*Pendant que le pied droit se porte en avant, le bras droit oscille en arrière.*

En d'autres termes : le pied gauche et le bras droit, le pied droit et le bras gauche, s'associent deux à deux de telle sorte qu'ils sont toujours ensemble en avant ou en arrière du plan vertical qui passe par les épaules du marcheur. La figure 14 montre clairement

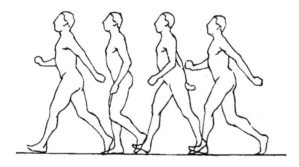

Fig. 14.

cette *association, par croisement, du mouvement des bras et des jambes;* elle doit se lire de droite à gauche. Elle est la reproduction linéaire d'une chronophotographie sur plaque fixe et montre un marcheur à des moments successifs de son déplacement. La figure

1. On trouvera dans Marey [*le Mouvement*, chap. VIII, IX, X], l'exposé scientifique des phénomènes de la marche et de la course.

12 aidera à interpréter les positions prises par les pieds sur la figure 14.

Les anciens maîtres de ballet avaient déjà constaté cette *opposition* des bras aux jambes dans la marche. Noverre (xviii° siècle) y voit une précieuse indication donnée par la nature elle-même pour la combinaison et le jeu des mouvements dans la danse. Le mot Opposition est resté en usage dans la chorégraphie moderne, et il sert à désigner des contrastes analogues à ceux qui se produisent dans la marche normale entre les mouvements des jambes et ceux des bras.

**64. Représentation de la marche sur les monuments figurés.** — Sur les monuments les plus anciens, vases et reliefs, les jambes des marcheurs se présentent sous un aspect particulier, qui est une simplification en usage chez les artistes primitifs : elles sont vues de profil, plus ou moins raidies et les pieds s'appliquent au sol par toute la plante. Cette convention, qu'on retrouve dans l'art égyptien, et qui paraîtrait devoir être une gaucherie propre à l'archaïsme, est cependant restée jusqu'à un certain point traditionnelle dans l'art grec ; elle revit sur quelques monuments de la plus belle époque. La frise du Parthénon l'a consacrée (67). Après les observations qui ont été présentées plus haut sur la marche normale (62, III), nous n'avons plus à faire ressortir l'impossibilité de la *marche sur la double plante*.

Quelques artistes archaïques semblent l'avoir intentionnellement rejetée : ils lui ont substitué une autre convention par laquelle ils ont cru traduire mieux l'allure des marcheurs. C'est ainsi que, sur le célèbre vase signé d'Aristonophos [1] (commencement du vii° siècle, d'après Pottier), Ulysse et ses compagnons paraissent esquisser un pas de danse. Dressés sur la pointe des pieds, ils s'avancent en file, soulevant l'énorme pieu qu'ils enfoncent dans l'œil du Cyclope. On conviendra que la scène n'a rien d'orchestique : il ne saurait être question, sur un vase de cette époque, de la figuration d'une scène comique empruntée à une sorte de drame satyrique. Les captifs de Polyphème ne dansent donc pas. Ce qui peut le prouver, du reste,

1. Au Musée Capitolin.

c'est, dans la céramique rhodienne du vii<sup>e</sup> siècle (9), l'allure toute semblable de certains personnages ; on voit des guerriers affrontés, combattant des Gorgones grimaçantes, qui, pour marcher, se dressent sur la Pointe. Toutefois il n'est pas impossible que les peintres céramistes, assez hardis pour traduire de cette étrange manière le mouvement des pieds dans la marche normale, aient emprunté à l'art orchestique l'idée de cette innovation. L'artifice par lequel le danseur relève le talon pour poser sur le sol la partie antérieure du pied seulement, est, à coup sûr, en raison de sa simplicité, un des plus anciens de la danse. De plus, la marche sur la Pointe est pour un dessinateur inhabile, d'une traduction assez facile, plus facile même que la marche normale, parce qu'elle est d'un mécanisme moins compliqué et d'un aspect tout à fait caractéristique. Elle a pu devenir, pour quelques-uns des artistes primitifs, une formule commode qu'ils ont appliquée sans discernement. N'est-il pas curieux, en effet, de trouver sur des monuments archaïques, à peu près contemporains les uns des autres, des danseurs qui appuient lourdement leurs pieds sur le sol, par toute la plante, et des personnages qui s'avancent gaillardement sur la pointe des pieds, sans avoir le moins du monde envie de paraître danseurs? Cette confusion ne doit pas nous donner le change. Nous aurons plus d'une fois, dans la suite de cette étude, l'occasion de constater qu'un même mouvement, traduit par des artistes inégalement expérimentés, prend des formes multiples.

Abstraction faite des exceptions qui viennent d'être signalées, on peut voir, dans la *marche sur la double plante*, un procédé commun à presque tous les peintres céramistes et aux sculpteurs d'avant le vi<sup>e</sup> siècle (fig. 515, 541, 542).

**65.** Quelles sont les variantes de cette formule et comment s'est-elle peu à peu modifiée ?

Quelquefois, dans une file de personnages qui se tiennent par la main et dont l'allure est nécessairement la même, les jambes des uns sont plus écartées que celles des autres : cela n'est pas un hasard, ni une fantaisie. Sur le vase François, la chaîne des danseurs qui exécutent la farandole à la suite de Thésée, présente cette particularité (fig. 15, 517). Les hommes, porteurs d'une courte chlamyde dont la brièveté ne gêne pas leurs mouvements, marchent

Fig. 15.

à pas plus larges que les femmes avec
lesquelles ils alternent. Celles-ci, raidies dans une somptueuse tunique,
qui les enserre comme un fourreau,
paraissent être victimes des exigences
de la mode et ne se mouvoir qu'avec
peine.

Ailleurs, dans des groupes orchestiques, la même discordance
d'allures se remarque, sans
que la différence des sexes
puisse la justifier (fig. 16).
Elle exprime peut-être que
l'une des deux femmes —
ce sont des Ménades qui
dansent — s'avance plus
rapidement que l'autre :

Fig. 16.

l'écartement des jambes deviendrait ainsi un moyen de rendre la
vitesse.

Fig. 17.

Sur la figure 17, on peut apprécier l'effort
qui tend à l'assouplissement des jambes : c'est
toujours la marche sur la double plante, mais la
raideur s'atténue, les genoux fléchissent.

Il faudrait peut-être rattacher aux danseurs
malgré eux, dont il a été question plus haut
(64), le personnage découpé
sur une plaque de bronze, qui est partiellement reproduit ci-contre (fig. 18). Le ciseleur
n'a pas voulu le faire marcher sur les deux
talons à la fois ; il n'a pas osé non plus le
dresser sur les deux Pointes. S'il avait soulevé
le talon gauche de son bonhomme et appuyé
sur la ligne de terre le talon droit, en d'autres termes, s'il avait interverti l'assiette des

Fig. 18.

deux pieds, il aurait découvert la vraie formule, dont nous allons
voir l'éclosion.

**66**. La figure 19 présente un grand intérêt : elle nous fait saisir, sur le fait, le perfectionnement définitif apporté à l'antique représentation de la marche. Le monument qu'elle reproduit partiellement est un bas-relief votif trouvé sur l'Acropole et qui appartient à la seconde moitié du vı<sup>e</sup> siècle. Hermès, suivi de trois Kharites qui se tiennent par la main, marche sur la double plante, ainsi que la première et la troisième femmes. Mais la deuxième Kharite soulève le talon gauche et son allure prend un

Fig. 19.

aspect tout nouveau. Il est curieux d'observer que l'artiste, par crainte d'une innovation trop hardie, n'a attribué ce mouvement qu'à un seul personnage sur quatre.

Une fois acquise, cette formule nouvelle ne tarde pas à se répandre. Les vases du vı<sup>e</sup> siècle en fournissent déjà des exemples (fig. .20).

Fig. 20.

Au v<sup>e</sup> siècle, elle est tout à fait généralisée ; elle conserve encore quelque raideur sur les peintures à figures rouges de style sévère (fig. 461) ; mais elle tend de plus en plus à la perfection et ne tarde pas à l'atteindre (fig. 106).

Cependant la marche sur la double plante n'est pas entièrement abandonnée. Cela tient à ce que les artistes ne réalisent pas tous en même temps les mêmes progrès ; et aussi à ce qu'ils conservent pieusement les traditions de leurs prédécesseurs, dans le cas même où elles ne valent pas grand'chose.

**67. Représentation de la marche sur la frise du Parthénon** (15). — Autant que l'état des bas-reliefs permette d'en juger, presque tous les personnages de la frise marchent sur la double plante, qu'ils soient isolés (fig. 21) ou groupés deux à deux (fig. 22). On peut rapprocher des figures de la pompe panathénaïque certains groupes peints au vi° siècle sur les vases et faire d'utiles comparaisons.

Un assez grand nombre de vases à figures noires (10) sont ornés

Fig. 21.

Fig. 22.

de cortège smenés par Hermès ou par Apollon. Le dieu conducteur est suivi de femmes groupées de différentes manières. Les gestes sont presque toujours symétriques; les profils des figures, de la tête aux pieds,

sont parallèles. Les pieds débordent les uns sur les autres, par devant (fig. 23) ou par derrière (fig. 24), sans que le peintre se soucie d'en indiquer le nombre utile.

Il est certain qu'à chaque époque les décorations céramiques sont le reflet de la grande peinture; il peut donc être intéressant de constater

Fig. 23.

Fig. 24.

que, dans l'œuvre de Phidias, la perspective n'est pas sensiblement différente de celle que pratiquaient les peintres du vi° siècle. Même parallélisme des profils, même symétrie dans les gestes, même disposition des pieds qui débordent les uns sur les autres, même marche sur la double plante. Seulement, au Parthénon, la raideur archaïque a fait place à une merveilleuse souplesse. Le poids du corps porte sur une seule jambe; l'autre s'infléchit légèrement au genou pour montrer qu'elle est agissante.

On croirait, à première vue, que ce cortège est arrêté. A ne considérer en effet que leur attitude et leur aplomb, ces beaux personnages paraissent être immobiles. Rien dans leur aspect n'exprime la marche, dont le caractère est, suivant l'expression de Marey, une perpétuelle instabilité. Et cependant il n'est pas douteux que ces jeunes filles porteuses des phiales et des œnochoés (les vases à libation), ces hydriophores, ces joueurs de flûtes, ces citharistes, ne s'avancent lentement, dans la paix recueillie d'un cortège sacré. La preuve en est dans la présence, à côté du cortège, d'un certain nombre de personnages, visiblement immobiles ceux-là, et qui semblent s'être arrêtés pour voir défiler la pompe. Sur la frise, l'absence d'avant ou d'arrière-plan peut faire supposer que ces spectateurs ou ces ordonnateurs s'interposent entre les rangs de la procession; mais il faut les en faire sortir, en rétablissant la perspective que le bas-relief n'indique pas. Fait remarquable : les positions des jambes de ces personnages arrêtés sont plus variées et, si l'on peut dire, plus mouvementées que chez les marcheurs du cortège. Témoin ces deux hommes qui, sur le fragment du Louvre, font face à des couples de femmes se dirigeant vers la gauche. L'un d'eux tient une corbeille; l'autre, un ordonnateur de la Pompe sans doute, paraît en surveiller le déploiement. Tous deux, vus de trois quarts, sont appuyés sur la jambe gauche; leur jambe droite est assez fortement pliée au genou pour que la pointe du pied seule puisse toucher le sol. Le talon droit, que la perspective nous masque, est nécessairement soulevé. Mêmes observations relatives à la seconde porteuse de sièges (diphrophore) de la frise nord. Cette femme, qui se présente tout à fait de profil, vient de s'arrêter pour se décharger de son fardeau, aidée par une compagne qui lui fait face. Ce qui reste de sa jambe droite permet de voir le genou fléchir et le talon se soulever.

C'est donc un parti pris : les marcheurs du cortège ont les talons à terre; les personnages immobiles s'appuient sur une jambe, et, de l'autre pied, ne touchent le sol que par la Pointe. Il ne saurait être question d'inexpérience dans une telle œuvre : l'artiste a voulu traduire la lenteur rituelle d'une procession athénienne. L'antique convention de la marche sur la double plante lui a paru plus capable que le mouvement vrai d'exprimer le caractère hiératique de la cérémonie. Avec cette convention il en adopte une autre, celle de la perspective particulière à la marche dans les bas-reliefs archaïques (29), montrant ainsi qu'il entend bien faire avancer ses personnages, à la même allure et du même pas.

Sans doute il ne faut pas prétendre interpréter avec précision les détails d'un ensemble conçu dans un style essentiellement décoratif : ce serait s'exposer à y voir plus clair que l'auteur, qui s'est soucié plus de la beauté plastique de son ouvrage et de sa convenance religieuse que de la réalité des mouvements. Il faut au contraire dégager les formules générales, et pour ainsi dire abstraites, auxquelles il s'en est tenu, par tradition.

**68.** Pour montrer la persistance de la marche sur la double plante nous citerons encore :

Du iv° siècle, un bas-relief à sept personnages, dans lesquels Beulé voit des choreutes divisés en deux demi chœurs. Ils sont précédés d'un coryphée ou du chorège lui-même. Ils marchent à petits pas, le bras dans le manteau (fig. 526);

Une peinture sur enduit d'un tombeau grec de Ruvo, qui n'est pas antérieure au iii° siècle, et représente une danse exécutée par vingt-sept figures distribuées en deux groupes (fig. 530). En dépit du mouvement qui paraît entraîner les personnages, vingt-six d'entre eux courent plutôt qu'ils ne marchent, sur la double plante. Seul, un des deux conducteurs relève gauchement la jambe droite;

Du iᵉʳ siècle enfin quelques monuments archaïsants, entre autres ce médiocre bas-relief dit les Kharites de Socrate (Vatican).


# LA COURSE


**69. Mécanisme de la course.** — La course n'est pas une marche rapide. Elle diffère de la marche, qui est le type fondamental des mouvements *à terre*, en ce qu'elle comporte des mouvements *en l'air*, pendant lesquels le corps est soulevé à une hauteur plus ou moins grande au-dessus du sol.

Si l'on compare le graphique de la course (fig. 25) au graphique

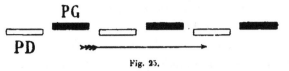

Fig. 25.

de la marche (fig. 11), on voit que dans la course « les appuis des
pieds sont séparés entre eux par une période
dans laquelle aucun des pieds ne touche le
sol, et qui est la *période de suspension* (Marey,
*le Mouvement*, p. 7).

Fig. 27.

En d'autres termes, *la course se compose
d'une succession de sauts en longueur et alternatifs, d'un pied sur l'autre* (74).

La figure 26, reproduction linéaire d'une

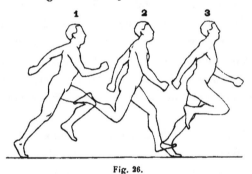

Fig. 26.

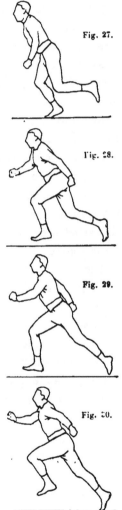

Fig. 28.

Fig. 29.

Fig. 30.

chronophotographie sur plaque fixe, montre
un coureur, au milieu de sa course, effectuant
un saut de la jambe droite sur la jambe gauche.
L'image 2 de cette figure correspond à un des
moments de la période de suspension.

Les figures 27, 28, 29, 30 présentent le coureur pendant les trois premiers *sauts* de sa
course. La figure 27 correspond au départ;
on y voit le coureur porter en avant le poids
du corps et en même temps fléchir le genou
droit, comme un ressort, pour prendre l'élan
nécessaire au saut de la jambe droite sur la gauche.

Figure 28 : moment de la période de suspension correspondant à ce saut. La jambe gauche va retomber sur le sol et se détendre pour lancer le corps en l'air [1].

Figure 29 : deuxième période de suspension, correspondant au second saut effectué de la jambe gauche sur la jambe droite.

Figure 30 : préparation, par détente de la jambe droite, du troisième saut, de la jambe droite sur la jambe gauche.

**70**. Dans la course, plus encore que dans la marche, l'*opposition* des bras et des jambes (63) se produit instinctivement, on pourrait dire : mécaniquement. Les images précédentes le prouvent et se passent de tout commentaire.

**71**. Elles suffisent aussi à montrer quelques-uns des aspects multiples de la course. Les images 1 et 3 de la figure 26 et la fig. 30 s'éloignent singulièrement de la formule par laquelle les dessinateurs modernes la traduisent. Cette formule, qu'ils ne varient guère, et dont le type fondamental se trouve dans la figure 27, n'est pas inexacte en soi. Elle correspond à un moment réel de la course, mais elle est souvent dénaturée dans les détails. En tout cas elle est trop exclusive et sa monotone répétition tendrait à prouver que nos artistes ne savent pas voir ni démêler les *moments* (282) divers de la course.

Les anciens observaient mieux. L'éducation de l'œil chez leurs artistes était très développée. Marey a le premier signalé quelle remarquable analogie on peut établir entre les coureurs peints sur les amphores panathénaïques du v° et du iv° siècles et les coureurs dont ses appareils ont analysé les mouvements.

**72. Le saut.** — Trois images chronophotographiques suffiront à justifier l'identification affirmée plus haut (69) entre le saut et la course. Les figures 31 et 32 représentent : la première (fig. 31), un sauteur au moment où la détente du jarret va le lancer en l'air ; la seconde (fig. 32), le même sauteur pendant la *période de suspension* (69). La figure 38 représente également un moment de la suspension.

Le saut effectué est un saut en hauteur et en longueur, qui ne

---

1. Les images correspondant à ce mouvement nous font défaut.

diffère pas essentiellement des sauts successifs de la course. On reconnaîtra que les deux moments du saut fixés par les images 31 et 32 correspondent avec exactitude aux moments (282) de la course représentés par les images 1 et 2 de la figure 26 et par les figures analogues 30 et 28. (Ne pas tenir compte du changement de jambes.)

**73.** Nous ne décrirons pas le mécanisme du saut. Rappelons seulement que, si l'on excepte le saut en profondeur dans lequel le sauteur peut être simple-ment passif et n'obéir à d'autre force que celle de la pesanteur, le fléchissement des genoux et la détente des jarrets constituent le ressort nécessaire à la production de toute espèce de saut. Les dan-seurs disent : « On ne peut sauter sans *plier* ».

Fig. 31.

Fig. 32.

**74.** Formes principales du saut :

*Saut en longueur; en hauteur; en profondeur; saut en avant; en arrière; saut latéral; saut sur place; saut d'un pied sur l'autre; saut d'un pied sur le même pied* (vulgo : sauter à cloche-pied); *saut à pieds joints*, etc.

**75. Représentation de la course sur les monuments figurés.** — Il est supposable *a priori* que sur les monuments les plus anciens soient figurés les mouvements les plus simples. A ne considérer que les reliefs, où l'on peut constater, au milieu des tâtonnements, des hésitations de la technique, un progrès continu dans le rendu des mouvements, ce développement logique s'est régulièrement produit : les mouvements se font d'autant plus libres que l'art s'éloigne davantage de ses origines. Mais dans la série des vases il n'en est pas ainsi : la perfection du dessin, qui est une lente acquisition des siècles successifs, s'y substitue à la désinvol-ture et à la fougue. Le pinceau devenant plus discret, les mouve-ments s'atténuent au lieu de se développer ; ils s'affinent et se font plus sobres. C'est sur les vases à figures noires (10) et sur les pre-miers vases à figures rouges (11) que nous aurons l'occasion de relever les mouvements les plus hardis, les plus rapides.

**76.** Il n'est pas toujours facile, sur les monuments figurés, de distinguer un marcheur d'un coureur. On l'a vu : le mécanisme de

Fig. 33.

la marche et celui de la course, et aussi leur aspect, diffèrent sensiblement. Mais les artistes primitifs ont hésité longtemps avant d'adopter des formules distinctes.

Ils paraissent s'être contentés d'abord, pour faire courir leurs personnages, de leur écarter les jambes. Les deux pieds appuient sur le sol par toute la plante (fig. 16); c'est déjà un progrès que de voir le talon du pied de derrière se soulever un peu (fig. 33); plus tard, le pied de derrière n'appuie plus que par la pointe (fig. 34).

Cette formule grossière et tout artificielle de la course, dans laquelle les deux jambes écartées traînent à terre, se retrouve encore sur des vases de basse époque (fig. 518).

Fig. 34.

**77.** L'art archaïque emploie volontiers une formule plus gauche, en apparence, que la précédente, mais dont la valeur représentative est très réelle. Quelques peintres céramistes lancent leur coureur dans l'espace

Fig. 35.

Fig. 36.

(fig. 35, 36) et lui écartent les jambes à tel point que tout en se fendant, il semble s'agenouiller.

Ce type de coureur se retrouve dans les reliefs. Mais ici, pour donner à la figure une stabilité nécessaire, le sculpteur est obligé de poser sur un socle le pied de devant et le genou de la jambe de derrière, de telle sorte que le personnage s'agenouille. C'est le cas de la Niké de Délos (vɪᵉ siècle), dont la figure 37 montre la partie inférieure, et d'un petit bronze archaïque trouvé sur l'Acropole, également une Niké. (Voir Collignon, *Sculpture grecque*, t. I, p. 140.) La déesse de la Victoire, ailée, qui se transformera bientôt en une figure tout aérienne, est ici rivée à un socle, lourdement.

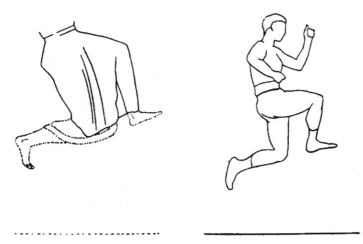

Fig. 37.                                    Fig. 38.

Détachez-la, par la pensée, de cette base nécessaire à toute statue; voyez-la bondir dans l'espace et rapprochez d'elle un des sauteurs de Marey (fig. 38). Tout s'explique alors : le Persée (fig. 35), l'étrange génie ailé (fig. 36), et la Niké de Délos sont eux-mêmes des sauteurs. Leur allure exprime la rapidité de leur course.

**78.** Sur le bas-relief d'Assos, au Louvre (14), on saisit la formation d'un type de coureur tout à fait particulier à l'art grec. La lutte d'Héraklès et de Triton met en fuite les Néréides. Elles paraissent plutôt marcher que courir, il est vrai; mais il n'est pas douteux que l'artiste naïf n'ait voulu rendre une fuite rapide. Comment reconnaître dans ces mannequins raidis les Néréides aux cent pieds d'Homère et de Sophocle? Elles se suivent à la file, les mains étendues dans un geste d'effroi, les jambes à peine entr'ouvertes : on

Fig. 39.

les dirait clouées sur place par la ter-
reur si deux d'entre elles, relevant timi-
dement la jambe de devant, ne nous
découvraient l'intention du sculpteur
(fig. 39). Il a voulu les faire courir.
L'un des premiers, parmi les vieux
maîtres du bas-relief, il a tenté de rendre avec exactitude l'un des *moments*
de la course que l'art moderne a négli-

gés et que la chronophotographie met en lumière : c'est celui de la
figure 30.

A cette même époque, au
vie siècle, les peintres de
vases ont déjà toutes les har-
diesses. La technique ne les
entrave plus ; observateurs
exercés, ils traduisent fidèlement les mouvements les
plus fugitifs. Il suffit de rapprocher de la figure 30, ou
de la figure 26, 1, qui est
analogue, quelques-uns des
coureurs relevés sur des
vases à figures noires. Bien
que la ligne de terre empâte
les pieds de celui-ci (fig. 40)
on peut reconnaître en lui

Fig. 40.

Fig. 41.

un très proche parent des coureurs de Marey. Même remarque au sujet du choreute grotesque que l'on trouvera plus loin (fig. 528). Quant au coureur panathénaïque (fig. 41), il est le terme le plus exact de la série, et il est indéfiniment répété sur les amphores panathénaïques du v° et du ıv° siècles.

Cette formule de la course, dans laquelle le coureur lève la jambe de devant et appuie sur le sol par la pointe de derrière, n'a pas eu la fortune qu'elle méritait.

Les peintres de vases à figures rouges l'ont presque
complètement rejetée et l'art
moderne ne la connaît pas.

**79.** La comparaison des
figures 42 et 43 avec l'image
chronophotographique re-

Fig. 42.          Fig. 43.

produite par la figure 27, n'est pas moins saisissante que les rap-prochements faits ci-dessus. Ce nouveau type du coureur au départ

Fig. 44.

est d'une telle justesse que les images 42 et 27 pourraient presque se superposer.

Fig. 45.

**80.** La figure 44 et la figure 45 — à comparer avec les figures 28 et 29 — cor respondent à des moments divers de la période de suspension (69).

**81.** Nous en arrivons enfin, avec les figures 46 et 47, à un sixième et dernier type de coureur qui nous est très familier. Il est identique, en effet, à celui que les arts du dessin, depuis la Renaissance, ont généralement adopté. Le coureur est ap-puyé sur la jambe de devant, qui est fléchie; l'autre jambe, assez fortement pliée au genou, se relève en arrière. La comparaison avec l'image chronophotographique 2 de la figure 26 justifie l'ensemble

du mouvement. Il y aurait des réserves à faire sur le point d'appui. On doit dire de cette formule, dont nos artistes se montrent satisfaits, qu'elle est une des moins exactes qu'ils aient pu choisir. Les Grecs l'ont peu employée, sans doute

Fig. 46.      Fig. 47.

parce qu'ils ne la jugeaient pas assez rigoureuse.

**82.** Toutefois, s'ils étaient épris de vérité, ils ne renonçaient pas à des gaucheries et à des conventions dont ils auraient pu se débarrasser. A côté de la minutie dans la recherche et de la tendance à l'exactitude, il y a dans l'art grec, par une contradiction singulière, un esprit de routine qui se distingue du respect de la tradition et qui est une faiblesse. Certaines attitudes, certains mouvements, détournés de leur sens

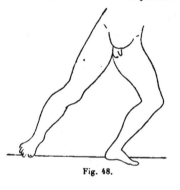

Fig. 48.

primitif ou abusivement employés, sont devenus, pour les artistes secondaires et pour les artisans de l'art, de vrais passe-partout.

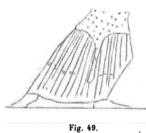

Fig. 49.

Voici trois personnages (fig. 48, 49, 50) qui ont la prétention de marcher ou de courir ; ils font partie de groupes qui ne laissent aucun doute sur le sens que le peintre de vases a voulu donner à leur allure. Le corps se présente de face et s'appuie sur la jambe qui s'avance, fléchie au genou et tournée en dehors ; l'autre jambe, en arrière, s'allonge assez pour que le talon — masqué par la perspective dans les figures peintes — soit nécessairement soulevé.

Or, nous trouvons sur un grand nombre de reliefs exactement la

même posture. Le fronton occidental du temple d'Athéna à Egine
(14) en fournit un des prototypes : l'un des guerriers debout qui
brandissent la lance aux côtés d'Athéna nous apparaît solidement
campé sur les deux jambes, le poids du corps portant sur la jambe
gauche fléchie au genou et vue de profil,
tandis que l'autre jambe, allongée, est vue
de face. Cette attitude exprime beaucoup
plus la stabilité que le mouvement : elle
est celle du guerrier qui attend de pied
ferme l'assaut de son ennemi et se penche
du côté même qui recevra le choc. — Un
des Lapithes du Parthénon, dans son
corps à corps avec un Centaure, présente
le même aspect, et il est visible qu'il lutte

Fig. 50.

sur place. C'est aussi le cas de l'un des personnages de la frise
trouvée à Phigalie (15). — A Pergame (17), nouveaux exemples ; mais
l'écartement des jambes s'exagère dans l'effort d'une lutte acharnée.

La statue d'athlète dite le Gladiateur Borghèse (au Louvre),
œuvre d'Agasias d'Ephèse (ii° siècle), exclut toute idée de mouvement en avant ; l'athlète vient de « se fendre » par un « écart »
énorme, pour porter un coup. Son attitude exprime une stabilité
momentanée.

En résumé, dans le haut-relief, cette pose « académique »,
devenue banale, ne traduit ni la marche, ni la course. A plus forte
raison n'a-t-elle aucune signification orchestique. Elle est liée à la
représentation de la lutte ferme.

Les peintres de vases, au contraire, en ont usé comme d'une formule applicable à la marche, à la
course et à la danse (fig. 494, A).
Ils en ont fait un de ces types
convenus qui sont dans les arts
industriels d'un usage facile.

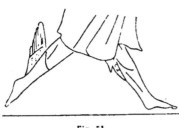

Fig. 51.

**83.** Beaucoup plus excusables
sont les gaucheries voulues que
l'on peut relever sur les vases.
Les jambes de cet Hermès coureur (fig. 51) sont raidies avec une

visible affectation. C'est un retour volontaire aux formes schématiques de l'art primitif. Ce goût archaïsant qui donnera naissance,
au 1ᵉʳ siècle, à un art rétrospectif, se manifeste à toutes les époques de l'art grec et apparaît déjà au temps de Phidias.

---

**84.** La plupart des figures précédentes — c'est-à-dire les
figures 15, 16, 17, 19, 20, 40, 42, 43, 45, 46, 47, 48, 49, 50 —
sont empruntées à des scènes orchestiques. Ces personnages qui
marchent et qui courent sont en même temps des danseurs. Ce
n'est pas avec leurs jambes qu'ils dansent; celles-ci n'exécutent en
effet que les mouvements naturels de la marche et de la course
normales. Ils sont danseurs seulement par la gesticulation des
bras, de la tête et du corps.

Ces *mouvements naturels* de la marche et de la course normales
ont, dans l'usage que nous en faisons, une amplitude constante au
delà ou en deçà de laquelle ils deviennent *artificiels* et prennent un
caractère orchestique. Modifiés, transformés, souvent méconnais-
sables, ils engendrent les pas de la danse, qui sont variés à
l'infini.

C'est à l'étude des *mouvements artificiels* — autrement dit
*orchestiques* — des jambes et de tout le corps, que seront consacrées les sections suivantes.

# Technique de la Danse

## I. — Les Positions

Avis. La danse française moderne servira, dans cette étude, de point de départ et de terme de comparaison. Mais il ne pouvait être question d'en exposer le mécanisme dans son étonnante complexité : il faut vingt ans à nos danseurs pour s'en rendre maîtres. Le lecteur ne trouvera ici que des notions sommaires et des exemples choisis : l'auteur a volontairement omis tous les mouvements de la danse moderne qui n'ont dans l'orchestique grecque ni leurs doubles ni leurs analogues. De la longue chaîne des exercices gradués auxquels sont soumis nos danseurs il a dû retirer un grand nombre d'anneaux et se borner à l'essentiel.

Je tiens à justifier aux yeux des danseurs de profession la méthode que j'ai adoptée dans cet abrégé de leur grammaire.

Dans un livre qui s'adresse au public, généralement étranger aux choses de la danse, j'ai pensé que certaines simplifications dans les termes et certains groupements dans les faits pourraient rendre mon exposé plus clair.

C'est ainsi que, tout en affirmant l'importance prépondérante des cinq *positions des jambes* (que je désigne abréviativement par les cinq premiers chiffres romains : I, II, III, IV, V), j'ai appliqué le même mot Position, par analogie, aux différents aspects des bras, du corps et de la tête. Ces Positions des bras, du corps et de la tête, je les ai pour ainsi dire *géométrisées* en les réduisant à de sèches formules (fig. 88 à 101, 182 à 186, 194 à 198) qui ont l'avantage de se prêter à des comparaisons utiles avec les images empruntées aux vases peints et aux reliefs antiques. J'ai rattaché aux Positions l'*attitude* et l'*arabesque*, afin de présenter en bloc au lecteur les types orchestiques qui servent de points de repère au milieu des innombrables mouvements.

J'ai fait suivre la description des *exercices préparatoires* de quelques notions sur les mouvements des bras, du corps et de la tête, en me plaçant au point de vue de leur fixation par les arts du dessin.

J'ai résumé (326) le plan d'études qui correspond à l'enseignement actuel de la danse; mais en analysant le mécanisme de quelques *temps* et *pas* (205 à 271), je n'ai pu m'astreindre à respecter ce plan. Je laissais de

côté un trop grand nombre de mouvements pour qu'il me fût possible de
grouper mes exemples suivant les affinités gymnastiques; j'ai dû me contenter de les disposer dans un ordre arbitraire, en présentant les plus
simples, d'abord, pour finir par les plus compliqués. Au lieu d'établir une
catégorie pour les *temps d'aplomb*, les *adages*, une autre catégorie pour
les *temps* et les *pas sautés*, les *temps d'élévation*, etc., etc., j'ai procédé
par sélection, en éliminant tout ce qui ne pouvait devenir terme de comparaison avec l'orchestique grecque.

J'ai appelé quelquefois la géométrie à mon aide, sans prétendre le
moins du monde réduire la danse, qui est un art, à des formules géométriques. J'ai dit des Positions qu'elles sont les *limites* vers lesquelles tendent les mouvements; j'ai parlé de *symétrie* et de *dyssymétrie*, de *projections* et de *traces*, de l'*axe vertical* et du *plan vertical de l'aplomb*.

Je n'avais rien à dire des *enchaînements* de la danse moderne, mais j'ai
indiqué les conditions générales du mécanisme dans les mouvements
coordonnés et successifs : la *superposition*, la *répétition*, l'*alternance*, et
ce que j'ai appelé l'*antinomie* des mouvements, et leur *déterminisme*.

J'ai employé avec insistance le mot *moment* à propos des images, et
distingué, entre ceux qu'elles nous présentent, les *moments caractéristiques*, les *moments essentiels* et les *moments secondaires*.

Tous ces termes sont expliqués en leur place.

Ainsi je me suis vu forcé, non seulement de rester incomplet et de ne
pas respecter rigoureusement l'ordre établi dans l'enseignement pratique
de la danse, mais d'introduire, dans cet exposé de la danse moderne,
quelques notions extérieures, d'ordre décoratif, sur la fixation des mouvements par les arts du dessin.

Le but de cette étude, en effet, est une restauration archéologique
dont les éléments sont les types orchestiques fournis par les monuments figurés. En prenant pour guide la danse moderne, je devais ne lui
demander que des termes de comparaison et reléguer ce qui ne devait
pas servir à l'interprétation des images antiques. J'avais le droit, enfin,
de philosopher un peu et d'emprunter aux sciences quelques éléments
d'explication.

Tout ce qui est relatif à la danse française moderne est imprimé en
italique; les caractères romains sont conservés pour les développements
fournis par la danse grecque. De la sorte, le lecteur pourra distinguer
nettement chacun des deux exposés parallèles sous leurs rubriques communes.

**85**. *Abstraction faite du rythme, les éléments constitutifs de la danse sont les* Positions *et les* Mouvements.

**86**. *Une* Position *est le point de départ ou la fin d'un mouvement de danse. En d'autres termes, elle en est la préparation ou la conclusion.*

*Une Position suppose, par définition, un temps d'arrêt dont la durée est variable et qui peut être extrêmement court. Elle s'oppose ainsi au* Mouvement *qui n'a pas besoin d'être défini.*

**87**. *Il y a lieu de distinguer :*

*Les* Positions des jambes ;

*Les* Positions des bras ;

*Les* Positions du corps ;

*Les* Positions de la tête.

**88**. *Les seules Positions dont le nombre et la forme soient réglés avec précision sont les Positions des jambes. Leur rôle est d'une importance capitale. Elles constituent pour ainsi dire le soubassement de tous les mouvements de la danse.*

# POSITIONS DES JAMBES

## A. — POSITIONS FONDAMENTALES, SUR LA PLANTE DU PIED

**89**. *Elles sont au nombre de cinq. Elles se prennent sur la plante du pied, de telle façon que le poids du corps porte sur toute la plante. Les cuisses et les genoux doivent être tournés en dehors de manière que les jambes et les pieds se tournent d'eux-mêmes entièrement en dehors. Les jambes doivent être tendues.*

*Nous désignerons les cinq Positions des jambes par les cinq premiers chiffres romains : I, II, III, IV, V.*

**90.**                         I

*A la* première Position *les talons se touchent (fig. 52)* ¹.

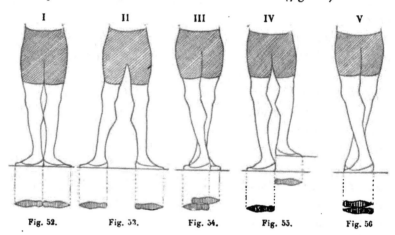

Fig. 52.        Fig. 53.        Fig. 54.        Fig. 55.        Fig. 56.

**91.**                         II

*A la* seconde Position *les talons sont écartés l'un de l'autre d'une distance égale à la longueur du pied (fig.* 53).

**92.**                         III

*A la* troisième Position *le talon d'un pied s'emboîte sous la cheville de l'autre (fig.* 54).

**93.**                         IV

*A la* quatrième Position *les deux pieds sont écartés l'un de l'autre, non plus latéralement comme à la II, mais à peu près comme dans la marche, et la distance qui sépare les talons doit être égale à la longueur du pied (fig.* 55).

---

1. Chacune des figures 52, 53, 54, 55, 56, montre, au-dessous des jambes du danseur, la *trace*, sur le sol, de ses deux pieds. On trouvera plus loin des figures qui se réduisent à cette trace.

**94.**                    V

*A la* cinquième **Position** *les deux pieds sont croisés de telle façon que le talon de l'un touche la pointe de l'autre (fig.* 56).

**95.** *Il faut joindre à ces cinq Positions fondamentales deux variétés de la IV produites par l'ouverture ou le croisement des jambes. Ce sont :*

La IV ouverte *(fig.* 57);

La IV croisée *(fig.* 58).

*On voit en quoi elles diffèrent de la* IV *de face (fig.* 55).

**96.** *Il va sans dire que la III, les trois IV, la V ont chacune une double forme. Exemples :*

III *(jambe) droite devant (fig.* 54);

III *(jambe) gauche devant;*

IV *de face droite devant (fig.* 55);

IV *de face gauche devant, etc.*

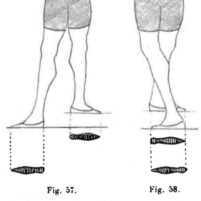

Fig. 57.                Fig. 58.

**97.** *La tenue des pieds tout à fait en dehors, qui paraît étrange, et qui est impraticable aux personnes inaccoutumées à un pareil aplomb, est une des règles premières de la danse moderne. En dépit des apparences, elle assure au danseur plus de stabilité et de souplesse que toute autre tenue des pieds. Grâce à elle, il est toujours prêt à se mouvoir dans tous les sens, à Dégager (179) dans toutes les directions; et lorsqu'il plie les genoux, ceux-ci, au lieu de se porter en avant, au préjudice de l'équilibre, restent dans le plan vertical du corps, et le torse se trouve ainsi bien maintenu.*

**98.** *La forme des Positions fondamentales des jambes est aussi le résultat de l'expérience. Les Positions énumérées ci-dessus suffisent, dans leur simplicité, à tous les besoins du danseur. Elles correspondent à toutes les exigences des mouvements; elles remplissent toutes les conditions de la stabilité. De plus elles servent de liens entre les mouvements successifs, et si l'œil du spectateur les* *saisit difficilement dans les évolutions rapides de la danse, elles n'en restent pas moins pour le danseur des repères qui s'échelonnent et le guident à travers la complexité de ses pas.*

## B. — LES GRANDES POSITIONS

**99.** *La II et la IV donnent naissance, par le soulèvement d'une des deux jambes, à deux Positions dérivées qui sont la* grande Position de seconde *et la* grande Position de quatrième.

**100.**                    GRANDE II

*Si le danseur, en II fondamentale, soulève une de ses jambes et la porte latéralement, tendue, jusqu'à hauteur de la hanche, de telle sorte que l'ouverture des deux jambes corresponde à un angle droit, il lui fait prendre la Position de* grande seconde *(fig. 59).*

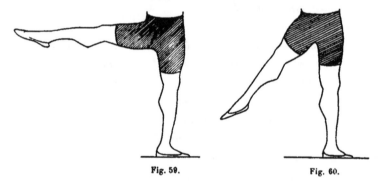

Fig. 59.                    Fig. 60.

*Si la jambe ne se soulève qu'à une hauteur d'un demi angle droit, on la dit alors en* demi Seconde, *ou en demi hauteur, ou en* demi Position *(fig. 60).*

**101.**                    GRANDE IV

*La figure* 61, *qui est essentiellement schématique, montre la jambe droite du danseur en* grande quatrième devant, *et la figure* 62, *également schématique, fait voir la même jambe en* grande quatrième derrière. *Le point de départ de ces deux Grandes Positions est la Position fondamentale de IV : l'une des deux jambes se soulève, en avant ou en arrière, tendue, jusqu'à la hauteur de la hanche.*

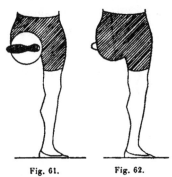

Fig. 61.            Fig. 62.

*Si la jambe ne se soulève qu'à la moitié de cette hauteur, elle est dite alors en* demi Quatrième.

## C. — POSITIONS SUR LA DEMI POINTE
## POSITIONS SUR LA POINTE

**102.** *Les Positions fondamentales, les grandes Positions et les demi Positions peuvent se prendre autrement que sur la* plante *du pied. Tantôt le danseur se dresse sur la* demi Pointe, *c'est-à-dire sur la partie antérieure du métatarse et sur les doigts; tantôt il s'élève sur la*

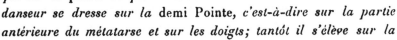

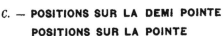

Pointe, *c'est-à-dire sur la phalange extrême des doigts. Il en résulte des modifications non dans la forme des positions, qui reste la même, mais dans l'assiette du pied. Quelques exemples :*

*Fig.* 63 : *I, pied gauche sur la plante, pied droit sur la demi Pointe.*

*Fig.* 64 : *I, les deux pieds sur la demi Pointe.*

*Fig.* 65 : *II, pied gauche sur la plante, pied droit sur la Pointe.*

*Fig.* 66 : *II, les deux pieds sur la Pointe.*

*Fig.* 67 : *IV* croisée *sur la Pointe.*

*Fig.* 68 : *V, sur la demi Pointe.*

**103**. *On le voit, les grandes Positions, les demi Positions, les Positions sur la demi Pointe et les Positions sur la Pointe ne sont que des variations, à titres divers, des Positions fondamentales dans*

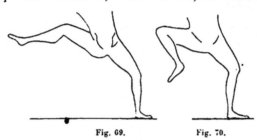

*lesquelles les deux pieds appuient sur le sol par toute la surface de la plante.*

**104.** De rares exemples prouvent que les danseurs grecs savaient tenir la cuisse et le pied tout à fait en dehors (fig. 69, 70, 71). Mais ce n'était pas une règle générale analogue à celle que nos danseurs s'imposent (97). En cherchant sur les monuments figurés l'équivalent de nos Positions (86) modernes, nous ferons donc abstraction de cette tenue de toute la jambe. On remarquera d'ailleurs qu'elle est en même temps difficile à traduire et assez disgracieuse d'aspect; de sorte que si les artistes primitifs ont été bien empêchés de la rendre, leurs successeurs plus habiles, mais aussi plus raffinés, ont pu la proscrire volontairement.

Fig. 69.     Fig. 70.

Fig. 71.

Peintres et sculpteurs, en prenant pour modèles les mouvements de la danse, ont été amenés, par gaucherie ou par système, à les dénaturer quelquefois. La fidélité des images orchestiques que nous leur devons, et qu'il sera facile d'établir, ne saurait cependant être posée en principe, et il faut à l'occasion parler d'inexpérience ou d'inexactitude.

**105.**  PREMIÈRE POSITION = I

Les trois danseuses (fig. 72, 73, 74) qui tournoient par piétinement sur la plante (266) fournissent d'assez bons exemples de I,

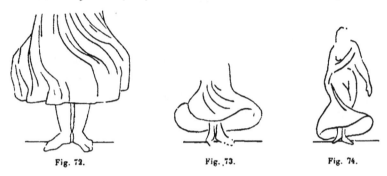

Fig. 72.  Fig. 73.  Fig. 74.

talons rapprochés, Pointes en dehors. C'est la forme fondamentale de la première Position, c'est-à-dire que les deux pieds appuient sur le sol par toute la plante.

**106.** Le contact des talons étant la condition essentielle de la première Position, on peut rattacher à la I un assez grand nombre d'exemples empruntés surtout aux reliefs, et dans lesquels les deux pieds s'appliquent l'un contre l'autre (fig. 75). La danse française moderne exclut cette tenue des pieds. L'orchestique grecque l'a souvent admise (fig. 76, 77, 191).

Si les admirables statues féminines archaïques, découvertes sur l'Acropole en 1889, avaient conservé leurs pieds, il est probable d'après la direction et le rapprochement des

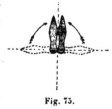

Fig. 75.

jambes, que les pieds aussi seraient joints. L'une d'elles, intacte du haut en bas (Collignon, *Sculpture grecque*, I, p. 179), allonge

l'une contre l'autre ses babouches rouges. Ces femmes ne sont
point, à proprement parler, des danseuses; mais, eu égard à la

signification très générale que le mot orchestique
avait pour les Grecs et à l'usage qu'ils en faisaient,
on est en droit de l'appliquer à la pose sévère de
ces belles statues. Toutes ces fem-
mes font, d'une main le geste de la
tunique (44), et de l'autre celui de
l'offrande. Si elles ne sont pas tout
à fait immobiles, elles s'avancent à
très petits pas, les jambes serrées,
presque raidies. Ce n'est pas là seulement une convention décorative;

Fig. 76.

Fig. 77.

il faut voir dans leur attitude une formule d'apparat religieux;
elle exprime l'adoration et le respect par des gestes rituels, par
une pose étudiée. A ce titre, la jonction des pieds n'y serait peut-
être pas un simple hasard.


**107.**          SECONDE POSITION = II

La figure 78 est un acheminement vers la II fondamentale, que
la figure 79, malgré la draperie, exprime assez bien.

La figure 80 reproduit un tournoiement
sur la demi Pointe, en II.

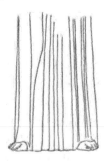

Fig. 78.

Fig. 79.

Fig. 80.

On peut considérer la figure 69 comme un très remarquable
type de danseur en *Grande II* (fig. 59).

**108.**          QUATRIÈME POSITION = IV

La IV est représentée sur les vases et les reliefs par un nombre considérable d'exemples. Mais l'écartement des pieds, au lieu d'être constant, comme chez nos danseurs, est très variable et généralement assez grand [1].

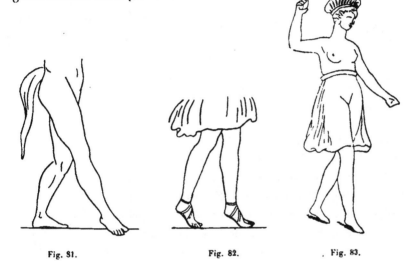

Fig. 81.                    Fig. 82.              . Fig. 83.

On reconnaîtra, dans la figure 81, une IV dans laquelle la jambe gauche appuie sur le sol par la plante, et la droite par la demi Pointe.

Les deux figures 82 et 83 sont des IV sur la demi Pointe.

**109.** La *IV croisée* est une des positions favorites des danseurs grecs, si l'on en juge par le nombre très grand des représentations auxquelles elle a donné lieu. Nous verrons (267) qu'elle est par excellence le moyen mécanique employé par eux pour tournoyer en piétinant.

---

1. La quatrième Position est, dans son ensemble, sinon par l'assiette des pieds, un des *moments* (282) de la marche, celui-là même qui indique le déplacement en avant du marcheur. On trouvera donc parmi les marcheurs figurés sur les monuments un grand nombre de personnages campés en IV.

Fig. 84 : IV croisée, droite devant sur la plante, gauche derrière sur la demi Pointe.

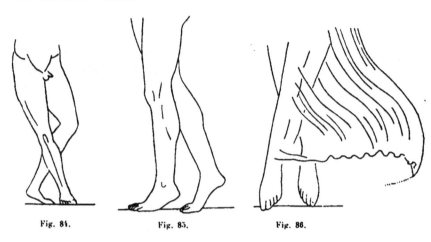

Fig. 84.                    Fig. 85.                    Fig. 86.

Fig. 85 : IV croisée, sur la demi Pointe.

Fig. 86 : IV croisée, sur la Pointe.

**110.** Peut-être ce danseur (fig. 87) est-il en position de *Grande IV devant* (fig. 61). Mais les difficultés de la perspective et des raccourcis ont empêché le peintre de pousser la hardiesse au delà de la Position de demi Quatrième (101). Le style de ce dessin est médiocre; celui de la danse représentée est pire : la Pointe, au lieu de se tenir basse, se relève de la façon la plus disgracieuse, et la plante se montre tout entière au spectateur, qui ne doit jamais la voir. C'est là une faute proscrite aussi sévèrement dans l'orchestique grecque que dans la nôtre (180, 182).

Fig. 87.

**111.** De la III et de la V il serait difficile de fournir des exemples précis. Il semble qu'une danseuse à tympanon, du sarcophage trouvé dans les Chambres sépulcrales des Licinii Crassi, à Rome — et dont le moulage est à l'école des Beaux-Arts, — se tienne en V sur la pointe. Et il est probable que, pour exécuter l'entrechat de la figure 318, la danseuse a pris la V, comme Préparation (86, 255).

# POSITIONS DES BRAS

**112**. *L'action des bras dans la danse diffère essentiellement de celle des jambes. Les jambes sont avant tout un support; par suite leur usage se trouve réglementé et restreint. Les bras jouissent d'une bien plus grande indépendance. Tandis que les jambes, en raison de leurs fonctions, ne peuvent échapper aux conditions très limitées de l'aplomb, les bras, interprètes de l'expression et des nuances orchestiques, concourent essentiellement à la plastique. Il en résulte que la variété dans le* port *des bras est infinie, et qu'on ne peut réduire à un petit nombre de formules types, comme pour les jambes, les Positions fondamentales des bras.*

*Nous nous contenterons d'indiquer par des figures les formes principales du port de bras, et nous les appellerons* Positions des bras, *par simplification terminologique* [1].

*Elles se répartissent logiquement en deux groupes :* 1° *les* Positions symétriques des bras; 2° *les* Positions dyssymétriques *(114, 115).*

**113**. *Les bras, quelle que soit leur position, ne doivent jamais se raidir. En particulier, lorsqu'ils tombent par leur propre poids le long du corps (fig.* 88*), il ne faut pas qu'ils obéissent trop rigoureusement aux lois de la pesanteur : ils doivent être légèrement soutenus. En d'autres termes, au lieu de s'allonger verticalement de chaque côté du corps, ils s'inscrivent dans un arc très ouvert partant de la face externe de l'épaule et aboutissant à l'extrémité des doigts. Il faut de plus que les doigts se groupent, arrondis, le médius s'opposant au pouce. Le poignet, pas plus que le coude, ne*

---

1. Et aussi par analogie — au point de vue de leurs fonctions — avec les Positions des jambes. Voir la définition de la position (86).

*présenteront d'angle brusque, à moins que le danseur ne veuille obtenir un effet caractéristique (fig. 93).*

La main, dans la plupart des danses modernes françaises, n'a pas de rôle spécial, ce qui ne veut pas dire qu'elle soit inerte. Elle a pour fonction de bien finir le bras : c'en est une. Les doigts restent presque toujours groupés comme il a été dit plus haut.

En raison de la liberté qui est laissée au danseur pour l'usage de ses bras, leur tenue est une des plus grosses difficultés de la danse.

Les images schématiques ci-contre reproduisent les Positions principales entre lesquelles oscillent presque tous les mouvements de bras de nos danseurs.

**114. Positions symétriques des bras.** — *Les deux bras prennent, de chaque côté de l'axe du corps, des Positions semblables.*

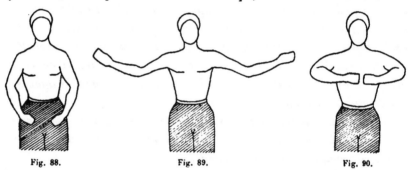

Fig. 88.                   Fig. 89.                   Fig. 90.

*Fig.* 88 : *Bras au repos, soutenus.*
*Fig.* 89 : *Bras étendus, sans raideur.*

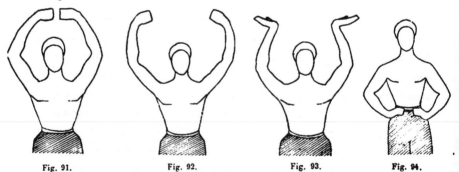

Fig. 91.          Fig. 92.          Fig. 93.          Fig. 94.

*Fig.* 90 : *Bras arrondis devant la poitrine.*
*Fig.* 91 : *Bras arrondis au-dessus de la tête.*

*Fig.* 92 : *Bras hauts et ouverts.*

*Fig.* 93 : *Bras « à la lyre ».*

*Fig.* 94 : *Bras à la taille.*

**115. Positions dyssymétriques des bras**. — *Les deux bras prennent, de chaque côté de l'axe du corps, des positions dissemblables.*

*Chacune de ces positions dyssymétriques a nécessairement double forme, ainsi qu'on le voit par la figure double 95, A et B. On a jugé inutile d'indiquer la seconde forme des positions représentées par les figures 96, 97, 98, 99, 101.*

*Fig.* 95, A *et* B : *Un bras haut, un bras étendu.*

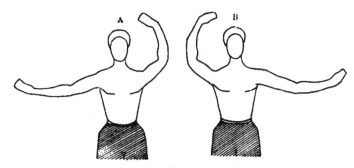

Fig. 95.

*Fig.* 96 : *Un bras arrondi devant la poitrine, un bras ouvert horizontalement.*

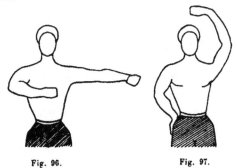

Fig. 96. Fig. 97.

*Fig.* 97 : *Une main à la hanche, un bras haut.*

*Fig.* 98 : *Les deux bras du même côté, arrondis.*

*Fig.* 99 : *Un bras arrondi haut, un bras arrondi bas.*

6

*Les positions d'Arabesque des bras sont des positions dyssymé-*
*triques qu'on trouvera figurées plus loin (170).*

Fig. 98.          Fig. 99.

**116**. *Souvent la danseuse joue avec ses jupes, quelquefois avec*
*des écharpes ou d'autres accessoires. On comprend que ces artifices*
*donnent naissance à de très nombreuses positions des bras. A*
*titre d'exemples, les figures 100 et 101 montrent : la première, une*

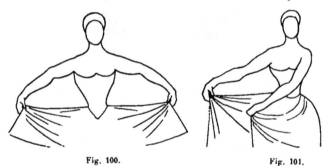

Fig. 100.                          Fig. 101.

*position symétrique, la seconde, une position dyssymétrique des*
*bras qui relèvent la robe. Les positions des* bras occupés *rentrent*
*toutes, par analogie, dans les positions des* bras libres.

**117**. Nos danses étant gymnastiques bien plus qu'imitatives, le
port des bras y est pour ainsi dire systématisé. Les images 88 à 101
en témoignent. Les danses grecques, au contraire, sont avant tout
plastiques et mimétiques, et la tenue des bras y comporte toutes
les nuances du geste décoratif et expressif. Cette orchestique, au
rebours de la nôtre, est presque toujours un langage.

En relevant, sur les monuments, les types principaux des positions des bras, nous ferons abstraction du sens que ces positions pouvaient avoir et de leur valeur mimétique. Nous supposerons que toutes sont purement gymnastiques et décoratives, et nous les grouperons en deux séries analogues aux précédentes (114, 115).

**118.** Les danseurs grecs ne tiennent pas autant que les nôtres à ce que les bras soient constamment arrondis. Ils ne craignent pas de les raidir, de les casser à angles brusques, de les contourner parfois de la manière la plus bizarre. Il est vrai que, dans les danses nobles, ils préfèrent toujours les courbures élégantes, et il n'y a rien d'incroyable à ce que les plus grands maîtres de la sculpture aient cherché des inspirations auprès d'eux.

A considérer les bras des femmes, dans la frise des Panathénées, on constate que Phidias a observé une règle toute semblable à celle qui a été énoncée plus haut (113). Les bras de ses Athé·niennes ne tombent pas, par leur propre poids, le long du corps. Ils sont légèrement soutenus; ils dessinent un arc très ouvert, et rompent l'uniformité des longs plis verticaux, parallèles, qui se creusent en tuyautage du haut en bas de la tunique.

**119.** La main du danseur grec est presque toujours active. Elle ne se contente pas d'un rôle passif, comme celle de nos danseurs (113). Principal interprète du langage mimique, elle prend, par l'extension de la chironomie (144), une importance souveraine dans l'orchestique grecque.

**120. Positions symétriques des bras.** — Nous énumére-

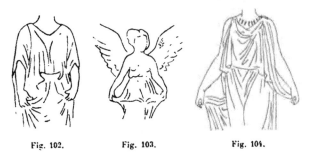

Fig. 102.        Fig. 103.        Fig. 104.

rons d'abord celles qui peuvent être rapprochées des positions symétriques usitées dans notre danse (114).

La figure 102 correspond à la figure 88.

Fig. 105.                    Fig. 106.

Fig. 107.

La figure 107 correspond à la figure 100.

Les figures 103, 104, 105, 106 sont les Positions intermédiaires entre celles des figures 102 et 107.

Fig. 108.

**121.** Les figures 108 et 109 correspondent à la figure 89.

Fig. 109.

Fig. 110.

Fig. 111.

Fig. 112

Les figures 110, 111, 112
montrent la même Position,
*raidie.*

**122.** Les danseurs des figures 113 et 114 ont peut-être les

Fig. 113.      Fig. 114.

mains appliquées à la poitrine ; mais on peut les rapprocher néanmoins du type des bras arrondis devant la poitrine (fig. 90).

**123.** La figure 115 correspond à la figure 91.

Fig. 115.      Fig. 116.

**124.** Les Positions des figures 116, 117, 118 tendent visiblement
à la Position de la figure 92.

Fig. 117.      Fig. 118.

La figure 589 peut être considérée comme une transformation

du type de la figure 92, et la figure 119 est une exagération, caractéristique, de la même formule.

Fig. 119.                                        Fig. 120.

**125**. La figure 120 correspond à la figure 93.
**126**. Les figures 121 et 122 correspondent à la figure 94.

Fig. 121.                                        Fig. 122.

**127**. Voici quelques Positions symétriques des bras, propres à la
danse grecque :

Fig. 123.                                        Fig. 124.

Bras allongés en avant, ouverts (fig. 123, 124).

Bras allongés en avant, fermés (fig. 125, 417).

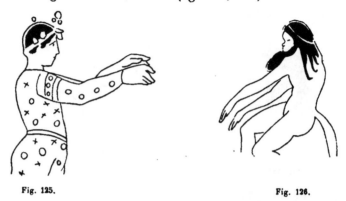

Fig. 125.                                        Fig. 126.

**128**. Bras allongés baissés, pouce en bas (fig. 126, 127, 128, A).

Fig. 127.                    B            A
                        Fig. 128.

Bras allongés baissés, pouce en haut (fig. 128, B).
**129**. Avant-bras seuls ouverts (fig. 129, 130, 131).

Fig. 129.                            Fig. 130.

**130**. Bras retirés (fig. 132).

Fig. 131. Fig. 132.

**131.** Danseuse faisant le geste des Adorants (fig. 133). En interprétant la perspective on retrouvera le type de la figure 2.

Fig. 133.

## 132. Positions dyssymétriques des bras. — Comparaisons avec la danse moderne :

La figure 134 correspond à la figure 95, A.

La figure 482, par correction de la perspective, appartiendrait au même type. Mais il est beaucoup plus probable, qu'en dépit de sa gaucherie apparente, la position

Fig. 134.

contournée des bras de la danseuse aux crotales doit se lire directement.

B Fig. 135. A

Il n'y a qu'un lointain rapport entre la figure 286 et la figure 95, B.

Les figures 135, A, 187, sont une transformation du type de la figure 95.

**133**. La figure 136 peut être rapprochée de la figure 96.

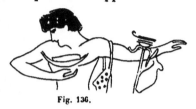

Fig. 136.

**134**. Une main à la hanche, caractéristique du type de la figure 97, se retrouve sur les figures 137, 138, 139, A, B.

Fig. 137.                              Fig. 138.

A                    C                    B

Fig. 139.

Lorsque le bras est enveloppé dans le manteau, il se retire généralement en arrière du torse (fig. 359, 447, A, 451)[1].

1. Cf. (46) et figure 5. .

Quelquefois la main passe tout à fait derrière le dos (fig. 140, 141).

Fig. 110.

Fig. 111.

Fig. 142.

Fig. 113.

Fig. 114.

**135**. A la figure 98 correspondent les figures 142, 143, 144, 208.

Fig. 145.

Fig. 146.

**136**. Les figures 145, 146, 147, 148, 149, 150 rentrent dans le type de la figure 99.

Fig. 147.                                    Fig. 148.

Fig. 149.                                    Fig. 150.

**137**. Les danseuses grecques qui développent un voile (fig. 458, 459) emploient les mêmes moyens que nos danseuses et offrent le même aspect.

**138**. Positions dyssymétriques des bras propres à la danse grecque :

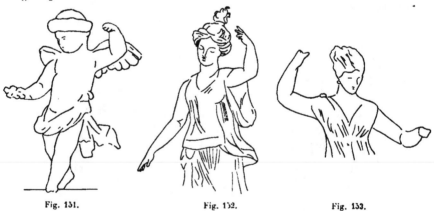

Fig. 151.                   Fig. 152.                   Fig. 153.

Geste du verseur (52) plus ou moins transformé (fig. 151, 152, 153, 584, 590). Cette dernière représente une joueuse de crotales.

**139**. Geste du voile (43) devenu orchestique (fig. 3, 447, B, 154).

Fig. 154.

**140**. Geste du bras levé, peut-être rituel et religieux dans le principe [1] (fig. 155, 156, 157).

Fig. 155                     Fig. 156.                     Fig. 157.

**141**. Geste de la tunique (44) devenu orchestique : les figures 33, 50, 155, etc., montrent le geste simple. Il est double sur les figures 102, 103, 104, 105, 106, et rentre ainsi dans les Positions symétriques des bras (120).

1. Cf. figure 580.

**142**. Geste qu'on pourrait qualifier *G. bachique*, car il est propre aux Satyres, aux Ménades, aux compagnons du Kômos, en un mot à tous les bacchants. Son aspect caractéristique est suffi-

Fig. 158.

Fig. 159.

samment indiqué par les figures 158, 159, 160. C'est une position grotesque dans laquelle la main, qui est tenue basse, est souvent retournée, pouce en haut (fig. 160).

Fig. 160.

**143**. On trouvera plus loin divers types de positions symétriques et de positions dyssymétriques des bras, spéciales à certaines danses de caractère (fig. 171, 178, 179, 180, 181, 460 à 480, etc.).

**144. La chironomie**. — La danse grecque étant essentiellement une « imitation », on conçoit que la main, auxiliaire indispensable de la mimique, y soit presque toujours active. Tandis que, chez nos danseurs, elle s'inscrit simplement dans une courbe gracieuse (113), dans l'orchestique des anciens elle se fait plus indépendante, les doigts eux-mêmes deviennent les interprètes de ce

langage compliqué, dont la clef est perdue, mais dont il nous reste
un grand nombre de signes.

Le mot chironomie, qui finit par désigner la pantomime, avait
originairement un sens plus restreint et très net. Platon et Xénophon s'en servent pour caractériser les mouvements propres à la
main, en leur attribuant toutefois une certaine valeur comme signes.
χειρονομία, c'est le jeu des mains, l'élément imitatif introduit dans
la danse dès les premiers temps, et qui peu à peu se développera
au point de prendre le pas sur tous les
autres. Alors le danseur deviendra *chi-*
*rosophe* (χειρόσοφος), capable de tout
exprimer avec la main, de tout dire sans
parler et de tout faire comprendre.

L'étude de la chironomie ne rentre
pas dans notre cadre, qui exclut les éléments imitatifs de la danse. Nous signa-
lerons seulement quelques positions de
la main et des doigts qui, indépendam-
ment de leur sens mimétique — lequel
nous échappe, — offrent cet intérêt
qu'elles sont liées à des positions des
bras tout à fait spéciales.

Fig. 161.

**145.** Observons tout d'abord que
lorsque la main du danseur grec a un rôle simplement passif et
décoratif, sa tenue se rapproche beaucoup de la tenue moderne :

Fig. 162.

les doigts sont groupés sans se serrer,
arrondis ; le médius s'oppose au pouce
(fig. 161, 155). Ces belles danseuses en
bronze, trouvées à Herculanum, sont précieuses par le rendu des détails. Peu de
monuments figurés nous renseignent aussi
bien sur le rôle plastique de la main et des
doigts. Il semble que, sur la figure 138, la
main gauche de la danseuse s'ouvre pour
« parler », et que nous assistons à la transformation de la main
passive en une main active.

**146**. Un des types les plus anciens de la chironomie est celui de

Fig. 163.

la *main plate*, dont la paume est tournée en dehors (fig. 129, 162, 163, 164). Main plate, horizontale (fig. 165).

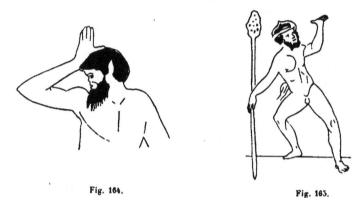

Fig. 164.                              Fig. 165.

**147**. *L'index détaché des autres doigts* devient, à partir du IV⁰ siè-

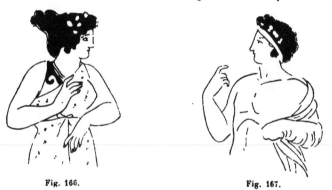

Fig. 166.                              Fig. 167.

cle, un des motifs préférés de la *dactylologie* (fig. 166, 167, 168, 169). Il est intéressant de rapprocher de la charmante figure peinte (fig. 170) un bronze de l'époque romaine (fig. 171), qui en est comme la caricature.

Fig. 168.

Fig. 169.

Fig. 170.

Fig. 171.

**148.** *La main élevée à la hauteur du front ou des yeux* paraît être un geste propre aux bacchants, au vᵉ et au ivᵉ siècles. Elle est fermée rarement (fig. 172). La figure 164 montre une *main plate*

Fig. 172.

Fig. 173.

au-dessus du front, paume en dehors. La figure 173 peut être considérée comme le type moyen de la formule. Les figures 174 et 175 offrent cette particularité que dans la main élevée, l'index est

7

détaché des autres doigts (147). Il en est de même dans la figure 176,
qui représente une hiérodule de l'époque hellénistique, et montre

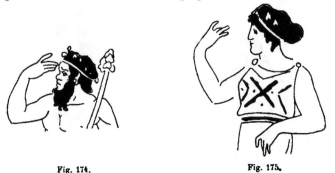

Fig. 174.                                    Fig. 175.

la diffusion et la transformation du geste. N'est-il pas reconnaissable encore dans la figure 177?

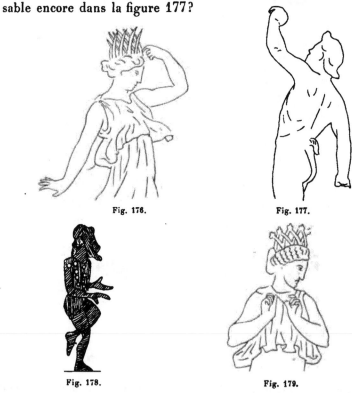

Fig. 176.                              Fig. 177.

Fig. 178.                              Fig. 179.

**149.** Les figures 178, 179, 180, 181 reproduisent des Positions
exceptionnelles de la main et des doigts, appliquées à des danses

de caractère. Le geste exécuté par la main droite des quatre bons-

Fig. 180.                                                        Fig. 181.

hommes de la figure 277, et par la main gauche du danseur représenté par la figure 278, est purement grotesque.


## POSITIONS DU CORPS[1]


**150.** *Réduites à celles que le danseur peut prendre sans que les
jambes aient à se mouvoir, les Positions du Corps sont au nombre
de cinq. Mais deux d'entre elles sont doubles.*

1. Corps d'aplomb *(fig. 182). Cette Position, qui est celle du
repos, exige cependant que les reins du danseur soient* soutenus *et
très légèrement cambrés. En d'autres termes, le danseur doit se tenir
droit et ferme, sans raideur, et faire saillir un peu la poitrine.*

2. Corps penché de côté *(fig. 183). Cette Position est double :
le Corps peut pencher à droite ou à gauche. La figure 183 montre le
Corps penché à droite.*

3. Corps épaulé ou Épaulement *(fig. 184). L'Épaulement se*

1. Le mot *Corps* doit être pris ici dans un sens spécial et restreint, que déterminent suffisamment les hachures des figures 182 à 186.

*prend en imprimant au torse, sans que les jambes bougent, une*
*rotation de 1/8 de tour environ, qui amène l'épaule droite ou*

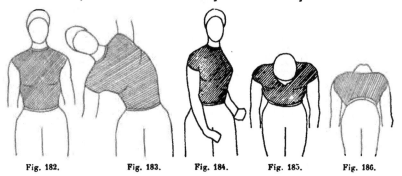

Fig. 182.          Fig. 183.        Fig. 184.        Fig. 185.        Fig. 186.

*l'épaule gauche en avant, suivant que l'Épaulement se fait à droite*
*ou à gauche. La Position est donc double. La figure* 184 *représente*
*le Corps épaulé à droite.*

4. Corps penché en avant *(fig.* 185*).*

5. Corps cambré *(fig.* 186*).*

**151**. Ces Positions du Corps, déterminées par la forme même de
notre organisme, se retrou-
vent identiques dans les danses de tous les temps. Mais
l'usage incessant — l'abus
— des deux dernières, *Corps*
*penché en avant* et *Corps cam-*

Fig. 187.                              Fig. 188.

*bré,* est un des caractères prédominants de l'orchestique grecque.

**152**. *Corps d'aplomb*. De cette position du danseur au repos, on peut prendre pour exemple les danseuses d'Herculanum (fig. 138, 155, 161), qui appliquent parfaitement la règle énoncée (150,1).

**153**. *Corps penché de côté*. A gauche (fig. 187, 188, 441, 472). A droite (fig. 189, 190, 286, 470).

Fig. 189.              Fig. 190.              Fig. 191.

**154**. *Corps épaulé*. A gauche (fig. 177, 538). A droite (fig. 438, 439). Sur ces deux figures le Corps est en même temps

Fig. 192.

épaulé et penché à droite.

**155**. *Corps penché en avant* (fig. 411, 413, 417, 418, 427, B, 469).

**156**. *Corps cambré* (fig. 191, 192, 193, 154, 171, 369, 494, B). La danseuse (fig. 193) dont la

Fig. 193.

Cambrure est si forte et qui se contourne étrangement, est une de ces Bacchantes dont le délire orgiastique faisait des folles ou des malades. Le Dr Meige [1] n'hésite pas à reconnaître dans cette représentation, et dans d'autres, analogues, un état de crise pathologique, et une déformation due à un état nerveux spécial.

**157**. Le *Corps penché en avant* et le *Corps cambré,* sans être réservés exclusivement aux danseurs bachiques, jouent un rôle considérable dans l'orchestique dionysiaque (388 à 399, 404, 405).

# POSITIONS DE LA TÊTE

**158**. *Comme pour le Corps, Adice, dans sa « Gymnastique de la danse théâtrale [2] », réduit à cinq le nombre des Positions de la Tête. Elles correspondent avec assez d'exactitude aux Positions du Corps :*

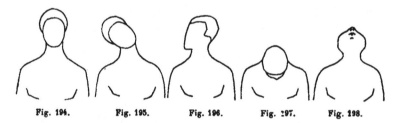

Fig. 194.          Fig. 195.          Fig. 196.          Fig. 197.          Fig. 198.

1. Tête de face *(fig. 194).*

2. Tête penchée de côté *(fig. 195). La Position est double, la Tête penche à droite ou à gauche.*

3. Tête tournée *(fig. 196). Position également double, la Tête pouvant tourner à droite ou à gauche. L'amplitude de ce mouvement, si la tête part de la Position de face, ne dépasse pas 1/4 de tour vers la droite ou vers la gauche. C'est là même une extrême limite que nos danseurs atteignent rarement, en raison de la tension*

1. *Les possédées des Dieux dans l'art antique*, p. 28.
2. Ouvrage manuscrit, bibliothèque de l'Opéra. Cat., n° 2219.

*exagérée des muscles du cou, qui est peu gracieuse. En général, ils
ne tournent guère la tête de plus de 1/8 de tour.*

4. Tête penchée en avant *(fig. 197).*

5. Tête renversée *(fig. 198).*

**159**. De même que les Positions du Corps, les Positions de la
Tête, soumises au déterminisme de la physiologie, restent les
mêmes à travers le temps. Une remarque s'impose, analogue à celle
qui a été présentée plus haut (151), relativement aux deux dernières
Positions de la Tête : *Tête penchée en avant, Tête renversée.* On les
découvre à chaque instant dans la danse grecque ; elles sont exceptionnelles dans la nôtre.

**160**. *Tête penchée de côté,* à droite ou à gauche (fig. 450, 457).

**161**. *Tête tournée* à droite ou à gauche (fig. 468, 498, B, 521,
538). Il est aisé de voir que la tête complètement retournée d'un
des grotesques bonshommes (fig. 485) est une exagération comique,
et une impossibilité (158, 3).

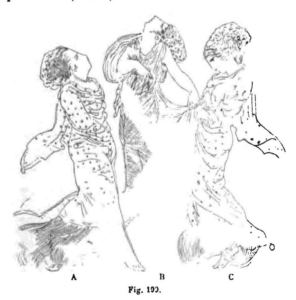

A          B          C

Fig. 199.

**162**. *Tête penchée en avant* (fig. 451, 461, 476, 483, 575, 577).

**163**. *Tête renversée* (fig. 352, 449, 505).

**164**. L'admirable vase du Louvre, dont la figure 199 montre un

·fragment, fournit des exemples précieux pour l'étude des Positions
de la tête les plus caractéristiques : *Tête penchée en avant* et *Tête
renversée*. Les trois danseuses sont des Nymphes. Celle du milieu,
qui fait le geste orchestique de la tunique (44), présente sa tête renversée de profil, tandis que le corps est vu presque de face. Il y a
là un reste de convention dans le dessin (27) qui appelle une interprétation, d'ailleurs facile. Le peintre céramiste a substitué à un
raccourci déplaisant (fig. 198) une silhouette charmante.

**165.** Nous pouvons dès maintenant percevoir, à travers les
innombrables représentations orchestiques fournies par les monuments figurés, quelques-unes des formules favorites de la danse
grecque. Ce sont :

La *Position de IV croisée, pour les jambes* (109);

Le *Corps penché en avant et le Corps cambré* (155) (156);

La *Tête penchée en avant et la Tête renversée* (162) (163).

La Cambrure du Corps et le renversement de la Tête s'exagèrent
étrangement dans les danses bachiques.

-----

**166. Combinaison des Positions entre elles.** — *Nous
venons d'énumérer les* Positions des Jambes, *les* Positions des Bras,
*les* Positions du Corps, *les* Positions de la Tête, *en les supposant
indépendantes les unes des autres. Dans la pratique il n'en est pas
ainsi. Elles ont entre elles des corrélations multiples et de leurs
combinaisons résultent les* Positions d'ensemble *du corps tout entier.*

*Mais toutes les combinaisons possibles* [1] *ne sont pas également*

-----

1. Si l'on compte pour deux les positions doubles — c'est-à-dire : pour les positions
des jambes, la III, les trois IV, la V (96); pour celles des bras, toutes les positions
dyssymétriques mentionnées (115); pour les positions du corps et de la tête, celles
qui sont marquées 2 et 3 dans l'exposé précédent (150, 158), — on obtient la liste suivante :

$$
\begin{array}{llll}
\text{Positions des jambes,} & \text{fondamentales, sur la plante} & = 13 \\
\text{—} & \text{grandes et demi positions} & = 8 \\
\text{—} & \text{sur la demi pointe} & = 13 \\
\text{—} & \text{sur la pointe} & = 13
\end{array} \Bigg\} = 47.
$$

$$
\begin{array}{lll}
\text{Positions des bras,} & \text{symétriques} & = 10 \\
\text{—} & \text{dyssymétriques} & = 20
\end{array} \bigg\} = 30.
$$

Positions du corps $= 7.$

Positions de la tête $= 7.$

*bonnes; un grand nombre d'entre elles n'ont qu'un intérêt purement gymnastique et l'art du danseur les exclut : elles ne sont pas eurythmiques, auraient dit les Grecs.*

**167.** *On a indiqué (63, 70) quel rôle mécanique l'opposition joue dans la Marche et dans la Course, quels contrastes se produisent entre l'allure des jambes et l'allure des bras. Ces phénomènes instinctifs sont l'expression même des lois de l'équilibre. Or le danseur échappe d'autant moins aux nécessités de cet ordre que l'amplitude factice de ses mouvements l'oblige à chercher plus d'aplomb.*

*L'opposition entre les différentes parties du corps, c'est-à-dire la répartition habile du poids et de l'effort par le moyen des contrastes, paraissait à Noverre, le rénovateur de la danse au siècle dernier, une des conditions essentielles de la stabilité et aussi de la grâce orchestiques. Et en effet, par un instinct sûr, les danseurs exercés ont de tout temps mis en pratique les conseils dont Noverre a été le premier à donner la formule, mais que la nature a toujours dictés.*

*Il est clair que l'Opposition dans la danse ne saurait se réduire à des moyens purement mécaniques, semblables à ceux que le marcheur et le coureur emploient. Le principe est le même; les applications en sont très différentes. L'Opposition, dans la danse, est soumise aux lois d'une technique spéciale et d'une esthétique raffinée.*

**168.** *Comment les Positions des Jambes, des Bras, du Corps et*

---

La somme totale des différentes positions-types, réduites à un minimum, qu'on grossirait facilement, est donc : $47 + 30 + 7 + 7 = 91$.

Cherchons à quelles combinaisons ces 91 positions se prêtent, arithmétiquement. Elles sont réparties en 4 groupes, celui des positions des jambes, que nous représenterons par $m$; celui des positions des bras, que nous représenterons par $n$; ceux des positions du corps et de la tête, que nous représenterons respectivement par $p$ et par $q$. On remarquera que chacune des positions des groupes $m$, $n$, $p$, $q$ peut se combiner avec chacune des positions des trois autres groupes, ou avec deux positions prises dans deux groupes différents, ou avec trois positions prises dans trois groupes. On obtiendra ainsi les trois séries de produits :

$$mn + mp + mq + np + nq + pq$$
$$+ mnp + mnq + mpq + npq$$
$$+ mnpq$$

Remplaçant ces lettres par leurs valeurs respectives et faisant la somme de tous les produits partiels, nous aurons :

$$47 \times 30 + 47 \times 7 + 47 \times 7 + 30 \times 7 + 30 \times 7 + 7 \times 7$$
$$+ 47 \times 30 \times 7 + 47 \times 30 \times 7 + 47 \times 7 \times 7 + 30 \times 7 \times 7$$
$$+ 47 \times 30 \times 7 \times 7$$
$$= 95140 \text{ combinaisons } possibles \text{ de positions.}$$

*de la Tête se combinent entre elles, — comment, en se combinant, elles
se transforment, — quelles sont les bonnes et les mauvaises combinaisons? — il faudrait, pour le dire, un grand nombre de pages et
de figures; et cela ne saurait être qu'un exposé stérile : l'art de la
danse échappe en majeure partie à la mise en formules. Sa grammaire spéciale ne s'apprend que par l'usage. Nous lui emprunte-
rons seulement quelques types de combinaisons remarquables.*

*Parmi les Positions d'ensemble les plus élégantes et les plus
employées figurent au premier rang l'Attitude et l'Arabesque.*

**169. L'Attitude.** *Ce mot a, dans le langage de nos danseurs,*

*une signification traditionnelle
assez précise. Il désigne une
Position sur une seule jambe qui
est ordinairement dressée sur
la demi Pointe. L'autre jambe,
relevée, est pliée au genou; elle
a la cuisse soutenue et bien
effacée. Traduisez : la cuisse
se soulève latéralement et le
genou doit rester en arrière du
plan vertical de l'aplomb, qui
passe par les épaules (298).*

Fig. 200.          Fig. 201.

*Les deux formes principales
de l'Attitude sont :*

L'Attitude **ouverte,** *dans laquelle le Corps se présente de face*
*(fig. 200);*

L'Attitude **croisée,** *dans laquelle le Corps se présente épaulé,*
150, 3 *(fig. 201); ce qui produit, en perspective, un croisement
des deux jambes.*

*Dans les deux cas, la jambe d'appui conserve la même Position.*

**170. L'Arabesque.** *Dérivation de l'Attitude, l'Arabesque est
une combinaison de Positions spéciales des jambes, du Corps et des
Bras, sensiblement différentes de celles qui ont été passées en revue
précédemment. L'Arabesque est caractérisée par l'allongement du
torse et des membres, qui s'inscrivent dans un même arc très ouvert,
et par la forme de l'équilibre. Le corps du danseur s'appuie, comme*

*dans l'Attitude, sur une seule jambe; il chavire en avant. La jambe en l'air se relève et s'arrondit légèrement de manière à prolonger la courbure du torse.*

Fig. 202.                    Fig. 203.

La figure 202 *montre une Arabesque ouverte, et la figure* 203 *une Arabesque croisée.*

**171.** La grâce du danseur est intimement liée aux conditions latentes de l'équilibre. Si une pose inquiète l'œil par son défaut de stabilité, elle cesse d'être élégante. Le secret de la grâce réside dans la connaissance ou — beaucoup plus exactement — dans l'application instinctive et constante des lois de la statique. Il ne faut donc pas s'étonner de voir les danseurs grecs appliquer les mêmes principes que les nôtres.

Prenons pour exemple ce principe de l'Opposition que les fondateurs de la danse française moderne, Noverre et Blasis, préconisent si souvent. Quel usage les Grecs en ont-ils fait?

Si l'on soumet à l'analyse les positions

Fig. 204.

de ce charmant bambino de Tanagre, un Éros danseur (fig. 204), on constate que :

La jambe droite et le bras gauche sont en arrière du plan d'aplomb ;

La jambe gauche et le bras droit sont en avant du même plan;

Le corps est légèrement cambré; la tête est légèrement penchée en avant;

La tête est tournée à droite, du côté de la jambe qui est en arrière.

Les directions sont donc associées diagonalement entre les Bras et les Jambes, entre les Jambes et la Tête; les directions de la Tête et du Corps sont contraires. Elles s'opposent toutes les unes aux autres. Ce petit Éros peut être considéré, selon le code de Noverre et de Blasis, comme le type accompli du danseur.

**172.** Si on lui compare un Satyre funambule de Pompéi (fig. 205), on s'apercevra que ce dernier n'applique pas les mêmes principes. Ne le voit-on pas porter en avant la jambe et le bras droits et pencher la tête dans la même direction? Ce n'est point là la tenue d'un vrai danseur. Elle est digne d'un joyeux compagnon de Bacchus qui gambade au hasard après de copieuses libations; et telle est en effet l'interprétation qu'elle comporte. La preuve en est dans une peinture de vase à figures rouges (fig. 600) dont les personnages

Fig. 205.

sont accompagnés de leurs noms, semés dans le champ du vase : ces danseurs appartiennent à une compagnie qui n'a pas le culte de l'équilibre. L'un d'eux, parfaitement semblable, dans ses Positions, au Satyre de Pompéi, est un des plus plaisants types d'ivrogne qu'on puisse relever sur les vases. Le peintre a voulu rendre la gaucherie d'un brave citoyen qui danse au petit bonheur, la tête lourde, sans se soucier des préceptes de l'art; et il s'en est tiré en faisant prendre à la jambe et au bras du même côté, des directions semblables, en inclinant la tête dans le même sens. Il a traduit ainsi le manque de stabilité : il en a trouvé la formule.

Ces sortes de représentations sont rares. Le plus souvent — si

l'on fait abstraction des monuments archaïques, — les lois instinctives de l'Opposition sont appliquées par les illustrateurs de l'orchestique grecque. Noverre et Blasis ne trouveraient pas grand'
chose à redire à la tenue de nombreux danseurs figurés sur les
vases et les reliefs. Cela tient à ce que de bonne heure les arts du
dessin se sont conformés à ces *formules croisées de l'équilibre*, d'où
résulte non seulement la stabilité, mais la grâce.

**173.** Il faut se souvenir que, dans les premiers siècles de l'art
grec, la peinture est en avance sur la sculpture. La pointe sèche et
le pinceau des artistes céramistes — qui sont les copistes ou les
imitateurs des grands peintres — créent déjà des chefs-d'œuvre,
alors que la statuaire en est encore aux raides formules de l'archaïsme. Les joyeux danseurs du Kômos, les Satyres et les Ménades,
étrangement souples, se livrent sur les vases à toutes les excentricités
d'une orchestique folle, à une époque où les sculpteurs osent à
peine détacher du corps les bras de leurs statues (10, 11, 14, 15).
Il ne faut pas demander aux vieux maîtres de la sculpture des
poses orchestiques raffinées ; lorsqu'ils font marcher leurs statues,
jambe gauche en avant (29), ils se préoccupent peu d'imprimer aux
bras, qu'ils laissent tomber lourdement le long du corps, un balancement rythmique opposé au mouvement des jambes. Ils ignorent
les lois de l'Opposition, de cette association en diagonale des jambes
et des bras, qui est une nécessité physique (63), et en même temps
l'un des secrets de la danse.

C'est au v<sup>e</sup> siècle seulement que la souplesse est conquise et
que l'eurythmie pénètre dans la statuaire. En même temps la cause
est gagnée à l'Opposition orchestique : la Niké de Paeonios, si
mutilée qu'elle soit, nous montre appliqués ces principes d'élégance que nos vieux maîtres de ballets, sans le secours de la chronophotographie, disaient fournis par la nature elle-même.

Dès lors le mot d'Athénée pourra s'appliquer en toute justesse
aux œuvres de la statuaire grecque : « Les anciennes statues sont
pour nous des monuments de la danse antique.... Les sculpteurs
cherchaient à rendre les beaux mouvements, ceux qui étaient élégants et libres. » (XIV, 629, *b*.)

**174.** A toutes les époques de la danse grecque, des Positions

d'ensemble, analogues à notre *Attitude* (169), ont été pratiquées.
Les trois exemples ci-contre, empruntés à des monuments qui sont
respectivement datés de la première moitié du v⁰ siècle, de l'époque
hellénistique et de l'époque romaine, montrent trois variantes de
la même formule :

Fig. 206.            Fig. 207.            Fig. 208.

Fig. 206 : *Attitude croisée.*

Fig. 207 : *Attitude croisée cambrée.*

Fig. 208 : *Attitude,* corps cambré et penché de côté.

Comparer ces figures avec les figures 200 et 201, en tenant
compte des différences de perspective.

(Nous n'avons pu relever sur les monuments de bons exemples
d'Arabesque ; le type moderne qui en a été donné plus haut facilitera
peut-être des rapprochements ultérieurs.)

# Technique de la Danse

(SUITE)

## II. — Les Exercices Préparatoires

**175.** *Jusqu'à présent le danseur a été supposé immobile; abs-traction a été faite des mouvements qui peuvent s'effectuer sans changer de Position et de ceux qui sont nécessaires pour passer d'une Position à une autre. On a donc considéré les Positions comme des temps d'arrêt de la danse. En réalité, Positions et Mouvements sont intimement liés; ceux-ci ont celles-là pour* limites, *à peu près comme l'oscillation d'un pendule a pour limites les deux positions extrêmes qu'il prend dans l'espace* (284).

**176.** *Dès que l'élève danseur est familiarisé avec les Positions, c'est-à-dire avec la statique de son art, il doit en étudier la cinéma-tique : apprendre à se mouvoir suivant certaines formules et acquérir, par des exercices habilement gradués, la souplesse et la force des articulations. On pourrait comparer cette gymnastique spéciale aux exercices que le pianiste doit pratiquer pour rendre ses doigts agiles et vigoureux,* — *à ces gammes, à ces arpèges, à ces trilles, qui sont le secret de la virtuosité.*

*Les premiers exercices du danseur dits* Exercices Préparatoires *sont, pour les jambes :* Plier, Dégager, les Battements, les Ronds de Jambe.

Fig. 209.          Fig. 210.

**177. Plier et tendre.** — *L'élève apprend à* plier *dans toutes les Positions, sur les deux jambes et sur une seule. Exemples :*

8

*Plier en I sur la Plante (fig. 209);*

*Plier en I sur la demi Pointe (fig. 210);*

*Plier en II sur la Plante (fig. 211);*

Fig. 211.                Fig. 212.

*Plier en Grande II sur la jambe d'appui (fig. 212);*

*Plier en Grande IV sur la jambe d'appui (fig. 213) [1];*

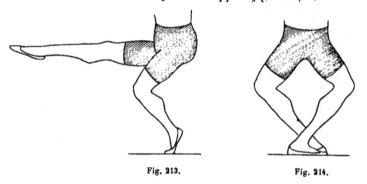

Fig. 213.                Fig. 214.

*Plier en V sur la Plante (fig. 214), etc., etc.*

*Immédiatement après avoir plié, l'élève doit* tendre de nouveau, *dans la même Position, et recommencer plusieurs fois de suite le même exercice en s'efforçant de plier de plus en plus bas.*

**178.** Ces exercices d'assouplissement du genou sont trop simples et trop naturels pour que les danseurs grecs n'en aient point pratiqué de semblables. Nous n'en voulons pour preuve qu'un

---

1. Pour rendre plus claire cette figure schématique, on a évité de tourner en dehors la jambe d'appui du danseur. En réalité elle devrait présenter le dessus de la cuisse. et, au-dessous du genou, faire voir le mollet en perspective fuyante.

grotesque bonhomme emprunté à un cratère corinthien (fig. 215).
Il plie en II, à grand écart, et se moque de la défense qui est
faite au danseur mo-
derne d'ouvrir ses Po-
sitions de plus d'une
longueur du pied (fig.
211).

**179. Dégager** [1].
— *Se dit de la jambe
agissante qui se détache
de la jambe d'appui et
s'en éloigne plus ou
moins, soit que la Pointe*

Fig. 215.

*reste à terre, soit qu'elle se soulève à une hauteur quelconque. Le
mouvement peut se faire en avant, en arrière ou de côté.*

*Supposons un danseur dont les jambes soient en l'une ou l'autre
des deux Positions III ou V, jambe droite devant; s'il porte la jambe
droite en IV devant sur la Pointe, ou la jambe gauche en IV derrière sur la Pointe, ou l'une ou l'autre des deux jambes en II sur la
Pointe, il aura exécuté autant de* Dégagés *à terre.*

*Exemple de Dégagé à terre en II (fig. 217, 1, 2).*

*Si le danseur, placé en III ou V, porte une de ses jambes en
demi II (fig. 60), ou en Grande II (fig. 59), ou en demi IV, ou en
Grande IV (fig. 61, 62), il exécute autant de* Dégagés *en demi II, ou
en* Grande II, *etc.*

*La forme des exercices de Dégagés est, d'après ce qui précède,
facile à concevoir. La règle suivante leur est particulièrement applicable :*

**180. Pointe basse.** — *Lorsque le danseur lève une jambe, il a
soin de tenir* basse — *ou* tendue — *la Pointe du pied, et il doit se
soumettre à la prescription suivante, qui est toute logique : la cuisse
se soulève la première; elle entraîne la jambe dans son mouvement
et la jambe entraîne le pied; enfin le talon doit quitter terre avant*

---

1. On dit aussi *développer* dans un sens analogue; ce mot s'applique surtout aux
mouvements très amples.

*la Pointe. Telle est, de haut en bas, la transmission du mouvement.
Les images chronophotographiques 8, 9, 10, 11, 12, de la planche II,
montrent l'application de ce mécanisme pendant que la danseuse
dégage de V, droite devant, en grande IV ouverte (186).*

**181.** La figure 81 montre la jambe droite d'un Satyre *dégagée
à terre* en IV devant.

La figure 279 fournit un exemple de *Dégagé en demi IV.*

La figure 69 est un *Dégagé de la jambe droite en Grande II.*

**182.** Les danseurs grecs autant que les danseurs modernes ont
horreur de la Pointe relevée. Lorsqu'ils dégagent (179), ils tiennent
constamment la *Pointe du pied basse* ou *tendue.* Dans la jambe
qu'ils soulèvent, la transmission du mouvement se fait de haut en
bas, comme chez nos danseurs (180, fig. 70, 69).

Il est très rare que la règle de la *Pointe basse* ne soit pas appliquée. Les exceptions (fig. 216, 87, 469) s'expliquent par une intention caricaturesque ou par la mauvaise qualité du style. La scène, à
laquelle est emprunté ce Satyre (fig. 216), représente le triomphe
grotesque d'Héraklès. Le héros,
flanqué de Niké, se tient sur un char
que traînent quatre Centaures. En
avant de l'attelage se trémousse le
Satyre, qui porte un masque et
brandit deux torches; il se soucie
fort peu de paraître eurythmique,
et le peintre, pour traduire ses ridicules gambades, nous montre la
plante de son pied, qu'un bon danseur ne doit pas laisser voir. La
figure 87 est empruntée à un vase

Fig. 216.

de basse époque et de mauvais style. On peut en dire autant de la
figure 469; elle est en contradiction flagrante avec toutes les images
de la même série, qui présentent uniformément la Pointe basse.

Ces trois exceptions ne sauraient infirmer une règle dont la constante application est si évidente. Il suffit de feuilleter ce livre pour
s'en convaincre.

**183. Les Battements**. — *Exécuter un* Battement, *c'est éloigner vivement la jambe agissante de la jambe d'appui, et l'en rapprocher aussitôt.*

*Les trois types principaux du Battement sont : le Battement à terre, le Battement soutenu, le Grand Battement.*

**184. Battement à terre**. — *La jambe part de la III ou de la V, devant ou derrière (96), dégage en II sur la Pointe, et revient à sa position initiale (fig. 217). (Faire abstraction de l'image 3 et lire : 1, 2 ; 1, 2 ; 1, 2....)*

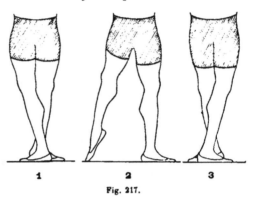

Fig. 217.

*La jambe peut aussi commencer devant et finir derrière (fig. 217) (lire dans l'ordre 1, 2, 3) ; — puis recommencer derrière pour finir devant (fig. 217) (lire dans l'ordre 3, 2, 1). Les mouvements successifs seront donc dans ce cas :*

$$\overline{1,2,3,2,1},2,3,2,1,\overline{2,3,2,1}.....$$

**185. Battement soutenu**. — *Il diffère du précédent en ce que la cuisse de la jambe agissante est soutenue, c'est-à-dire soulevée latéralement; le pied qui va battre ne touche pas le sol et vient croiser sur la jambe d'appui, Pointe à la hauteur du cou-de-pied. La cuisse*

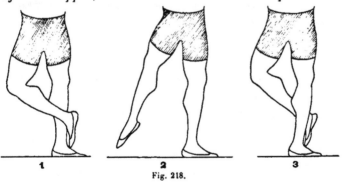

Fig. 218.

*reste immobile, la jambe seule agit. En lisant les images de la figure 218 dans l'ordre* $\overline{1, 2, 3, 2, 1}$, *on aura une idée exacte d'un*

Battement sur le cou-de-pied, *alternativement* dessus *et* dessous. (*Entendez : devant et derrière.*) *Enchaînés, les Battements donneront,* *comme plus haut :* $\overline{1, 2, 3, 2,}$ $\underline{1, 2, 3, 2,}$ $\overline{1, 2, 3, 2, 1}$....

**186. Grand Battement.** — *Suivant qu'il a pour limite la Grande II ou la Grande IV, il est dit Battement à la II ou Battement à la IV.*

*La planche II est l'analyse chronophotographique d'un* Grand Battement à la Quatrième ouverte, tendu à terre. (*Durée du mouvement : 4/5 de seconde.*)

*L'image* 1 *montre la limite extrême de la Position. La jambe est entièrement tendue en Grande IV ouverte;*

*Im.* 2 : *la Pointe s'infléchit, la jambe s'abaisse, entraînant la cuisse;*

*Im.* 3 : *la jambe s'abaisse de plus en plus; la Pointe se dirige vers la terre; la cuisse retarde et un angle se produit au genou;*

*Im.* 4 : *le pied aborde le sol par la Pointe;*

*Im.* 5 : *l'angle du genou s'efface; le talon s'abaisse;*

*Im.* 6 : *le talon se pose en V, droite devant;*

*Im.* 7 : *la jambe se tend;*

*Im.* 8 : *moment d'arrêt extrêmement court entre deux Battements, correspondant à la V fondamentale (94);*

*Im.* 9 : *la cuisse se soulève légèrement entraînant la jambe et celle-ci le talon. La Pointe reste à terre;*

*Im.* 10 : *le pied quitte le sol par la Pointe;*

*Im.* 11 : *la cuisse s'élève de plus en plus; la Pointe reste basse; la jambe retarde et un angle se produit au genou;*

*Im.* 12 : *l'angle s'efface. La jambe arrivera tendue à l'image suivante qui équivaudrait à l'image* 1.

*On peut donc lire la série dans cet autre ordre :* 8, 9, 10, 11, 12, 1, 2, 3, 4, 5, 6, 7. *Les images* 8, 9, 10, 11, 12, 1 *correspondent au Dégagement de la jambe droite en Grande IV ouverte, et les images* 2, 3, 4, 5, 6, 7, *au mouvement de haut en bas qui ramène la jambe droite en V devant tendue à terre.*

**187.** *Cette analyse montre l'application de la règle énoncée plus haut, relative au mécanisme du Dégagement (180). Elle met aussi en évidence la contre-partie de cette règle. Si, dans le Dégagement,*

1          2          3

7          8          9

4

5

6

10

11

12

*la transmission du mouvement se fait de haut en bas, de la cuisse à
la Pointe — puisque la cuisse se soulève la première et que le pied
quitte le sol par la Pointe, — dans le mouvement inverse, par
lequel la jambe retombe, la transmission a lieu de la Pointe à la
cuisse : la Pointe s'infléchit la première, la jambe s'abaisse, la cuisse
suit et c'est par la Pointe que le pied aborde le sol (pl. II, 1, 2, 3, 4).*

*Cette double règle est générale et ne comporte pas d'exception.*

**188.** *On peut, par l'exemple précédent, se faire une idée des différentes formes du Grand Battement. La jambe part tendue à terre,
de la III ou de la V, devant ou derrière, se porte en Grande II ou
en Grande IV (de face, ouverte, croisée, en avant, en arrière), et
revient à sa Position initiale. La planche II prouve que la jambe
qui exécute le Battement est tendue à ses deux Positions extrêmes,
mais que, dans l'intervalle, elle est plus ou moins pliée* [1].

**189.** Pour figurer un Battement complet en se contentant d'indiquer ses *moments essentiels*, qui sont : la Position initiale, la Position extrême, la Position finale, il faut au moins trois images : (284)
et (fig. 217, 218). Les monuments figurés ne peuvent guère nous
les fournir juxtaposées, et nous ne les leur demanderons pas.

Mais il peut suffire, pour reconstituer un Battement, de connaître
un seul de ses moments essentiels : celui qui correspond à la Position extrême atteinte
(285).

C'est ainsi que la
figure 219 permet de
supposer que les jam-
bes du danseur, avant de
s'ouvrir en Grande II,
ont dû se joindre, et

Fig. 219.          Fig. 220.

que la jambe droite, après avoir *dégagé*, se rapprochera de la gauche.
Elle aura donc exécuté un *Grand Battement*. Comparons maintenant
la figure 219 à l'image 12 de la planche II. L'analogie est frap-
pante. Elle le devient encore davantage si nous rapprochons des

---

1. Le nombre et la rapidité des Battements successifs augmentent au gré du danseur.

images 3 et 11 de la même planche, la figure 220, empruntée au vase qui a fourni déjà la figure 219. Nous obtenons alors trois moments de la série 2, 3, 4, 5, 6, 7, 8, 9, 10, 11, 12 (pl. II), les moments 3, 11 et 12. Il ne reste plus qu'à *interpoler* les huit autres pour reconstituer le mouvement dans sa totalité [1].

**190.** Le vase auquel sont empruntées les figures 219 et 220 est un psyctère du Louvre, vase à faire rafraîchir le vin et qu'on entourait de glace ou d'eau froide (planche I). Les figures en sont rouges sur fond noir, mais le procédé de l'*incision*, qui est encore appliqué à la silhouette des chevelures, lui assigne pour date de fabrication les premières années du ve siècle. C'est un monument de transition, intéressant par un retour à l'ancienne technique, qu'on retrouve dans un détail (9).

La figure 219 représente les jambes du danseur 5 de la planche I ; la figure 220, celles du danseur 2. Par un artifice très simple et qui ne dénature en rien le mouvement original, on a retourné le calque pris sur le danseur 5, de manière à ce que la juxtaposition des deux images donnât lieu à un rapprochement décisif.

**191. Les Ronds de Jambe**. — *Ils ont quelque analogie avec les Battements. Ils en diffèrent par la figure que la Pointe décrit à terre ou dans l'espace. Dans les Ronds de Jambe cette figure est un cercle plus ou moins régulier.*

Fig. 221.

*Suivant le sens de la rotation, le Rond de Jambe est dit en dehors ou en dedans. Pour fixer les idées, nous supposerons que la jambe agissante part de la II sur la Pointe (fig. 221).*

Le Rond de Jambe en dehors *est celui dont la rotation commence par l'arrière* (*fig.* 221, 1).

Le Rond de Jambe en dedans *est celui dont la rotation commence par l'avant* (*fig.* 221, 2).

---

1. Pour plus d'exactitude, il convient de remarquer que notre danseur grec exécute non pas un Grand Battement en IV ouverte, mais plutôt un Grand Battement en II. Le mécanisme de ces deux mouvements est sensiblement le même.

*Comme les Battements, les Ronds de Jambe se divisent en :*
*Rond de Jambe à terre, Rond de Jambe soutenu, Grand Rond de*
*Jambe.*

**192. Rond de Jambe à terre** (*fig.* 221). — *La Pointe du*
*pied décrit un cercle sur le sol, en dehors ou en dedans. La jambe*
*seule est agissante; la cuisse est immobile.*

**193. Rond de Jambe soutenu.** — *La cuisse est soutenue*
*(169) et à peu près immobile pendant que la jambe, par l'articula-*
*tion du genou, fait décrire à la Pointe un cercle dans l'espace.*

*Une analyse chronophotographique d'un* Rond de Jambe *en*
dedans, *de la jambe gauche, est présentée par les figures* 222, 223,

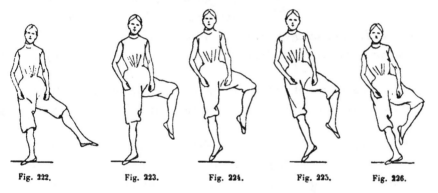

Fig. 222.    Fig. 223.    Fig. 224.    Fig. 225.    Fig. 226.

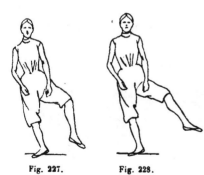

Fig. 227.    Fig. 228.

224, 225, 226, 227, 228.
*On remarquera que, pendant*
*le mouvement exécuté par la*
*jambe agissante, la jambe*
*d'appui s'élève sur la Pointe*
*pour retomber sur la Plante*
*à la fin du Rond de Jambe.*
*L'oscillation du corps à droite,*
*qui atteint son maximum à*
*la figure* 226, *est une réaction*
*instinctive contre le mouvement de la jambe gauche.*

**194. Grand Rond de Jambe.** — *Il se fait par l'articulation*
*de la hanche et s'exécute par toute la jambe tendue, en dehors ou*
*en dedans* (191).

*Supposons que le danseur ait la jambe droite en Grande II et qu'il exécute un Grand Rond de Jambe en dehors. De la Grande II (fig. 229) la jambe passe à la Grande IV derrière (fig. 62) par un*

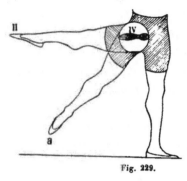

*mouvement horizontal; puis de la Grande IV derrière à la Grande IV devant (fig. 61 et 229) par un demi-cercle dont la Position a détermine le plan; enfin de la Grande IV devant à la Grande II par un mouvement horizontal.*

*(Géométriquement, la Pointe de la jambe agissante décrit deux demi-cercles, l'un horizontal, entre les deux IV, en passant par la II, l'autre incliné d'environ 45° sur le plan horizontal, entre les deux IV, en passant par la Position a.)*

Fig. 229.

**195**. La forme et l'étendue des mouvements dans les divers Ronds de Jambe rendent sa représentation impossible par une seule image.

Il y a lieu cependant de rapprocher de la figure 210 le danseur de la figure 472. L'identité du *moment* (282) est évidente. Il est donc possible que ce petit Mèn-Atys exécute un Rond de Jambe soutenu, de la jambe gauche, et que, par alternance, il le fasse suivre d'un Rond de Jambe soutenu, de la jambe droite : (321) et (fig. 473).

En comparant à la série chronophotographique exprimée par les

Fig. 230.

figures 222 à 228, la figure 230, qui présente elle-même une véritable série analytique, on doit être frappé de l'analogie qui existe entre les mouvements de jambe de ces grotesques et ceux de la danseuse. Si l'on tient compte des différences de perspective (225), le rapprochement deviendra très plausible; les cinq images de la figure 230 représenteront cinq moments d'un Rond de Jambe soutenu, de la jambe gauche.

**196.** Les exercices précédents : les Pliés, les Dégagés, les Battements, les Ronds de Jambe sont essentiellement simples et instinctifs. Ils ne sont en effet que l'exagération de mouvements naturels. Les conditions de la physiologie n'ont pas changé depuis vingt siècles : pour assouplir leurs articulations, pour permettre à leurs jambes de fléchir, de se tendre, de se lancer dans toutes les directions, de se mouvoir dans tous les sens, les danseurs grecs, comme les nôtres, ont recours à ces exercices nécessaires qui viennent d'être énumérés. A défaut de preuves directes, on aurait le droit d'affirmer que leurs premières études orchestiques ne différaient pas sensiblement des nôtres.

**197. Mouvements des Bras.** — *Le jeu des bras est d'une grande délicatesse : il constitue à lui seul une des difficultés les plus redoutables de la danse, et l'on peut apprécier le talent d'un danseur à l'usage qu'il fait de ses bras, aussi bien dans le repos que dans le mouvement.*

*Quelles que soient l'ampleur et la rapidité du mouvement qu'il exécute, le bras qui se lève ou qui s'ouvre — on pourrait dire, par analogie avec les jambes : le bras qui* dégage (179) *— est astreint à une règle tout à fait analogue à celle du Dégagement (180). Les divisions du bras étant, à partir de l'épaule, le bras, l'avant-bras, la main, c'est le bras qui doit le premier se détacher du corps et entraîner dans son mouvement l'avant-bras, que la main suit (fig. 324 à 328). Inversement, pour abaisser un bras levé ou fermer horizontalement un bras ouvert, il faut d'abord infléchir la main dans la direction voulue — verticale ou horizontale; la main entraîne l'avant-bras; le bras ne se meut qu'en dernier lieu (fig. 331 à 334).*

*La même prescription s'applique donc aux membres inférieurs (187) et aux membres supérieurs.*

**198.** *Le danseur apprend à* dégager *les bras, à les* développer, *à passer de la Position du repos (fig. 88) à toutes les autres (fig. 89 et suiv.), à enchaîner les différentes Positions entre elles, etc. Les* *mouvements des bras, beaucoup moins soumis que ceux des jambes aux nécessités de l'aplomb, comportent une infinité de nuances; ils peuvent et ils doivent prendre, en dehors même de toute mimique, une signification expressive, et l'importance de leur rôle n'est pas dans leur gymnastique. Aussi, loin d'obéir à des règles toutes faites, dépendent-ils en grande partie du goût de chaque danseur.*

*La seule observation générale qu'on puisse appliquer aux mouvements des bras dans notre danse, est qu'ils pourraient, à peu près tous, se représenter graphiquement par des courbes.*

*Il sera question plus loin de la fonction mécanique des bras : dans certains cas ils servent de balancier régulateur; parfois même ils deviennent de véritables moteurs par l'élan qu'ils impriment au corps tout entier (260). Mais leur action a beau devenir mécanique, ils doivent toujours se mouvoir avec grâce et mettre, auraient dit les Grecs, de l'eurythmie dans leur effort.*

**199**. Nous touchons ici à l'une des différences essentielles qui séparent la danse grecque de la nôtre. Tandis que les mouvements de bras de nos danseurs ont pour limites des formules convenues, assez peu nombreuses, vers lesquelles ils tendent (fig. 88 à 101), et qui, en dépit des nuances qu'elles admettent, n'expriment rien d'intellectuel, les mouvements de bras des danseurs grecs, très mimétiques, sont plus variés et moins artificiels.

Dans notre danse, les mouvements des bras sont faits surtout pour encadrer la tête, pour animer le torse, pour donner à l'ensemble du corps un équilibre gracieux, et quelle que soit la variété que puisse y introduire l'art propre à chaque danseur, ils se ramènent à un petit nombre de types, correspondant aux nécessités assez restreintes de leur usage.

Dans l'orchestique grecque, où la mimique a toujours ses droits, ce sont les mains, ce sont les bras qui parlent (χειρονομία). De là vient l'entière liberté dont ils jouissent. Ils ne s'astreignent pas à inscrire leurs mouvements dans d'élégantes courbes. Ils les font à l'occasion brusques, anguleux, contournés. Le danseur grec se soucie moins de montrer de beaux bras et de les arrondir avec grâce, que de s'en servir pour dire tout (ἅπαντα λάλειν). Il lui

importait d'être clair [σαφέστατα δεικνύναι] plus encore que d'être
gracieux. Aussi, nous l'avons vu (144 à 149), tous les gestes usuels
avaient cours dans la danse : toute une mimique traditionnelle s'y
retrouvait, dont le sens nous échappe, mais que les spectateurs
savaient interpréter. Il y avait une liturgie du geste et du mouvement.

Il suffit de jeter un regard sur les figures disséminées dans cet
ouvrage pour se convaincre que les mouvements des bras, empruntés
à l'orchestique grecque, ne se laissent pas facilement réduire en
formules.

**200. Mouvements du Corps et de la Tête**. — *Les mouvements du Corps et de la Tête, à ne considérer que leur direction et
leur amplitude, sont astreints à des nécessités physiologiques qui les
rendent nécessairement simples. Les Positions mentionnées (150,
fig. 182 à 186, et 158, fig. 194 à 198) sont les limites extrêmes (175)
entre lesquelles oscillent d'une part les mouvements du Corps, d'autre
part les mouvements de la Tête. Rien n'est donc plus facile que de se
représenter, par la pensée, le mécanisme et la forme de ces mouvements naturels. Ils sont d'ailleurs si intimement liés aux Positions
vers lesquelles ils tendent qu'il suffit d'un même mot pour désigner
les uns et les autres :* épauler, cambrer, *par exemple, sont des
termes qui expriment avec clarté le mouvement qui aboutit à la
Position épaulée, à la Position cambrée. De même, il ne saurait y
avoir d'équivoque dans le sens d'expressions telles que* tourner la
tête à droite ou à gauche, renverser la tête, *etc.*

*Dans les mouvements du Corps et de la Tête, la liberté du danseur
est très limitée. Leur difficulté n'est pas en eux-mêmes; elle réside
dans leur combinaison harmonieuse avec les mouvements des Bras et
des Jambes.*

**201.** Les Positions du Corps et de la Tête, déterminées par la
forme de notre organisme, sont les mêmes dans la danse de tous
les temps (151, 159). Cette remarque s'applique aussi aux mouvements du Corps et de la Tête; leur mécanisme ne change pas.

Ce qui est particulier à l'orchestique grecque et ce qui constitue

un de ses caractères les plus saisissables, c'est le fréquent usage
des mouvements qui aboutissent aux Positions 4) et 5) du Corps et
de la Tête (150, 155, 156, 158, 162, 163). Les danseurs grecs qui
penchent en avant le Corps ou la Tête, qui cambrent le Corps et
qui renversent la Tête, sont si nombreux sur les monuments, à toutes
les époques de l'art hellénique, qu'ils semblent bien marquer les
traditions les plus répandues et les plus vivaces de l'orchestique.
Ont-elles leur origine dans les rites du culte dionysiaque? Ces mouvements excessifs et disgracieux tendaient-ils à exprimer la démence
orgiastique? Il faut bien reconnaître qu'ils se retrouvent dans
toutes les danses et qu'ils ne sont pas exclusivement pratiqués par
les compagnons du thiase bachique (fig. 199, 450, 469, 474, 476).

**202. Combinaison des Mouvements.** — *La combinaison
des mouvements des Jambes, des Bras, du Corps et de la Tête repose
avant tout sur la pratique. L'expérience seule peut apprendre au
danseur quelles corrélations existent entre les mouvements des différentes parties du corps; quelles simultanéités, quelles successions,
quels contrastes s'imposent, quelles libertés sont permises.*

*Dans la Marche et dans la Course normales, l'Opposition se produit
spontanément (63, 70), entre l'allure des jambes et le balancement
des bras. Le danseur obéit à ces réactions instinctives, qui se produisent non seulement entre les membres supérieurs et inférieurs,
mais aussi entre les membres et le Corps, entre les membres, le
Corps et la Tête. Il sait les utiliser en les réglant, les transformer à
l'occasion; mais c'est toujours en se conformant à des lois natu-
relles qu'il acquiert l'aplomb et la grâce.*

**203.** Les danseurs grecs ont subi les mêmes lois et en ont fait
le même usage. L'*eurythmie* dans la démarche [τὸ βαδίζειν εὐρύθμως]
n'était peut-être que l'association parfaite de ces mouvements
croisés dont la science moderne rend compte (fig. 14, 26 et suiv.).
L'eurythmie dans la danse, si l'on en juge par un grand nombre de
représentations orchestiques, reposait en partie, elle aussi, sur
l'Opposition (171, 173). Il y avait un rythme pour les yeux comme
pour les oreilles; le même mot (ῥυθμός) exprimait le rapport des

sons entre eux et le rapport des mouvements entre eux. Les Grecs avaient deviné les conditions de l'*équilibre dans le mouvement*, et leurs danseurs les appliquaient, avec des nuances exquises.

**204.** Il y a cependant toute une partie de l'orchestique grecque qui, sans exclure l'eurythmie, y contrevient souvent : les *danses orgiastiques* (400) ne répugnent pas aux mouvements les plus bizarres et les moins harmonieux. Ici l'eurythmie cède le pas à l'imitation ; le danseur est tenu d'exprimer, par des contorsions folles, voire même par des gestes obscènes, certaines idées symboliques. Le culte de Rhéa et le culte de Dionysos ont contribué surtout à perpétuer ces modes de la *danse arrythmique*.

# Technique de la Danse

(SUITE)

## *III. — Temps et Pas*

**205.** *Notre danseur ne s'est pas encore déplacé : il est jusqu'à présent resté d'aplomb sur ses deux jambes ou en équilibre sur une seule, sans avancer ni reculer, sans sauter, sans tourner. Nous l'avons supposé incapable de faire un Pas.*

*Mais il est, par destination, appelé à se mouvoir dans toutes les directions (fig. 231, a, b, c, d),* en avant (*a*); en arrière (*b*); latéralement (*c*); obliquement (*d*). *En lisant cette figure on supposera que le danseur a la face tournée vers* a.

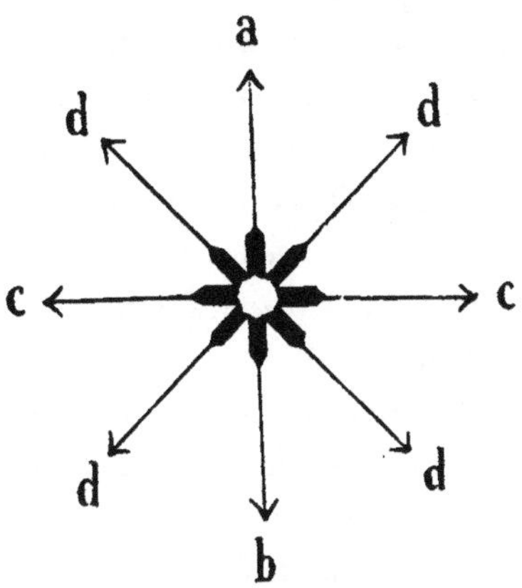

*On représenterait l'espace parcouru par le danseur soit par une ligne droite, soit par une ligne brisée, soit par une ligne courbe, et la trace de ses deux pieds sur le sol par des figures linéaires souvent très compliquées* [1].

Fig. 231.

*Le danseur peut aussi se mouvoir sur place, à peu près comme le soldat qui, au commandement de « marquez le pas », marche sans avancer.*

**206.** *Que l'allure du danseur soit celle de la marche, de la course, du saut ou du tournoiement, elle se compose de* Pas, *comme la marche commune, mais il faut prendre ici le mot dans une acception bien plus large : il s'applique, en effet, aussi bien aux mouvements élémentaires analogues à ceux de la marche simple, qu'aux*

1. Les *traces* représentées par les figures 312 à 317 sont parmi les plus simples.

*combinaisons les plus variées de mouvements de toute forme exécutés
à terre ou en l'air.*

*Les mouvements composants d'un Pas sont les Temps de ce Pas.*

**207.** *Lorsqu'on parle d'un Pas de Menuet, d'un Pas de Bourrée,
d'un Pas de Basque, d'un Pas de Valse, etc., on implique tout le
groupe des mouvements élémentaires qui sont associés et dont l'ensemble a reçu un nom collectif. Un Pas de Valse, par exemple, se
compose de six Temps, c'est-à-dire de six mouvements élémentaires.*

*Le mot* Temps, *appliqué à la danse, peut donc être considéré comme
synonyme de* mouvement. *Un* Temps battu, *par exemple, est une
expression abréviative qu'il faut interpréter comme il suit : un mouvement de jambes compliqué de. Battements.*

**208.** *Les* Temps à terre *et les* Temps en l'air [1] *ne sauraient se
confondre; les premiers sont les mouvements que le danseur exécute
sans quitter le sol; les seconds supposent que le danseur s'est élancé
plus ou moins haut, par un saut, et que ses deux pieds, en même
temps, se trouvent suspendus. Un assez grand nombre de mouvements peuvent s'exécuter sous cette double forme : à terre ou en l'air.*

**209.** *Dans les* Temps tournants, *le corps du danseur est animé
d'un mouvement de rotation dont la vitesse est essentiellement
variable. Il y a des Temps tournants à terre et des Temps tournants
en l'air.*

**210.** *Dans un traité régulier de la danse, l'étude des Temps
devrait précéder celle des Pas, puisque les Temps sont les mouvements composants des Pas. Nous ne pouvons songer à procéder aussi
logiquement, ni à former des catégories, méthodiquement ordonnées,
de Temps et de Pas. Nous décrirons quelques-uns des Temps et des
Pas les plus favorables à des comparaisons avec les mouvements de
l'orchestique grecque. Nous les présenterons à titre de simples
exemples sans chercher à établir entre eux ni parenté ni gradation.*

*L'enseignement pratique de la danse comporte un ordre rigou-
reux. Notre exposé, très incomplet, ne peut s'y astreindre. Le lecteur se reportera au résumé du Plan d'Études (326) et à l'Avis de
la page 67.*

---

1. Dits souvent : *temps d'élévation.*

**211. Le Pas et l'Assiette du pied**. — *Le Pas de danse est caractérisé, comme le pas de la marche ordinaire, par un changement de jambe d'appui, correspondant au passage du poids du corps d'une jambe sur l'autre.*

*Abstraction faite des mouvements qui peuvent le compliquer, le Pas de danse, réduit à sa forme schématique la plus simple, diffère du pas de la marche ordinaire en ce que* la cuisse, la jambe, le pied sont tournés en dehors (97); la longueur du Pas ne doit pas excéder la longueur du pied.

*La figure 232 montre, en A, la trace des pieds dans la marche normale; en B, la trace des pieds dans la marche dansée. Les diffé-rences de tenue et d'al-lure sont suffisamment apparentes sur cette figure pour qu'il soit superflu de la commen-ter; la brièveté relative du Pas dans la marche dansée, la valeur du Pas et du demi Pas y sont exprimées gra-phiquement.*

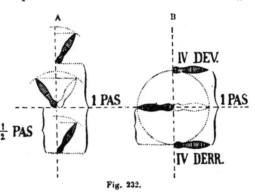

Fig. 232.

*Un Pas entier est donc la distance qui sépare les deux IV d'un même pied (IV devant et IV derrière). Il est égal à deux fois la lon-gueur du pied (fig. 232, B).*

*Un demi Pas vaut une fois cette longueur.*

**212.** *Les Pas de danse changent d'aspect avec l'assiette du pied dont les trois formes sont (102) :*

*L'assiette du pied sur la Plante,*
id.         *sur la demi Pointe,*
id.         *sur la Pointe.*

**213.** *Nos danseurs ne portent pas de talons. I!s les ont sup-primés, à l'imitation des Merveilleuses du Directoire, et ils n'y sont pas revenus. Les hauts talons du* xviie *et du* xviiie *siècles avaient pour effet de cambrer le cou-de-pied et d'obliger la Pointe à se tenir basse. Cet artifice était une application d'un principe d'élégance que*

*les danseurs anciens et modernes ont également respecté* (180, 182).
*Le danseur pourvu de très hauts talons avait moins à se préoccuper
de la tenue de sa Pointe (fig.* 233), *mais un grand nombre de mou-*

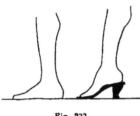

Fig. 233.

*vements lui étaient interdits, par suite de
la position artificielle du pied. Dès que les
hauts talons eurent disparu, la gymnastique de la danse se transforma. Les
anciens Pas firent place à des mouvements
plus amples et plus rapides et les muscles
du pied devinrent de plus en plus actifs et
résistants.*

*Par la suppression des talons, au commencement de ce siècle, le
pied de nos danseurs a été ramené aux mêmes conditions de stabilité
que le pied des danseurs grecs* (217).

**214.** Les trois formes de l'assiette du pied (sur la Plante, sur la
demi Pointe, sur la Pointe) se retrouvent sur les images orchestiques empruntées aux monuments.

Il faut remarquer toutefois que les vases et les reliefs archaïques
ne doivent être consultés à cet égard qu'avec prudence. Par suite
de l'inhabileté des artistes primitifs, qui ne savent trop quelle
assiette donner au pied du danseur, les diverses formules de la
marche (64 à 66) et de la course (76 à 84) sont confusément mélan-
gées jusque vers la fin du vi⁰ siècle.

Nous n'avons pas d'observations à présenter sur la première
forme de l'assiette du pied. Passons aux deux autres.

**215. Assiette du pied sur la demi Pointe.** — Les figures
234, 235, 236, 237, dont on rapprochera les figures 82, 83, 85, 585,
589, 590, etc., en fournissent des exemples.

Il est remarquable que sur un grand nombre de monuments
archaïsants (18) représentant des Satyres, des Heures, des Bacchantes, quelquefois des divinités supérieures, ces personnages
marchent sur la demi Pointe. Cette formule spécifie qu'ils dansent.
L'un des plus anciens monuments archaïsants, le fragment de
frise provenant d'un temple de Samothrace reconstruit au iv⁰ siècle,
offre déjà cette particularité (Louvre, salle XII). De longues files de

danseuses, qui se tiennent par la main et dont le Pas est rythmé au bruit du tympanon, s'avancent, dressées sur la demi Pointe. Le sculpteur a voulu que ses figures fussent raides et engainées dans des tuniques à plis parallèles, certaine-ment en imitation de la décoration de l'an-cien temple. A-t-il emprunté aussi à ses modèles l'assiette du pied de ces danseu-ses ? Les sculptures

Fig. 234.

Fig. 235.

archaïques, hauts-reliefs ou bas-reliefs, ne fournissent pas d'exemple de la marche sur la demi Pointe [1]. Mais les vases du vi° siècle (fig. 234, 235) montrent que les peintres avaient, à l'occasion, recours à cette formule ; dès la fin du v° siècle elle est employée sur les bas-reliefs de Trysa (fig. 490, 491), et appliquée aux figures tournoyantes qui flanquent la porte de l'Hé-roon. Ce monument lycien est un reflet de l'art attique du v° siècle [Collignon]. Il est donc probable que si le restaurateur de Samothrace a fait marcher ses danseuses sur la demi Pointe, c'est

Fig. 236.

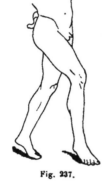

Fig. 237.

que des monuments antérieurs lui avaient fourni les modèles.

Quoi qu'il en soit de ses origines dans l'art — et nous avons vu (64) qu'elles sont très lointaines, — la marche orchestique sur la demi Pointe devient, sur les monuments archaïsants de l'époque romaine, une affectation de si fréquent usage, qu'elle est une des marques les plus apparentes qui permettent de les dater.

**216. Assiette du pied sur la Pointe.** — Les Pas sur la

1. Du moins je n'en connais pas.

Pointe sont plus rarement figurés sur les monuments que les Pas sur la demi Pointe, mais leur emploi par les danseurs grecs n'est pas douteux. Ils sont étudiés plus loin (236 à 242).

Quelques figurines de terre cuite, appartenant à l'époque hellénistique (17) et représentant des personnages ailés [1], semblent être dressées sur la Pointe. Ce n'est là qu'une apparence. Ces figurines, destinées à être suspendues, ne sauraient fournir des renseignements utiles sur l'assiette du pied (383, 384).

**217.** Les pieds des danseurs, sur les monuments figurés, sont généralement nus. On devra faire la part de la convention et supposer la chaussure dans un assez grand nombre de cas. Mais il est probable que généralement la crépide du danseur avait la semelle mince et assez souple pour se prêter facilement à toutes les flexions de la plante.

Les exemples de semelles épaisses et rigides à l'usage des danseurs sont exceptionnels (fig. 453).

On peut donc dire que les danseurs grecs et les nôtres appuient le pied sur le sol dans des conditions identiques : la semelle, s'il y en a une, est parfaitement flexible.

## DESCRIPTION DE QUELQUES TEMPS ET PAS

**218. Glissé.** — *La pointe du pied effleure le sol pendant le Pas. C'est le mouvement à terre par excellence. On glisse dans toutes les directions* (205).

**219. Chassé** (*fig.* 238).— *Supposons le pied droit prêt à passer, en glissant, en IV devant. Si, au lieu de se porter en avant du pied gauche, il vient s'emboîter en III derrière lui, et si le pied gauche*

---

1. Leurs ailes sont souvent perdues.

*chassé par ce brusque contact avance en IV, l'ensemble du mouvement constitue un* **Chassé** *en avant.*

*On Chasse en arrière par le mécanisme inverse.*

*Exemple de* **Chassé** *de côté : le danseur est en II fondamentale. Pour Chasser à droite, il porte le pied gauche en III derrière le pied droit — autrement dit : il emboîte le pied gauche derrière le pied droit — et celui-ci part aussitôt en II à droite.*

*On Chasserait à gauche par un procédé analogue.*

*On distingue les Chassés simples, qui recommencent avec la même jambe, des Chassés alternatifs, qui se font avec les deux jambes, successivement.*

Fig. 238.

*(Le mouvement que nos fantassins exécutent au commandement de « changez le pas », a la plus grande analogie avec le Chassé des danseurs.)*

**220. Coupé.** — *Le Coupé est le mouvement de la jambe qui, en tombant, chasse l'autre. Il diffère du Chassé en ce que la jambe qui chasse l'autre était en l'air avant d'emboîter, et en ce que la jambe chassée, au lieu de glisser sur la Pointe, se relève plus ou moins haut.*

*Les figures 239 à 243 montrent l'analyse chronophotographique d'un* Coupé dessous avec la jambe gauche.

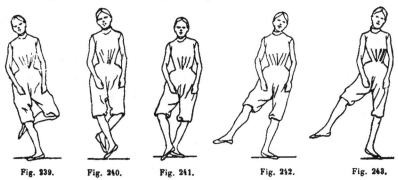

| Fig. 239. | Fig. 240. | Fig. 241. | Fig. 242. | Fig. 243. |

*Fig. 239 : la jambe gauche est relevée en arrière.*

*Fig. 240 : la jambe gauche tombe; le pied droit se soulève sur la Pointe.*

*Fig.* 241 : *la jambe gauche emboîte dessous* [1] *la jambe droite qu'elle chasse et qui dégage immédiatement* (179).

*Fig.* 242 *et* 243 : *la jambe droite dégage en demi IV ouverte.*

*Le Coupé dessus est le mouvement inverse du précédent.*

*Les figures* 244 *à* 247 *sont l'analyse d'un* Coupé dessus avec la jambe gauche.

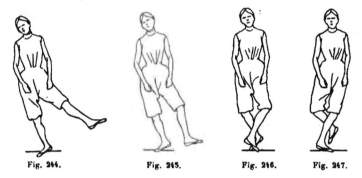

Fig. 244.          Fig. 245.          Fig. 246.          Fig. 247.

*Fig.* 244 : *la jambe gauche est dégagée en demi IV ouverte.*

*Fig.* 245 : *la jambe gauche tombe; le talon droit se soulève.*

*Fig.* 246 : *la jambe gauche pose dessus* [2] *la jambe droite, qui se soulève sur la Pointe pour se relever derrière.*

*Fig.* 247 : *la jambe droite se relève en arrière.*

**221. Fouetté.** — *Fouetter c'est imprimer à la jambe agissante, sans qu'elle touche le sol, un mouvement rapide qui rappelle celui d'un fouet.*

*L'analyse chronophotographique d'un* Fouetté derrière avec la jambe gauche *est présentée par les figures* 248 *à* 251.

*Fig.* 248 : *la jambe gauche est dégagée en demi IV ouverte.*

*Fig.* 249 *et* 250 : *le Fouetté se produit par le mouvement de la jambe seule : la cuisse reste à peu près immobile.*

*Fig.* 251 : *fin du Fouetté.*

*On peut aussi* Fouetter devant; *dans ce cas la jambe agissante croise devant la jambe d'appui.*

*On Fouette une seule fois ou plusieurs fois de suite.*

*Le Fouetté a différentes formes. Il peut devenir un mouvement très*

1. Entendez : derrière.
2. Entendez : devant.

*ample. Exemple : Adice appelle Fouetté en dehors le mouvement sui-*
*vant : la jambe part de la V devant et dégage en parcourant succes-*
*sivement les trois grandes Positions de la IV devant, de la II et de*

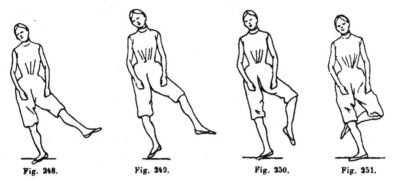

Fig. 248.          Fig. 249.          Fig. 250.          Fig. 251.

*l'Arabesque, à laquelle elle s'arrête. Le mouvement doit être rapide*
*et franc.*

**222. Jeté.** — *Le Jeté a son prototype dans les sauts qui cons-*
*tituent la course (69). Il consiste à faire retomber, par un saut, le*
*poids du corps sur une jambe pendant que l'autre jambe relève plus*
*ou moins haut en se retirant au genou.*

*Si la chute de la jambe a lieu devant, le Jeté est dit :* Jeté dessus.

*Les figures 252 à 256 sont l'analyse chronophotographique d'un*
Jeté dessus avec la jambe droite.

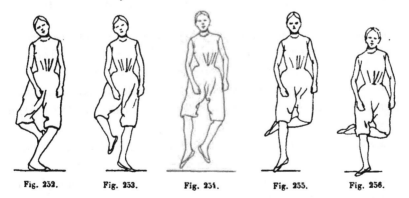

Fig. 252.       Fig. 253.       Fig. 254.       Fig. 255.       Fig. 256.

*Fig. 252 [1] : la jambe droite est relevée derrière, la jambe gauche*
*appuie par toute la plante; elle plie avant de sauter* (73);

1. Moment essentiel (284).

*Fig.* 253 : *la jambe droite, pliée au genou, se porte en avant pour Jeter dessus; le talon de la jambe d'appui se soulève par suite de la détente qui annonce le saut;*

*Fig.* 254 [1] : *saut ou période de suspension* (69); *on peut prévoir, à la seule inspection de l'image, que la danseuse va retomber sur la jambe droite et relever la jambe gauche en arrière;*

*Fig.* 255 : *la jambe droite tombe sur la Pointe; la jambe gauche se relève en arrière;*

*Fig.* 256 [2] : *le talon de la jambe droite s'abaisse; la jambe gauche achève de se relever.*

Les *figures* 257 *à* 261 *sont l'analyse d'un* Jeté *dessus avec la* jambe gauche; *leurs moments* (282) *correspondant avec une exactitude*

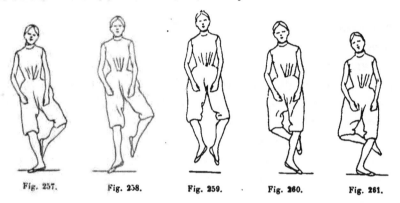

Fig. 257.        Fig. 258.        Fig. 259.        Fig. 260.        Fig. 261.

*presque complète aux moments des images ci-dessus commentées, le lecteur voudra bien se reporter à ce qui a été dit des figures* 252 *à* 256, *pour interpréter, par comparaison, les figures* 257 *à* 261.

Le *Jeté est dit* Jeté *dessous lorsque la chute de la jambe a lieu derrière; en ce cas l'autre jambe se relève par devant. Le Jeté dessous s'exécute en reculant.*

**223.** *On peut Jeter, non seulement en avançant et en reculant, mais aussi en se déplaçant latéralement par un saut de côté.*

Les *figures* 262 *à* 265 *sont l'analyse d'un* Jeté *dessus à gauche.*

Les *figures* 266 *à* 269 *sont l'analyse d'un* Jeté *dessus à droite.*

---

1. Moment essentiel (284).
2. Moment essentiel et en même temps caractéristique (283).

*Ces deux séries. seront aisément commentées par le lecteur lui-méme.*

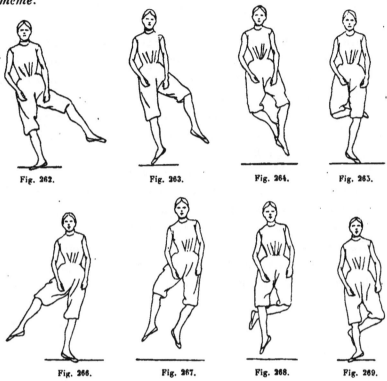

Fig. 262.          Fig. 263.          Fig. 264.          Fig. 265.

Fig. 266.          Fig. 267.          Fig. 268.          Fig. 269.

**224**. *Le Glissé, le Chassé, le Coupé sont des mouvements à terre; le Jeté est un mouvement en l'air; le Fouetté s'exécute à terre ou en l'air, suivant que le Pas auquel il est lié est un Pas à terre ou un Pas sauté.*

**225**. Nous avons adopté, dans les expériences de chronophotographie appliquée à la danse moderne, une disposition constante : la danseuse s'y présente de face. L'analyse des mouvements y gagne en netteté.

Sur les exemples orchestiques empruntés aux vases peints, les mouvements sont presque toujours exécutés par des jambes vues de côté ou, si l'on veut, de profil. Les rapprochements que nous avons à faire entre la danse moderne et l'orchestique grecque portent principalement sur les mouvements des jambes. Il faut donc, dans la comparaison des images, tenir compte de la différence de perspective.

Assez rarement, les mouvements représentés sur les monuments sont disposés en séries analytiques analogues à celles que la chronophotographie nous fournit (289). Le plus souvent un mouvement n'est indiqué que par un seul de ses *moments* (282). Cela suffit, à condition que ce moment soit bien choisi, c'est-à-dire qu'il soit caractéristique du mouvement, et à condition aussi que ce mouvement ne puisse se confondre avec d'autres.

Il serait impossible de rendre, par une seule image, un Chassé ou un Coupé. Ce sont là cependant des mouvements très simples. Mais ils n'ont pas de *moment caractéristique* (283). Aussi n'en relèverons-nous aucune trace sur les monuments figurés.

**226**. Le *Glissé* (218) est, en une seule image, d'une traduction plus facile. Ce Satyre (fig. 270) paraît avoir porté son pied droit en IV devant, en effleurant le sol avec sa Pointe, c'est-à-dire en Glis-

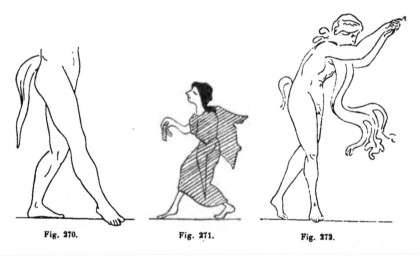

Fig. 270.          Fig. 271.          Fig. 272.

sant. La figure 271, dans sa petitesse et sa simplicité, exprime assez bien un mouvement analogue. L'interprétation de la figure 272 est facilitée par le fait que le corps s'incline dans le sens même du Glissé, comme celui du patineur qui prend son élan.

C'est par des Glissés simultanés des deux pieds qu'il faut expliquer le Pas de caractère dont les figures 273-274, 275-276, 199, A, 399, 400, offrent des exemples. Pour passer de la pose représentée

Fig. 273.                    Fig. 274.

par la figure 273 à la pose de la figure 274, la danseuse, dont le corps reste incliné en arrière, Glisse en même temps sur la demi

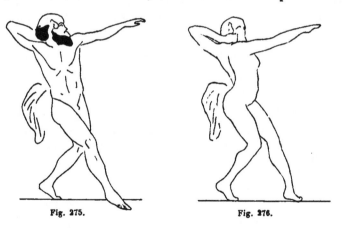

Fig. 275.                    Fig. 276.

Pointe des deux pieds ; la jambe gauche, qui est en IV devant sur la figure 273, passe à la IV derrière sur la figure 274 ; le mouvement de la jambe droite, simultané, est inverse [1]. Le Satyre (fig. 275-276)

1. Cf. (297).

exécute un Pas exactement semblable, fait de Glissés simultanés sur
les deux jambes.

**227**. Il est rare qu'on puisse relever sur les monuments une
série analytique de mouvements aussi explicite que la figure 277.
Le jeu grotesque auquel se livrent ces quatre bonshommes, dans
lequel chacun d'eux est alternativement acteur et victime, et qui

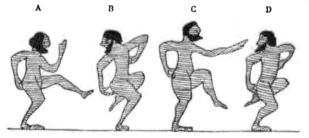

A          B          C          D

Fig. 277.

pourrait se traduire par la formule connue : « passe cela à ton
voisin », est une danse, au moins autant qu'une mimique ridicule.
Les deux limites extrêmes du mouvement sont indiquées en A-C
d'une part, B-D de l'autre. Ces images sont de véritables « instantanées » analogues à nos chronophotographies, et l'on peut y voir
quatre moments — semblables deux à deux — d'un mouvement
exécuté par un danseur unique (289).

Ce mouvement est un *Fouetté derrière avec la jambe gauche* (221).
Comparez avec la série des figures 248 à 251, en tenant compte de
la différence suivante : la danseuse *Fouette* obliquement, de la
demi IV ouverte (fig. 248) à la Position marquée par la figure 251 ;

nos bonshommes Fouettent droit, de la Grande IV
devant (fig. 277, A et C) à la Position B-D de la
même figure.

**228**. Le danseur représenté par la figure 278
appartient au même groupe que les précédents ; la
Position de ses jambes est identique à la Position
B-D de la figure 277. Il a donc, lui aussi, exécuté un Fouetté derrière, mais avec la jambe
droite.

Fig. 278.

**229**. Mécaniquement le *Jeté* se réduit à un saut terminé sur une
jambe (222) ; l'autre jambe *relève* en se retirant au genou. Les

divers moments du Jeté sont très perceptibles pour l'œil et ce mouvement est un de ceux que les artistes grecs ont le plus fidèlement traduits.

Les figures 279, 280, 281, correspondent aux trois moments essentiels (284) d'un *Jeté dessus avec la jambe gauche.*

Fig. 281.                    Fig. 280.                                Fig. 279.

Fig. 279 : le saut se prépare par la flexion de la jambe d'appui ; la détente commence à se produire, puisque le talon est soulevé ;

Fig. 280 : période de suspension ;

Fig. 281 : le danseur tombe sur la Pointe gauche ; sa jambe droite se relève en se retirant au genou.

**230.** Les artistes ont pris plaisir à exagérer le mouvement de la jambe qui se retire au genou, à la fin du Jeté (fig. 282). Un charmant camée (fig. 579) donne la mesure

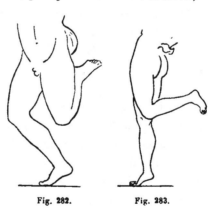

Fig. 282.                    Fig. 283.

exacte de ce mouvement. La figure 283 est également un bon type moyen.

**231. Temps Ballonnés.** — *Une jambe Ballonne lorsqu'avant de se poser sa Pointe décrit en l'air un arc fermé tel que la jambe*

10

*semble passer par-dessus une boule. Les Temps de Ballon s'appliquent à divers Pas. Exemple : Jeté Ballonné.*

**232**. Les Temps Ballonnés ne peuvent être représentés par une seule image, car leur physionomie ne se dessine que par le mouvement. Mais si les monuments figurés sont muets à leur endroit, les textes prêteront à des comparaisons plausibles entre certains mouvements qu'ils décrivent et les Temps de Ballon de nos danseurs.

**233. Pas Balancés.** — *Sous cette rubrique peuvent être compris des Pas de formes très variées dans lesquels le Corps, les Bras, la Tête accompagnent de leurs oscillations rythmiques le mouvement des jambes.*

*Ces oscillations ont lieu de part et d'autre de l'axe ou du plan vertical de l'aplomb* (298), *et leurs deux moments extrêmes* (284) *sont semblables, mais antinomiques. On doit entendre par là que si, à l'un de ces deux moments, le bras droit est levé et le bras gauche baissé, à l'autre moment, le bras droit sera baissé et le bras gauche levé. De même, au Corps penché à droite correspondra le Corps penché à gauche, etc.* (277 à 280).

*Tantôt le Corps seul ou les Bras seuls Balancent; tantôt ils associent leurs Balancements. La Tête peut s'en mêler et entrer en jeu dans les Oppositions* (167). *Toutes ces oscillations sont en rapport étroit avec le mouvement des jambes.*

**234**. Les exemples de Pas Balancés sont nombreux. Celui-ci (fig. 284-285) suffira à fixer les idées.

Le moment (282) de la figure 284 est fourni par la statue antique dite le Faune de Pompéi. La figure 285 montre, par reconstitution, le moment antinomique du premier.

L'analyse de ces deux figures donne les formules suivantes :

$$(1)_{\text{(figure 284)}} \begin{cases} \text{jambe droite en avant;} \\ \text{corps penché à droite;} \\ \text{bras droit bas;} \\ \text{bras gauche haut.} \end{cases}$$

(2)
(figure 285)
$\left\{\begin{array}{l}\text{jambe droite en arrière ;}\\ \text{corps penché à gauche ;}\\ \text{bras droit haut ;}\\ \text{bras gauche bas.}\end{array}\right.$

En passant de la formule (1) à la formule (2) le danseur a fait un pas sur la demi Pointe ; il en fera un autre en passant de (2) à (3) = (1), etc.

Fig. 284.                    Fig. 285.

Le Pas de danse exécuté par ce danseur se compose donc de Balancements successifs, à droite et à gauche, combinés avec une marche rythmée sur la demi Pointe.

**235.** L'allure de cette joueuse de crotales (fig. 286) est analogue à celle du danseur précédent, abstraction faite de détails secondaires, tels que le jeu des mains et la Position de la tète.

Par analogie avec l'exemple fourni par ce même danseur (fig. 284-285) le mécanisme des mouvements oscillatoires, dont les figures 111, 137, 177, 188, 189, 190, etc., représentent un moment, est facile à concevoir. Nous laissons au

Fig. 286.

lecteur le soin d'imaginer le moment antinomique de chacune de ces figures et la forme du mouvement qui réunit ces deux moments extrèmes (284).

**236. Temps et Pas sur les Pointes**. — *Les Positions et les mouvements sur les Pointes ne peuvent être pratiqués par le danseur que si son pied, par un long et pénible exercice, a subi une véritable dislocation. La phalange terminale des orteils doit acquérir assez d'indépendance et de force pour servir de point d'appui au pied et supporter tout le poids du corps.*

*L'élève apprend d'abord à se tenir ferme sur les Pointes dans toutes les Positions, à passer d'une Position sur la Plante à une Position sur la Pointe et à retomber sur la Plante, etc. Les deux séries chronophotographiques qui suivent fournissent l'analyse de deux exercices de Pointes.*

**237. Échappé à la II, sur les Pointes.**

*Fig. 287 : Position préalable, dite Préparation; cette Position est ici la V, gauche devant;*

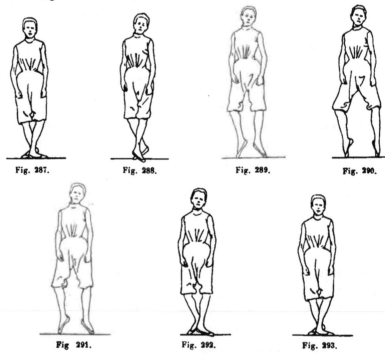

Fig. 287.          Fig. 288.          Fig. 289.          Fig. 290.

Fig 291.          Fig. 292.          Fig. 293.

*Fig. 288 : les deux talons se soulèvent en même temps;*
*Fig. 289 : les deux jambes s'écartent en glissant sur les Pointes; les talons se soulèvent de plus en plus;*

*Fig.* 290 : *les deux jambes sont en II, tout à fait sur les Pointes;*

*Fig.* 291 : *les deux jambes se rapprochent en glissant sur les Pointes; les talons s'abaissent;*

*Fig.* 292 : *les jambes croisent; les talons s'abaissent de plus en plus;*

*Fig.* 293 : *l'Échappé se ferme, gauche devant : retour à la Position initiale.*

*Les* (Temps) Échappés *se font également de la V à la IV, par un mécanisme analogue.*

## 238. Relevé de Pointes.

*Fig.* 294 : *Préparation : V, gauche devant; Position pliée;*

*Fig.* 295 : *les deux talons se soulèvent; les jambes se séparent;*

*Fig.* 296 : *la danseuse* relève *sur la jambe droite; la cuisse gauche se soulève; la jambe gauche se retire;*

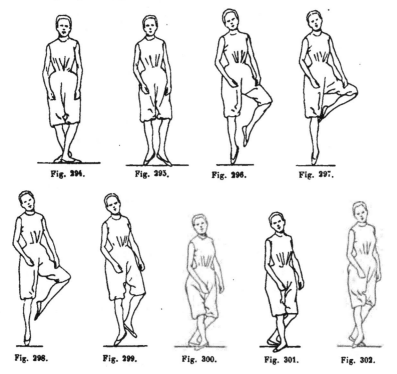

Fig. 294.          Fig. 295.          Fig. 296.          Fig. 297.

Fig. 298.      Fig. 299.      Fig. 300.      Fig. 301.      Fig. 302.

*Fig.* 297 : *la jambe droite reste relevée sur la Pointe; la cuisse gauche est soulevée à angle droit; la jambe gauche est retirée, Pointe à la hauteur du genou;*

*Fig.* 298 : *la cuisse et la jambe gauche retombent;*

*Fig.* 299 : *la jambe gauche passe derrière;*

*Fig.* 300 : *le pied gauche* pose *derrière, en V;*

*Fig.* 301 : *la danseuse plie en V pour recommencer de l'autre pied;*

*Fig.* 302 : *commencement d'un Relevé de Pointe sur la jambe* gauche.

**239. Pas sur les Pointes.** — *Ils sont généralement courts en raison de la tenue du pied. Qu'ils soient marchés, courus ou tournés, cette tenue leur donne une physionomie caractéristique. On trouvera*

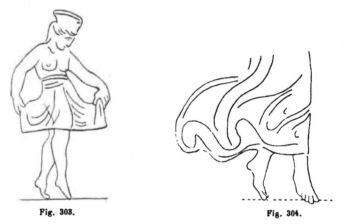

Fig. 303.　　　　　　　　　　Fig. 304.

*ci-après (fig.* 306 *à* 309) *une analyse chronophotographique de Pas marchés sur la Pointe; ils sont exécutés par une danseuse revêtue d'une tunique grecque et servent d'interprétation aux figures* 303 *et* 304.

Fig. 305.

**240.** Les danseurs grecs ont pratiqué les *Temps sur les Pointes.* C'est à peine une hypothèse de leur attribuer l'usage d'exercices analogues aux Échappés sur les Pointes et aux Relevés de Pointe de nos danseurs. Ces exercices, en effet, sont l'introduction nécessaire aux Positions, aux Temps et aux Pas sur les Pointes, qui sont soumis à des conditions physiologiques déterminées. Il est permis de voir, dans la figure 305, une sorte de Relevé de Pointe, de la jambe gauche.

**241**. La figure 303 reproduit une de ces nombreuses hiérodules coiffées du kalathos, dont la série sera signalée plus loin; elle s'avance à *petits Pas sur les Pointes*, tête baissée, comme si elle traçait du regard sur le sol la piste qu'elle suivra. Les figures 306,

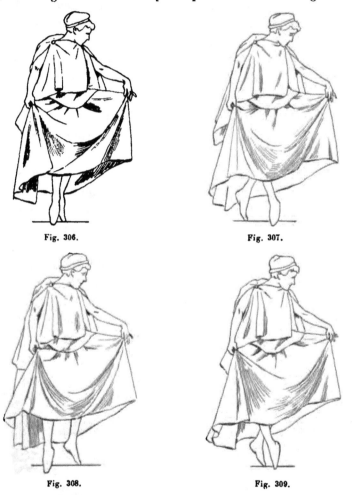

Fig. 306.                    Fig. 307.

Fig. 308.                    Fig. 309.

307, 308, 309 sont une reconstitution chronophotographique des divers moments de son Pas, et montrent en même temps la tenue invariable du pied dans les mouvements de cette nature :

Fig. 306 : Position initiale : III ou V sur les Pointes;

Fig. 307 : premier pas; jambe droite devant;

Fig. 308 : deuxième pas; jambe gauche devant;

Fig. 309 : troisième pas; jambe droite devant.

La figure 303 correspond au *moment* de la figure 307, de même que la figure 304. La différence d'aspect tient à ce que la danseuse moderne, tout en empruntant l'allure et les Positions des bras et de la tête à l'hiérodule grecque, tourne ses pieds en dehors, suivant la règle générale énoncée plus haut (97). Quant aux différences de costume, elles s'expliquent d'elles-mêmes. La tunique longue que porte notre danseuse est drapée suivant la mode du vᵉ siècle (figures 138, 155, 161 et planche IV).

**242.** Le rapprochement des figures 310 et 311 fait voir que si la première représente un Pas marché sur les Pointes [1], la seconde représente un *Pas couru sur les Pointes*; la danseuse va Jeter (222) sur la Pointe droite, comme le Satyre (fig. 279) va Jeter sur le pied gauche.

Fig. 310.

Fig. 311.

Les mouvements tournants sur les Pointes seront postérieurement signalés (267).

**243. Assemblé** (*fig.* 312). — *Cette figure est en même temps la trace* (90, *note*) *et la projection horizontale de deux Assemblés successifs; le premier du pied gauche, le second du pied droit. Le sens des flèches indique qu'elle doit se lire de bas en haut. Le pointillé représente la projection horizontale du pied en l'air, au moment correspondant à la Position extrême de la jambe qui dégage en demi II, comme on va le voir.*

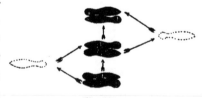

Fig. 312.

---

1. On trouvera un bel exemple de Pas marché sur les Pointes, sur un bas-relief du musée d'Arles, de style hellénistique.

*Le mécanisme de l'Assemblé est expliqué par l'exercice suivant, dit* Exercice d'Assemblés :

*Préparation* (237) : *V, gauche devant; la jambe gauche dégage en demi* II (179, *fig.* 60), *pendant que la droite plie pour sauter* (73) *et saute; les deux pieds retombent à la fois en V, gauche devant : on a donc* Assemblé dessus (185). *On continue de l'autre pied. Le déplacement a lieu en avant.*

**244**. *Si, au lieu d'Assembler dessus, on* Assemble dessous (185), *l'exercice se fait en arrière. Il suffit, pour s'en rendre compte, de changer le sens des flèches et de lire la figure* 312 *de haut en bas.*

**245. Changement de Pied** (*fig.* 313). — *Cette figure se compose, comme la précédente, de traces et de projections horizontales; celles-ci, en pointillé, correspondent aux Positions extrêmes des jambes, qui dégagent pendant le saut et représentent le pied en l'air.*

Fig. 313.

*L'*Exercice du Changement de Pied *diffère de l'exercice d'Assemblés en ce que, dans l'Assemblé, une seule jambe dégage* (179), *tandis que dans le Changement de Pied, les deux jambes dégagent à la fois.*

*Préparation : V, droite devant; après avoir plié les deux genoux* (73), *le danseur saute. Pendant qu'il est en l'air il change les jambes, c'est-à-dire qu'après les avoir simultanément écartées l'une de l'autre, par un double dégagement, il les croise en retombant, et fait passer devant la jambe qui était derrière : il aboutit donc en V, gauche devant. Au second Changement de Pied il retombera en V, droite devant. Le déplacement a lieu en avant, ainsi que l'indiquent les flèches, et la figure doit se lire de bas en haut.* .

**246**. *Mais l'Exercice du Changement de Pied peut s'exécuter aussi bien en arrière. Pour s'en rendre compte, il suffit de changer le sens des flèches, dans la figure* 313, *et de la lire de haut en bas.*

**247. Pas Battus.** — *Nous avons vu, dans les* Battements (188), *la jambe agissante s'éloigner de la jambe d'appui et s'en rapprocher rapidement; ces Battements à terre étaient exécutés par une seule jambe. Les Pas Battus en l'air impliquent l'action simultanée des* *deux jambes, qui, pendant le saut, se heurtent ou se croisent. Ils sont désignés sous le nom de* **Cabrioles** *(capriola) lorsque les jambes frappent en l'air l'une contre l'autre et se séparent sans s'être croisées. On les appelle* **Entrechats** *(capriola intrecciata) lorsque les pieds croisent pendant le saut.*

*La Cabriole, dont le brio enchantait nos aïeux, florissait dès le* XVI<sup>e</sup> *siècle. L'Entrechat, qui en est une dérivation, est de date plus récente (1730 environ).*

**248. L'Entrechat.** — *C'est un mouvement sauté pendant lequel les pieds croisent. Il est nécessairement précédé d'un Plié, qui prépare le saut (73). Il se termine par la chute, Pointe basse, sur les deux pieds ou sur un seul. Dans ce dernier cas la jambe qui ne prend pas terre se relève volontiers en* **Attitude** *(169).*

**249.** *On compte les Entrechats par le nombre de segments de ligne brisée que chacun des deux pieds décrit dans l'espace pendant le saut. Ainsi l'on dit :* **Entrechat Trois, Entrechat Quatre,** *etc. Les figures 314, 315, 316, 317, qui montrent, entre les traces des pieds, les projections horizontales de leurs mouvements en l'air, justifient ces appellations.*

*Il ne peut y avoir d'Entrechat Deux ; il faut, en effet, que les segments de ligne brisée, parcourus par les pieds dans l'espace, soient au moins au nombre de trois, pour que les pieds puissent croiser en l'air.*

*Mais le Changement de Pied peut être considéré comme le point de départ des Entrechats et tient lieu, pour ainsi dire, d'Entrechat Deux* [1] *(fig. 313). Il comporte en effet deux segments de ligne brisée et les pieds croisent en retombant à terre.*

**250. L'Entrechat Trois** *se présente sous les trois formes suivantes :*

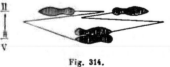

Fig. 314.

*1° Forme dans laquelle (fig. 314) les jambes passent de la V à la II. La V en est donc la Préparation (237).*

*(On n'a pas figuré en pointillé la projection horizontale de la*

---

1. Cette expression implique une absurdité.

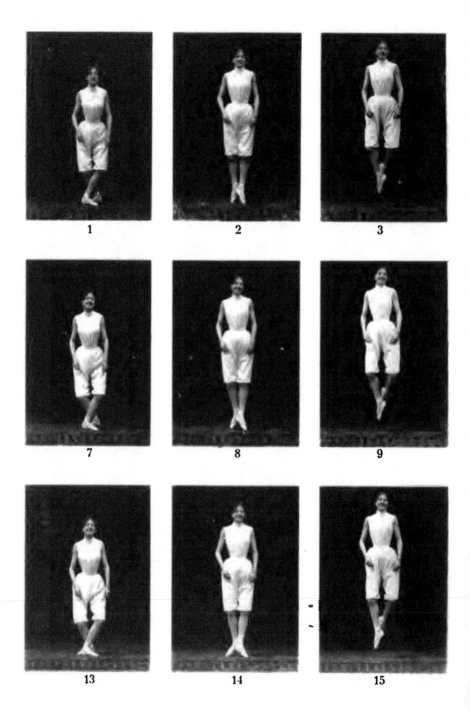

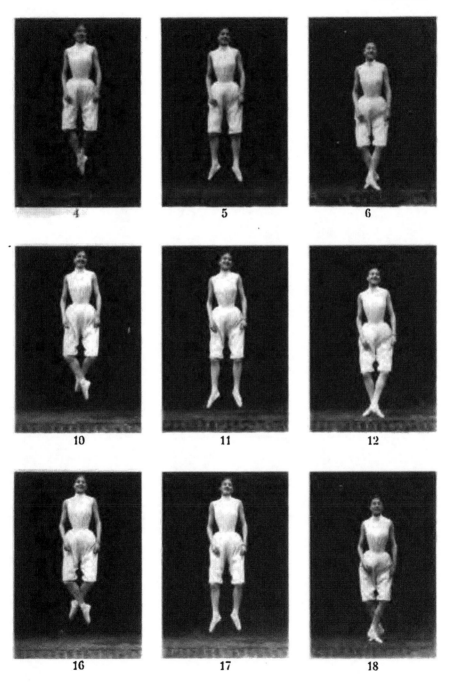

*plante des pieds, pour ne pas compliquer les figures. La flèche placée à côté de chacune d'elles indique le sens du mouvement.)*

2° *Forme dans laquelle (fig. 315) les jambes passent de la II à la V. La II en est donc la Préparation.*

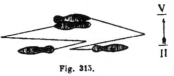

Fig. 315.

3° *Forme dans laquelle (fig. 316) les jambes partent de la V, comme*

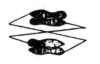

Fig. 316.

*Préparation, et retombent en V intervertie; c'est-à-dire que si la Position initiale est V, droite devant, l'a Position finale sera V, gauche devant.*

**251. L'Entrechat Quatre**, *dont la figure 317 donne la projection horizontale, peut être suivi dans ses différentes phases sur la belle analyse chronophotographique de la planche III.*

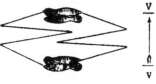

Fig. 317.

*Image 1 : Préparation : V, gauche devant, et Plié des deux genoux, pour sauter (73);*

*Image 2 : détente des genoux; les pieds de la danseuse se dressent sur les Pointes, avant de quitter le sol;*

*Im. 3 et 4 : deux moments de la période du saut ou de suspension; ils correspondent au croisement des pieds qui constitue l'Entrechat;*

*Im. 5 : ce moment appartient encore à la période de suspension; les jambes après avoir croisé — ou Battu — se séparent avant de retomber;*

*Im. 6 : la danseuse retombe sur les Pointes, en V, gauche devant, qui est la Position initiale;*

*Im. 7 : les talons s'abaissent; les deux genoux plient, pour sauter de nouveau. Cette image 7 reproduit exactement l'image 1 et ouvre une nouvelle série de six images dont les moments correspondent tous aux moments de la série précédente. On a : im. 7 = im. 1; im. 8 = im. 2; im. 9 = im. 3; im. 10 = im. 4; im. 11 = im. 5; im. 12 = im. 6.*

*De même l'image 13 correspond à l'image 1 et ouvre une troisième*

*série de six images dans laquelle im.* $13 = im.$ *1; im.* $14 = im.$ *2;
im.* $15 = im.$ *3; im.* $16 = im.$ *4; im.* $17 = im.$ *5; im.* $18 = im.$ *6.*

*Dans chacune des trois séries la Préparation occupe une image;
le soulèvement sur les Pointes, également une image; la période de
suspension emploie trois images, dont les deux premières sont deux
moments du Battu; le retombé sur les Pointes, enfin, est exprimé par
la sixième image.*

*Bien que ces trois séries soient semblables, il nous a paru intéressant
de les juxtaposer. Elles sont le résultat d'une expérience unique pendant laquelle la longue pellicule sensible[1] qui se déroule en arrière de
l'objectif, a enregistré les Entrechats successifs exécutés par la danseuse et enchaînés sans temps d'arrêt. Or l'appareil chronophotographique divise les mouvements en* moments isochrones. *De là une constatation digne de remarque : nos danseurs en arrivent à une si exacte
notion du temps, à un si parfait isochronisme dans leurs mouvements,
que les* 18 *images de la planche III, non seulement se groupent en
trois séries égales correspondant aux trois Entrechats battus en temps
égaux, mais encore sont semblables entre elles dans l'intérieur des
trois séries consécutives.*

**252.** *Bien que la question du rythme dans la danse soit en dehors
de nos préoccupations actuelles, nous pouvons généraliser l'observation précédente : l'isochronisme dans les mouvements, et par suite
la succession isochrone des temps forts, est, sinon une loi, du moins
une habitude constante dans la danse française moderne. Il en
résulte une certaine monotonie rythmique : nous nous demanderons
plus tard si l'orchestique grecque n'a pas connu d'autres procédés du
rythme.*

**253.** *Nous bornerons aux Entrechats précités l'étude sommaire de
ces Pas Battus; il y a encore des Entrechats Cinq, des Entrechats
Six, des E. Sept, des E. Huit, etc. Le nombre des passes de l'Entrechat dépend de l'habileté du danseur.*

**254.** Les Assemblés (243) et les Changements de Pied (245) manquent de moment caractéristique (225). Ils sont donc intraduisi-

---

1. Marey, *le Mouvement*, p. 116 et suiv..

bles par une seule image. Nous n'en trouverons les traces que dans les textes.

**255.** Un vase de style très médiocre, fabriqué en Étrurie au IIIᵉ siècle, est pour nous, en dépit de la mauvaise qualité de la terre employée et de la grossièreté des peintures, un monument d'un haut intérêt. L'exemple qu'il fournit est peut-être unique, mais il est suffisant à prouver que les danseurs grecs pratiquaient des *Pas Battus* semblables à nos Entrechats. La comparaison de la figure 318 avec l'image 10 de la planche III, est décisive, et permet de reconstituer toutes les phases du mouvement. A ce titre la série chronophotographique de la planche III n'est pas seulement une analyse de l'Entrechat Quatre moderne; elle peut être considérée comme la restauration d'un Pas grec, dont le peintre de vase a fixé un moment caractéristique.

Fig. 318.

**256. Mouvements Tournants.** — *Un grand nombre de Temps et de Pas peuvent s'exécuter en tournant sans que leur mécanisme soit sensiblement altéré. — Pour ne citer que des mouvements de danse précédemment décrits, on signalera :*

*Les Glissés en tournant,*

*Les Chassés en tournant,*

*Les Fouettés en tournant,*

*Les Jetés en tournant,*

*Les Relevés sur les Pointes en tournant,*

*Les Pas sur les Pointes en tournant,*

*Les Pas Battus (Entrechats) en tournant, etc.*

*On tourne à terre ou en l'air, suivant que les Temps ou les Pas tournés sont des mouvements à terre ou des mouvements en l'air. La danse française moderne fait un fréquent usage des formes giratoires.*

**257.** *Les* Pas Tourbillonnants *sont des Pas tournés très rapides, exécutés généralement sur la demi Pointe ou sur la Pointe des deux pieds, et enchaînés en séries continues, pendant lesquels le* danseur tournoie en se déplaçant suivant la direction qui lui convient.

**258. La Pirouette.** — *Parmi les mouvements tournants pratiqués par nos danseurs, la Pirouette tient une place à part, en raison de son mécanisme. Elle consiste à tourner une ou plusieurs fois sur la demi Pointe ou sur la Pointe d'un seul pied, pendant que l'autre jambe est relevée, pliée ou tendue, immobile ou en mouvement. L'impulsion nécessaire à la rotation du corps sur ce pivot unique est imprimée par les bras, qui jouent ici le rôle de moteurs.*

**259.** *Les variétés de la Pirouette sont nombreuses : elles proviennent presque toutes des différentes Positions prises par la jambe libre ou des mouvements qu'elle exécute, pendant que la rotation se fait sur la demi Pointe ou la Pointe de l'autre pied (263).*

*La plupart des Pirouettes ont une forme double : suivant le sens de la rotation, elles sont Pirouettes en dehors et Pirouettes en dedans.*

*La* Pirouette en dehors — *la plus usitée* — *est celle dans laquelle on tourne du côté de la jambe en l'air (fig. 320).*

*La* Pirouette en dedans *est celle où l'on tourne du côté de la jambe d'appui (fig. 321).*

**260. Préparation de la Pirouette.** — *Le pied sur lequel s'exécute la Pirouette n'est qu'un pivot. La rotation du corps sur cette jambe d'appui est déterminée par l'action des bras et le déplacement du torse. L'élan est donné par la détente brusque de l'un des bras, croisé devant la poitrine (fig. 319), et qui s'ouvre dans le sens où la rotation doit s'effectuer (fig. 336, 337, 338). Les jambes sont en II, ou en IV.*

*On peut formuler comme il suit la Préparation de la Pirouette.*

Pirouette en dehors :

*Si le danseur tourne à droite, il croise le bras droit devant et tourne sur la demi Pointe ou la Pointe du pied gauche (fig. 319 et 320) ;*

*Si le danseur tourne à gauche, il croise le bras gauche devant et tourne sur la demi Pointe ou la Pointe du pied droit.*

Pirouette en dedans :

*Si le danseur tourne à droite, il croise le bras droit devant et tourne sur la demi Pointe ou la Pointe du pied droit (fig. 319 et 321) ;*

*Si le danseur tourne à gauche, il croise le bras gauche devant et
tourne sur la demi Pointe ou la Pointe du pied gauche.*

*En d'autres termes :*

*Dans la Pirouette en dehors, le danseur tourne sur le pied diago-
nalement opposé au bras croisé devant ;*

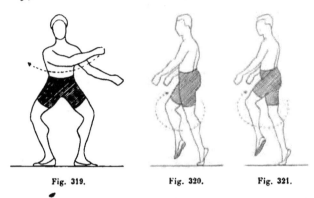

Fig. 319.          Fig. 320.          Fig. 321.

*Dans la Pirouette en dedans, il tourne sur le pied du même côté
que le bras croisé devant.*

**261. Exécution de la Pirouette.** — *Dès que la rotation
commence, le pied qui n'est pas le pivot se soulève, et, suivant l'espèce de la Pirouette, la jambe en l'air dégage* (179) *plus ou moins
haut, s'immobilise ou exécute certains mouvements* (263). *Si l'élan
imprimé par les bras et le torse a été vigoureux, 4 ou 5 tours peuvent
être effectués sans que le talon de la jambe d'appui retombe sur le
sol. Zorn cite un danseur qui pirouettait 7 fois sur le cou-de-pied*
(262) *sans reprendre un nouvel élan : c'est là une habileté tout excep-
tionnelle.*

**262.** *On a soumis à l'analyse chronophotographique une
Pirouette très simple à titre d'exemple : la* Pirouette sur le Cou-de-
Pied *(fig. 322 à 345). Elle est précédée ici d'un Coupé* (220), *qui
sert de Préparation à la Préparation de la Pirouette, puisqu'il
chasse la jambe droite en II et que, pendant ce temps, les bras se
développent avant de croiser.*

*Fig. 322 : fin d'une précédente Pirouette sur le Cou-de-Pied, dans
laquelle la jambe gauche servait de pivot. La jambe droite, qui était
soulevée comme dans la figure 344, se pose en V devant ;*

*Fig. 323 et 324 : la jambe gauche se soulève en se retirant au genou avant de couper ; la cuisse reste immobile ;*

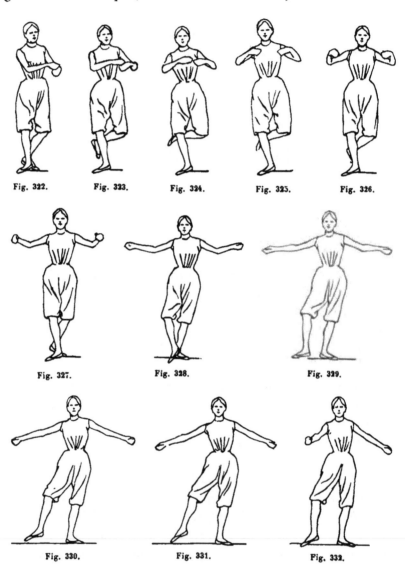

Fig. 322.       Fig. 323.       Fig. 324.       Fig. 325.       Fig. 326.

Fig. 327.       Fig. 328.       Fig. 329.

Fig. 330.       Fig. 331.       Fig. 332.

*Fig. 325, 326, 327 : la jambe gauche retombe pour couper des-sous ; les deux bras s'ouvrent à la fois, en obéissant à la règle du Développement (179) ;*

*Fig.* 328 : *la jambe gauche Coupe, et chasse la jambe droite dont le talon se soulève; les bras sont entièrement développés;*

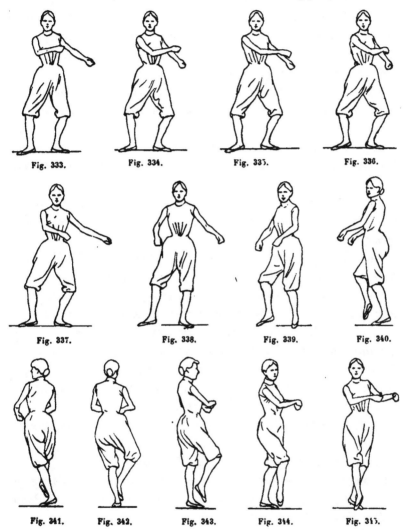

Fig. 333.      Fig. 334.      Fig. 335.      Fig. 336.

Fig. 337.      Fig. 338.      Fig. 339.      Fig. 340.

Fig. 341.    Fig. 342.    Fig. 343.    Fig. 344.    Fig. 345.

*Fig.* 329, 330, 331 : *la jambe droite Dégage en II et y aboutit sur la Pointe;*

*Fig.* 332, 333 : *le talon droit s'abaisse; la danseuse s'installe en II; le bras droit se ferme pour croiser, en obéissant à la règle énoncée* (197);

11

*Fig.* 334, 335, 336 : *le bras droit croise de plus en plus et entraîne légèrement le torse vers la gauche;*

*Fig.* 337 : *le bras droit s'ouvre par une détente brusque, de gauche à droite et, sous l'impulsion de ce balancier moteur,*

*Fig.* 338 : *la rotation va commencer; le torse tend à se tourner à droite, la jambe droite se soulève;*

*Fig.* 339 à 345 : *la rotation s'effectue. Dès qu'elle se produit on voit le pied droit se soulever (fig.* 339) *et se rapprocher de la jambe d'appui (fig.* 340 *et* 341) *en portant la Pointe à la hauteur du cou-de-pied de cette dernière : de là le nom donné à ce genre de Pirouette. Les bras, dont le rôle mécanique est fini, s'arrondissent à la hauteur de la poitrine;*

*Fig.* 345 : *fin de la Pirouette; la jambe droite se pose en V devant. Le moment de cette image correspond à peu près à celui de la figure* 306.

*Rappelons l'observation antérieure (251) relative à l'isochronisme des mouvements semblables, répétés en série continue. Pour ne pas surcharger ce livre de figures, nous n'avons pas publié les 24 images dont la figure* 322 *est le dernier terme; le lecteur aurait pu constater que les 24 moments de ces images correspondent avec une exactitude presque absolue aux 24 moments des figures* 322 à 345. *Il y a d'autant plus lieu de s'étonner d'une pareille régularité que, dans nos expériences chronophotographiques, aucune aide rythmique ni musicale n'était donnée à la danseuse.*

**263. Variétés de la Pirouette.** — *Nous n'en citerons que quelques-unes :*

Pirouette sur le Cou-de-Pied (*fig.* 322 à 345).

Pirouette à la Seconde, *dans laquelle la jambe libre dégage en Grande II (100) pendant que la rotation se fait sur la demi Pointe ou la Pointe de l'autre pied.*

Pirouette à la Seconde finie sur le Cou-de-Pied.

Pirouette en Attitude, *dans laquelle la jambe libre se relève en Attitude (fig.* 200). *La Pirouette en Attitude peut commencer par deux tours à la Seconde et se terminer par quatre tours en Attitude exécutés dans un mouvement beaucoup plus rapide que les deux premiers tours; le bon effet de la Pirouette exigeant dans ce cas, d'après Bournonville, que la seconde partie de la Pirouette soit doublée de vitesse et de quantité.*

Pirouette en Arabesque, *dans laquelle la jambe libre s'allonge en Arabesque (fig. 202).*

Pirouette à la Seconde finie en Attitude. *Pendant la rotation la jambe libre passe de la II à la Position de l'Attitude.*

Pirouette en Arabesque finie en Attitude. *Pendant la rotation la jambe libre passe de la Position de l'Arabesque à celle de l'Attitude.*

Pirouette à petits Battements sur le Cou-de-Pied. *Pendant la rotation la jambe libre exécute plusieurs Battements sur le Cou-de-Pied* (185).

Pirouette à petits Ronds de Jambe. *Pendant la rotation la jambe libre exécute plusieurs petits Ronds de Jambe* (193).

Pirouette renversée. *Elle s'exécute toujours en dedans et se caractérise par des mouvements de cambrure. Elle comporte un grand nombre de formes, etc., etc.*

*Telles sont les principales variations dont le thème de la Pirouette est susceptible.*

**264.** *Dans le langage des danseurs, le mot Pirouette suppose toujours une jambe d'appui, sur la demi Pointe ou la Pointe de laquelle s'effectue la rotation. Si le mouvement giratoire a lieu pendant que le danseur est en l'air, — autrement dit pendant la période de suspension d'un saut* (69, 72), — *il prend le nom de Tour en l'air.*

*Le danseur qui tourne en l'air retombe, suivant le cas, sur une simple Position pliée, ou en Attitude, ou en Arabesque, ou en Échappant à la II, à la IV, etc.*

**265.** Les mouvements tournants, très chers aux danseurs grecs, n'étaient pas aussi variés que les nôtres (256, 263). Leur mécanisme est généralement simple; c'est un véritable Piétinement sur la Plante, sur la demi Pointe ou sur la Pointe, qui engendre parfois des Pas Tourbillonnants très rapides, si l'on en juge par le mouvement des draperies. Les formes de ce Piétinement peuvent se ramener à quelques types, qui se répètent à l'infini dans les diverses séries monumentales, et dont la physionomie, toujours la même, est un des traits saillants de l'orchestique grecque, et l'un de ceux qui la distinguent le plus de notre danse.

Nous aurons toutefois à établir que les danseurs grecs, du v° au ii° siècle, ont pratiqué la Pirouette, et ont eu recours, pour l'exécuter, à des moyens mécaniques tout semblables à ceux dont nos artistes usent.

**266. Tournoiement par Piétinement.** — Son emploi constant prouve que les anciens ont ignoré le mécanisme savant de nos danses tournantes [1]. Le mouvement giratoire avait pour eux

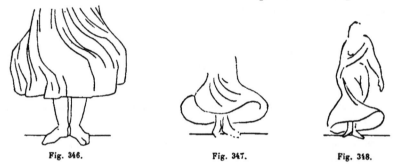

Fig. 346.                    Fig. 347.                    Fig. 348.

tant de charmes qu'ils se préoccupaient peu du rôle des pieds dans la rotation : il leur suffisait que les pieds entraînassent le corps.

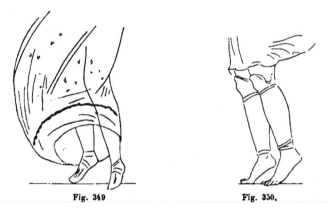

Fig. 349                    Fig. 350.

Les formules les plus simples leur semblaient bonnes. Le *Tournoiement par Piétinement sur la Plante* (fig. 346, 347, 348), *sur la*

1. La Pirouette n'est pas à proprement parler une danse tournante; elle n'est qu'un Temps tournant, un mouvement giratoire isolé, qui ne constitue pas une danse, mais un simple ornement momentané.

*demi Pointe* (fig. 349, 350, 351, 352), se présente sur des monuments appartenant à toutes les époques de l'art hellénique. Il a

Fig. 350 *bis.*

donc toujours été en honneur. Il s'accompagne parfois de cambrures étranges (fig. 352, 199, C), ou du fléchissement des genoux (fig. 353).

Fig. 351.  Fig. 352.  Fig. 353.

## 267. Tournoiement par Piétinement en IV croisée. —

L'une des Positions préférées du danseur grec, qui tourne en piétinant, est la IV croisée (95) sur la demi Pointe ou sur la Pointe; et c'est là une des singularités les plus frappantes de l'orchestique grecque. Souvent le croisement est extrêmement serré et suppose des piétinements très menus.

Nos danseurs ne pratiquent guère ce genre de rotation; ils seraient assez empêchés d'exécuter en IV croisée un tournoiement très rapide, le croisement permanent des jambes étant un obstacle sérieux à la vitesse du mouvement giratoire. Mais les danseurs grecs, très exercés sans doute à ce mécanisme étrange, tournaient sur eux-mêmes, en IV croisée, avec une grande célérité. Il suffit, pour l'affirmer, de considérer les *coups de vents* (268) qui soulèvent leurs draperies, et qui supposent, par leur ampleur, une rotation très vive (fig. 86).

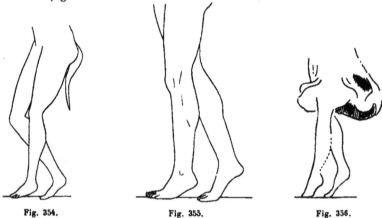

Fig. 354.                Fig. 355.                Fig. 356.

Il y a d'ailleurs des degrés dans la vitesse du tournoiement. Les figures 84, 354, 355, dans lesquelles le pied qui croise devant s'appuie sur le sol avec quelque lourdeur, n'expriment pas un mouvement rapide. En raison des oscillations du torse, le danseur représenté par la figure 189 ne peut pas non plus tourner vite. Le tournoiement s'accélère sur la figure 356 où l'on voit l'exécutant piétiner légèrement sur la demi Pointe; même remarque au sujet de la figure 352. Un exemple de Pas Tourbillonnant (257) sur les Pointes est fourni par la figure 357 [1]. Les danseuses voilées 358 et 359 tournoient, à une allure plus modérée, sur la demi Pointe

---

1. La danseuse qui déploie son voile (fig. 458) et qui piétine en IV croisée, sur les Pointes, doit également tourbillonner (318).

ou sur la Pointe : l'empâtement de ces terres cuites ne permet pas
de déterminer exactement la Position des pieds.

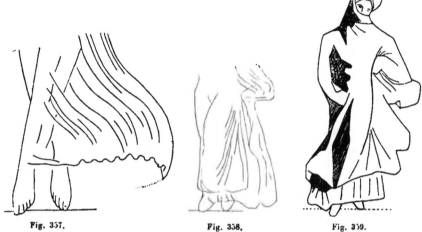

Fig. 357.                    Fig. 358.                    Fig. 359.

**268**. Dans quel sens s'effectue la rotation de chacune de ces
figures? Est-il possible de le reconnaître?

Cela serait difficile à la seule inspection des jambes. Mais le
mouvement du torse fournit, dans un assez grand nombre de cas,
une indication très utile. Ainsi le Faune Borghèse, auquel appartiennent les jambes de la figure 355, et dont le Corps est fortement
tourné à gauche, tournoie certainement de droite à gauche, du côté
de la jambe qui croise devant. Il en est de même du personnage
qui flanque à l'intérieur, et à droite, la porte d'entrée de l'Héroon,
à Trysa (fig. 490). Son pendant de gauche (fig. 491) tourne de
gauche à droite, également du côté de la jambe qui croise devant.

Quand le danseur représenté n'est pas nu, le *Coup de Vent* qui
gonfle ses draperies peut aider à déterminer le sens de la rotation.
Les peintres de vases, les coroplastes et les sculpteurs ont exprimé
par les enroulements en hélice des étoffes légères le mouvement
giratoire des danseurs. Lorsque l'enroulement se fait de droite à
gauche, la rotation a lieu de gauche à droite (fig. 346, 347, 348,
357, 476, A); s'il se fait de gauche à droite, le danseur tourne de
droite à gauche (fig. 349, 476, B). Ce sont là d'ailleurs de pures
conventions (316).

Si l'on manque à la fois des indications fournies par la torsion du corps et par l'enroulement des étoffes, il est à peu près impossible de reconnaître le sens de la rotation. C'est le cas des figures 199, C, 351, 353, 359, 458, etc.

**269.** La *Pirouette*, telle qu'elle a été définie (258), a été pratiquée dans l'orchestique grecque. Il n'y a rien de surprenant à ce que son mécanisme ancien soit identique à son mécanisme moderne. Pour tourner sur un seul pied dont le talon n'appuie pas sur le sol, il est nécessaire que l'élan vienne des bras et du torse, et cette nécessité s'impose aux danseurs de tous les temps.

Les figures 360, 361, 362, 363, 364, 365 sont des *Préparations*

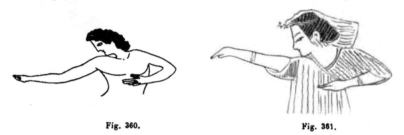

Fig. 360.                    Fig. 361.

*de la Pirouette.* On se souvient que la rotation se fait du côté du bras qui croise devant (260). Elle aura donc lieu à gauche pour les

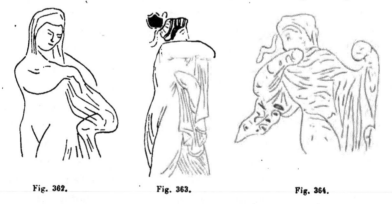

Fig. 362.              Fig. 363.              Fig. 364.

danseurs représentés par les figures 360 et 361, et à droite pour les quatre autres. Il est facile, malgré les déformations qu'il a subies, de retrouver, dans ces six figures et dans les deux suivantes, l'équivalent du mouvement de bras analysé par les huit images chronophotographiques (fig. 331 à 338). [Les deux jambes des danseuses (fig. 361 à 365) sont encore à terre : la Pirouette n'est pas effective ; elle n'est que *préparée*.] On obser-vera sur les figures 362 et 363 un léger entraîne-ment du torse vers la gauche, comparable à celui qui se produit sur l'image chronophotographique 336, et qui précède immédiatement la détente en sens inverse (262).

Fig. 365.

**270**. Ce joyeux citoyen qui célèbre Kômos (fig. 366) exécute une *Pirouette en dehors* (259) tournée à droite sur la demi Pointe (fig. 320). Un de ses compa-gnons (fig. 367), qui ne soulève pas assez son talon, et dont la Pirouette a quelque lourdeur, tourne également en dehors, mais à gauche. La danseuse de profession que montre la figure 368 se dresse fort élégamment sur la demi Pointe pour tourner à droite sa *Pirouette en dedans* (259) et (fig. 321).

Les trois figures 366, 367, 368 appellent une remarque impor-

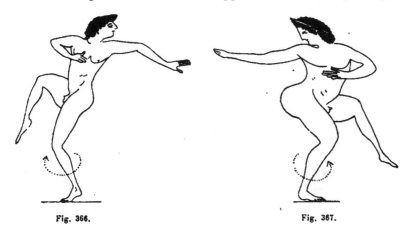

Fig. 366.                    Fig. 367.

tante : la Préparation de la Pirouette par les bras et son Exécution par la jambe d'appui y sont simultanées. C'est un artifice du peintre et du coroplaste, auteurs de ces deux représentations orchestiques : ne disposant chacun que d'une image, ils ont superposé deux moments (282) successifs du mouvement complexe qui constitue la Pirouette ; de telle sorte que l'ensemble exprime *en même temps*

le mécanisme qui produit et précède la rotation sur une jambe, et
cette rotation elle-même. Reportons-nous à la série chronophotographique précédente : le moment des bras de la figure 333 et

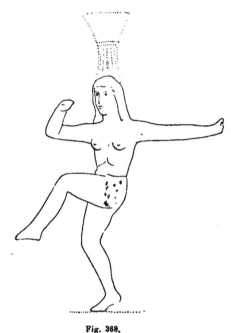

le moment des jambes de la
figure 340, assez éloignés l'un
de l'autre, comme on le voit,
subissent, sur les figures 366,
367, 368, une superposition
conventionnelle.

Fig. 368.

Fig. 369.

**271**. La charmante petite danseuse (fig. 369) qui exécute une
*Pirouette sur le Cou-de-Pied* (262) en dehors (259) se dresse tout à
fait sur la Pointe et tourne à gauche, si l'on en juge par la direction du torse. Elle accompagne sa Pirouette de mouvements secondaires des Bras, du Corps et de la Tête, qui rendent son aspect très
différent de celui de notre danseuse. Néanmoins le rapprochement
s'impose entre la figure 340 et la figure 369, et il est décisif.

# Reconstitution des Temps et des Pas

## et des Pas

*au moyen des images antiques*

# COORDINATION DES MOUVEMENTS

**272. Superposition des Mouvements.** — Les Mouvements,
— Temps ou Pas, — peuvent, dans certaines conditions, se superposer, s'amalgamer et former par leur assemblage des Mouvements
nouveaux dont les éléments composants sont assez facilement reconnaissables. Telles sont par exemple les Pirouettes à Battements,
les Pirouettes à Ronds de Jambe mentionnées plus haut (263) et
dans lesquelles la Pirouette et les Battements, la Pirouette et les
Ronds de Jambe sont simultanés.

Par analogie, le lecteur comprendra ce qu'il faut entendre par
Jetés Battus, Jetés à Ronds de Jambe, Jetés Ballonnés, Coupés
Battus, etc., etc. Ce sont des Jetés pendant l'exécution desquels la
jambe exécute des Battements, des Ronds de Jambe, des Temps de
Ballon, etc., etc.

Les nombreuses combinaisons auxquelles donnent lieu ces Mouvements qui fusionnent, doivent être distinguées avec soin des
séries de Mouvements qui s'enchaînent, autrement dit des Enchaînements.

**273. Succession des Mouvements.** — On désigne sous le
nom d'*Enchaînements* une série ordonnée de Temps ou de Pas qui
se succèdent sans interruption et qui paraissent sortir les uns des
autres.

Il y a de bons et de mauvais Enchaînements, comme il y a un
bon et un mauvais style, s'il est permis de dire, en employant une

comparaison, que les Temps correspondent aux syllabes, les Pas aux mots, et les Enchaînements aux phrases de la danse. Aussi l'étude des Enchaînements est-elle le couronnement de l'éducation du danseur : il doit apprendre à relier entre eux des mouvements qu'il a isolés pour s'en rendre maître, — à exécuter de véritables phrases, composées de différents termes.

Exemple d'Enchaînement très simple : *Coupé dessous* (220) *avec la jambe gauche* + *Fouetté derrière* (221) *avec la jambe droite* (fig. 370 à 375). On voit que le Fouetté commence (fig. 373) là où le mouvement du Coupé aboutit.

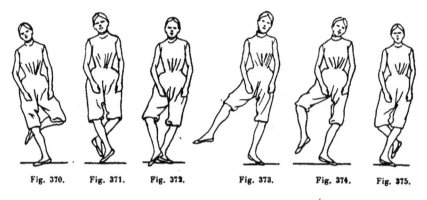

Fig. 370.        Fig. 371.        Fig. 372.        Fig. 373.        Fig. 374.        Fig. 375.

L'analyse chronophotographique présentée par les figures 322 à 345 est un Enchaînement qui se compose de : *Coupé dessous* + *Préparation et Exécution de la Pirouette* (260, 261).

**274. Mouvements répétés.** — L'exposé des règles empiriques qui régissent les Enchaînements sort de notre cadre, en raison de sa complexité. Nous dirons seulement quels sont les modes principaux suivant lesquels les Mouvements peuvent se succéder.

La formule de succession la plus simple est la *Répétition de Mouvements identiques.*

Exemples : une série de Battements à terre (fig. 217), ou de Battements soutenus (fig. 218), ou de Grands Battements (planche II), ou de Ronds de Jambe (fig. 221), etc., exécutés dans la même direction et par la même jambe; — une succession de plusieurs Entrechats Quatre (planche III), etc.

La Répétition de Mouvements identiques ne constitue pas, à proprement parler, un Enchaînement.

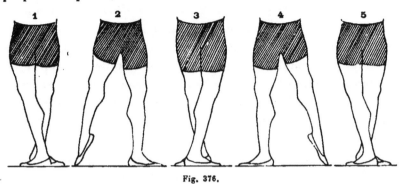

Fig. 376.

**275. Mouvements alternatifs.** — Si le danseur, ayant exécuté un mouvement de la jambe gauche, — ou du bras gauche,

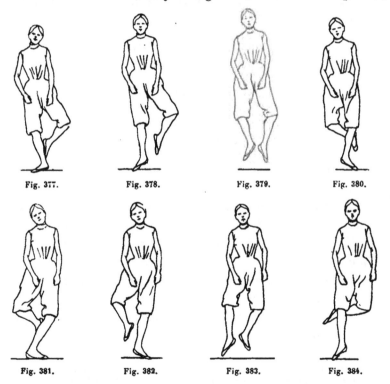

Fig. 377.  Fig. 378.  Fig. 379.  Fig. 380.

Fig. 381.  Fig. 382.  Fig. 383.  Fig. 384.

— répète immédiatement le même mouvement avec la jambe droite,

— ou le bras droit, — la succession de ces deux mouvements effectués, l'un par un membre de gauche, l'autre par un membre de droite, constitue une couple de *Mouvements alternatifs*. Exemples :

*Battements à terre, alternatifs* (184, fig. 376). Image 1 : jambes en III droite devant ; — image 2 : la jambe droite dégage en II à terre sur la Pointe ; — image 3 : la jambe droite emboîte en III derrière ; — image 4 : la jambe gauche dégage en II à terre sur la Pointe ; — image 5 : la jambe gauche emboîte en III derrière.

*Jetés dessus alternatifs*, à gauche et à droite (223, fig. 377 à 384).

Ces deux exemples feront comprendre le sens d'expressions telles que : Grands Battements en II, alternatifs ; — Glissés alternatifs ; — Chassés alternatifs, etc., etc.

**276.** Les Enchaînements eux-mêmes peuvent être alternatifs. Ainsi l'Enchaînement représenté par les figures 370 à 375, et qui a pour formule (273) :

$$+ \begin{cases} \text{Coupé dessous avec la jambe gauche,} \\ \text{Fouetté derrière avec la jambe droite,} \end{cases}$$

peut être immédiatement suivi de l'Enchaînement :

$$+ \begin{cases} \text{Coupé dessous avec la jambe droite,} \\ \text{Fouetté derrière avec la jambe gauche.} \end{cases}$$

L'Enchaînement d'ensemble ainsi obtenu se compose donc de deux Enchaînements alternatifs.

**277. Mouvements antinomiques.** — Les mouvements antinomiques sont, par définition, ceux qui s'expriment au moyen de formules dont les termes sont contraires et font entre eux une *antinomie* [1].

Le mouvement antinomique d'un mouvement d'arrière en avant sera un mouvement d'avant en arrière ;

Le mouvement antinomique d'un mouvement de bas en haut sera un mouvement de haut en bas ;

---

1. Le mot *antinomie*, que nous appliquons ici aux mouvements, n'est qu'une abréviation conventionnelle. Nous le substituons à des termes géométriques qui appelleraient une discussion hors de propos.

Le mouvement antinomique d'un mouvement de droite à gauche sera un mouvement de gauche à droite.

Aux mouvements antinomiques correspondent les *moments* (282) antinomiques des images qui les ont fixés.

**278.** Lorsqu'il s'agit des membres (Jambes, Bras), l'antinomie peut être simple ou double.

Elle est simple lorsque les deux mouvements antinomiques sont effectués par le même membre. Exemples :

Antinomie simple
{
la jambe droite se lève en Grande IV *devant* (fig. 61) ;
elle se lève ensuite en Grande IV *derrière* (fig. 62).
}

L'antinomie est double lorsque les deux mouvements antinomiques sont effectués par les deux membres :

Antinomie double
{
la jambe *droite* se lève en Grande IV *devant* ;
immédiatement après, la jambe *gauche* se lève en Grande IV *derrière*.
}

Les mouvements antinomiques exécutés par les membres sont infiniment nombreux. Les généralités qui précèdent permettront de les reconnaître.

**279.** Les mouvements antinomiques produits par le corps et la

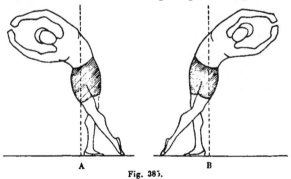

A                    B

Fig. 385.

tête sont nécessairement en nombre très limité. En voici la liste complète :

Antinomie
{
pencher le corps à droite (fig. 385, A) ;
pencher le corps à gauche (fig. 385, B) [1].
}

1. L'axe vertical de l'aplomb (298) est tracé au pointillé sur cette figure double.

Antinomie $\begin{cases}\text{épauler le corps à droite (fig. 184)} ; \\ \text{épauler le corps à gauche (fig. 538).}\end{cases}$

Antinomie $\begin{cases}\text{pencher le corps en avant (fig. 185)'} ; \\ \text{cambrer le corps (fig. 186).}\end{cases}$

Antinomie $\begin{cases}\text{pencher la tête à droite (fig. 195)} ; \\ \text{pencher la tête à gauche.}\end{cases}$

Antinomie $\begin{cases}\text{tourner la tête à droite (fig. 196)} ; \\ \text{tourner la tête à gauche.}\end{cases}$

Antinomie $\begin{cases}\text{pencher la tête en avant (fig. 197)} ; \\ \text{renverser la tête (fig. 198).}\end{cases}$

**280**. Entre les mouvements antinomiques exécutés par les membres (Jambes, Bras), mais surtout entre les deux termes des six antinomies qui précèdent (Corps, Tête), existe une affinité qui pousse le danseur à passer de l'un à l'autre. Cette affinité a sa raison d'être dans les conditions latentes de l'équilibre, dans la répartition des mouvements à droite et à gauche, en avant et en arrière de l'axe ou du plan vertical de l'aplomb (298).

Toutefois le danseur n'est jamais soumis à un mécanisme automatique inévitable. Il peut, à son gré, obéir à ces instincts ou choisir des formules plus libres.

**281**. Résumons. La succession des mouvements peut se faire :

1° Par simple répétition (274) ;

2° Par formules alternatives (275, 276) ;

3° Par formules antinomiques (278, 279) ;

4° Par formules libres (280) dont les termes sont indépendants les uns des autres.

# FIXATION DES MOUVEMENTS PAR LES IMAGES

**282. Les Moments des Mouvements.** — L'analyse chronophotographique divise les mouvements en *moments* successifs. Chacune des images composantes d'une série est un moment du mouvement analysé, fixé par l'appareil enregistreur.

Par analogie, nous pouvons dire que chaque image orchestique fournie par les monuments figurés représente un *moment* de mouvement orchestique. Elle est la fixation plus ou moins habile d'une des phases du mouvement telle que l'œil de l'artiste l'a perçue.

**283. Moments caractéristiques.** — Parmi les moments d'un mouvement il peut y en avoir qui soient *caractéristiques* de ce mouvement et qui suffisent à le déterminer.

C'est ainsi que dans l'Entrechat, — pour choisir un exemple frappant, — le moment caractéristique est celui de la période de suspension, qui correspond au croisement des pieds en l'air, pendant le saut (planche III, images 3 et 4, 9 et 10, 15 et 16). Les autres moments n'ont pas, au point de vue de la détermination du mouvement dont ils sont partie intégrante, une importance comparable. En un mot, il suffit de voir une seule des six images précitées pour reconnaître sans hésitation que le mouvement dont elle est l'expression est un Entrechat.

Les mouvements n'ont pas tous des moments caractéristiques : le Chassé (219), le Coupé (220), par exemple, en sont dépourvus; l'Entrechat en a un; d'autres mouvements, tels que la Pirouette, en ont plusieurs (288).

**284. Moments essentiels.** — Tous les mouvements, sans exception, ont au moins deux *moments essentiels*; ils peuvent en avoir beaucoup plus. Nous définirons les moments essentiels d'un mouvement : *ceux qui correspondent aux Positions qui limitent ce mouvement et entre lesquelles il s'effectue.*

Exemple de mouvement dont *les moments essentiels sont au nombre de deux* : Dégager à terre, de la III droite devant en II sur la Pointe (fig. 217, 1, 2). Ce mouvement a pour limites, de part et d'autre, la *Position initiale* (III droite devant) et la *Position finale* (II sur la Pointe). Il suffit de figurer ces deux *Positions-limites* pour déterminer du même coup le mouvement par lequel la jambe passe de l'une à l'autre. A ces deux Positions correspondent donc les deux moments essentiels du mouvement, que l'on pourrait appeler aussi *moments extrêmes*, en ce sens qu'ils mesurent l'amplitude du mouvement.

Autre exemple : Oscillation symétrique du Corps de chaque côté d'un axe vertical, par la succession des deux mouvements de : Pencher le Corps à droite et Pencher le Corps à gauche (fig. 385). Les deux images A et B marquent les limites du mouvement. A ces deux images correspondent donc les deux moments essentiels ou extrêmes du mouvement et elles suffisent à sa détermination.

Exemple de mouvement dont *les moments essentiels sont au nombre de trois* : Battement à terre (184). Les trois Positions-limites entre lesquelles s'effectue le mouvement sont (fig. 217, 1, 2, 3) : la III droite devant, la II sur la Pointe, la III droite derrière. A ces trois Positions correspondent les trois moments essentiels du mouvement : trois images sont donc nécessaires pour le déterminer.

Exemple de mouvement dont *les moments essentiels sont au nombre de cinq* : le Grand Rond de Jambe décrit plus haut (194), et dans lequel (fig. 229) la jambe parcourt successivement les Positions de Grande II, de Grande IV derrière [1], la Position *a*, la Position de Grande IV devant, et revient à la Grande II. Le passage de la Grande II à la Grande IV derrière se fait par un quart de cercle horizontal. De la Grande IV derrière à la Grande IV devant la jambe décrit un demi cercle dont le plan est incliné sur l'horizon, ainsi que le montre la Position *a*, qui est un rayon de ce cercle. De la Grande IV devant la jambe revient à la Grande II, qui est en même

---

1. Le lecteur suppléera à l'absence de la grande IV derrière qui n'a pu être indiquée sur la figure schématique 229.

temps Position initiale et Position finale, puisque le mouvement est un circuit fermé. A ces cinq Positions correspondent les cinq moments essentiels du mouvement, ceux qui, au point de vue de sa figuration, permettent de le déterminer. Les images doivent être en nombre égal : il en faut cinq.

**285.** De ces exemples, que l'on multiplierait sans profit, il faut conclure qu'un mouvement n'est parfaitement *déterminé* que si ses moments essentiels sont connus. Pour représenter un mouvement dont les moments essentiels sont au nombre de deux, de trois, de quatre, de cinq, etc., il est donc nécessaire d'avoir recours au moins à deux, à trois, à quatre, à cinq images, etc.

Et il ne s'agit ici que d'un mouvement supposé unique, abstraction faite de toute Répétition (274), de toute Alternance (275), de tout Enchaînement (273). Si le mouvement se répète un plus ou moins grand nombre de fois, ou alterne, ou s'enchaîne avec d'autres, le nombre minimum des images doit devenir au moins égal au nombre de tous les moments essentiels de la série.

Concluons : une seule image, à moins qu'elle ne soit l'expression d'un moment caractéristique (283), est impuissante à déterminer un mouvement quel qu'il soit. Le moment caractéristique peut tenir lieu de toute autre indication et s'il ne précise pas les limites du mouvement, du moins ne laisse-t-il aucun doute sur sa nature. Mais si le mouvement ne comporte pas de moment caractéristique, ou si en ayant un [1], il n'est pas fixé par une image à ce moment-là même, il ne peut plus être déterminé que par un nombre d'images au moins égal au nombre de ses moments essentiels (284).

Le lecteur a pu constater que nos séries chronophotographiques ne se bornent pas à la fixation des moments caractéristiques ou des moments essentiels. Suivant que l'appareil enregistreur fonctionne plus ou moins vite, le mouvement se trouve décomposé en un nombre d'images plus ou moins grand ; elles sont fixées à intervalles de temps égaux et fournissent aussi bien des *moments secondaires* que des moments essentiels. Ainsi, sur la Planche II, l'image 1 et l'image 8 peuvent être considérées comme les

---

1. Ou plusieurs.

moments essentiels du Battement analysé; toutes les autres ne sont que des moments intermédiaires.

Sur la planche III, le moment caractéristique de l'Entrechat, celui qui correspond au croisement des pieds en l'air, *dure* pendant deux images (images 3 et 4, 9 et 10, 15 et 16). Si la vitesse de l'appareil augmentait encore, — on peut la régler à volonté, — le nombre des images s'accroîtrait proportionnellement.

C'est au contraire à un minimum d'images schématiques, correspondant aux moments essentiels des mouvements, que se réduisent les figures 217, 218, 273-274, 275-276, 284-285, etc.

**286**. Ces considérations nous permettent de formuler les conditions auxquelles doivent répondre les images orchestiques relevées sur les monuments, pour servir de base solide à la reconstitution des mouvements de la danse :

1° Une seule image peut suffire à déterminer un mouvement, pourvu qu'elle en présente un moment caractéristique.

2° Faute d'une image exprimant un moment caractéristique, le mouvement ne peut être reconstitué qu'avec le secours de plusieurs images : leur nombre doit être au moins égal à celui des moments essentiels de ce mouvement.


# RECONSTITUTION DES TEMPS


**287**. Le cas le plus simple est celui où l'image empruntée aux vases ou aux reliefs exprime un moment caractéristique du mouvement (283).

La figure 281 a été interprétée comme la fin d'un Jeté. Cette seule image suffit à faire deviner les différentes phases du mouvement complet. Elles ont été (222, 229), dans l'ordre de leur succession :

1, plier de la jambe droite,

2, sauter de la jambe droite,

3, retomber sur la Pointe gauche en retirant la jambe droite au genou : *moment caractéristique.*

De même la figure 318, qui est le moment caractéristique d'un Entrechat, permet à elle seule de restaurer l'ensemble du mouvement, dont les trois phases sont :

1, plier des deux jambes,

2, sauter et battre : *moment caractéristique,*

3, retomber.

**288.** La Pirouette a deux moments caractéristiques successifs : l'un qui correspond à la Préparation (fig. 319), l'autre à l'Exécution du mouvement (fig. 320 ou 321). Le premier est celui où le bras croise devant la poitrine avant de s'ouvrir dans le sens où la rotation doit s'effectuer (260); le second *dure* pendant tout le temps que se fait la rotation sur la demi Pointe ou sur la Pointe.

Ces deux moments sont exprimés par d'assez nombreuses images antiques, tantôt dissociés, comme il convient, tantôt conventionnellement superposés (270). Nous avons vu quel parti peut être tiré de chacune de ces images pour la reconstitution de la Pirouette.

**289. Images en séries.** — Il semble que nous n'ayons aucune chance de découvrir sur les vases ou sur les reliefs les images multiples nécessaires à la traduction des moments essentiels d'un mouvement (286). Les peintres céramistes ni les sculpteurs antiques n'ont dû songer à établir ce que nous appelons, en langage moderne, des *séries* d'images instantanées et successives... Il faut pourtant se rendre à l'évidence : le cas se présente plus d'une fois où plusieurs danseurs, groupés sur un même vase ou sur un même relief, exécutent manifestement le même mouvement et sont représentés à divers moments de ce mouvement.

Ils peuvent et doivent donc être considérés comme un danseur unique dont le mouvement subit une véritable analyse, moins parfaite à coup sûr que l'analyse chronophotographique, mais analogue.

Nous avons signalé (fig. 230, 277) deux de ces curieuses séries,

qui révèlent, de la part du peintre à qui elles sont dues, une véritable intention d'analyse, indéniable. L'exemple suivant est plus
remarquable encore.

**290**. Les trois Satyres à pieds de bouc, de la fig. 386, sont
empruntés à un même vase. Malgré la déformation de leurs mem-

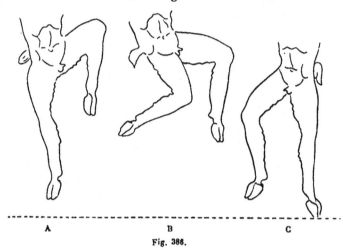

A                    B                    C
Fig. 386.

bres inférieurs, ils sont facilement comparables aux images de la
série chronophotographique [1] qui commence à la figure 387 et finit

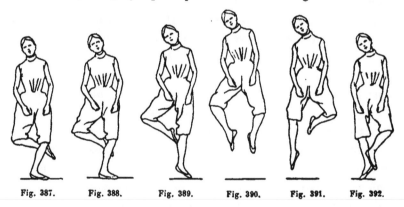

Fig. 387.     Fig. 388.     Fig. 389.     Fig. 390.     Fig. 391.     Fig. 392.

à la figure 398. Cette série est l'analyse d'une des innombrables
formes du saut dans notre danse : le *Saut de Chat*, exécuté latéra-

1. Il y a solution de continuité entre l'image 392 et l'image 393. Nous avons sup-
primé les images intermédiaires.

lement de gauche à droite (fig. 387 à 392); de droite à gauche (fig. 393 à 398).

Les pieds A (fig. 386) sont vus à un moment du saut qui correspond au moment de la figure 395. Les figures 390 et 396 peuvent être rapprochées de l'image B.

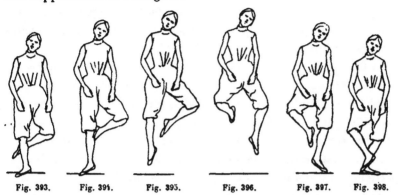

Fig. 393.      Fig. 394.      Fig. 395.      Fig. 396.      Fig. 397.      Fig. 398.

Les jambes C, comme celles de la figure 397, expriment la fin du saut, la retombée du pied droit sur la Pointe. Les trois images A, B, C sont l'analyse d'un Saut de Chat de droite à gauche, et elles ont été bien choisies. En effet, les moments essentiels du Saut de Chat correspondent à la période de suspension (69) et à l'instant où le pied retombe sur le sol par la Pointe. Les trois images antiques (fig. 386) en sont précisément l'expression.

**291.** Rien n'est plus simple que l'interprétation du mouvement dont les deux images de la figure 404 marquent les deux moments extrêmes; voyez plus loin (299). La reconstitution du pas de caractère déterminé par les deux images (fig. 417, 418) est également sûre (307).

Quant à la série analytique présentée par la figure 405 elle est vraiment *surcomplète*; les moments intermédiaires entre les moments essentiels sont eux-mêmes exprimés. La nature de ce mouvement sera indiquée postérieurement (301).

**292.** Par contre, il arrive fréquemment que nous ne possédions qu'un des termes essentiels de la série, ou un fragment de série analytique. On peut quelquefois suppléer à cette insuffisance par une comparaison. Exemple :

Les figures 219 et 220 sont : la première, un moment essentiel ; la seconde, un moment secondaire du Grand Battement. Il nous manque l'autre moment essentiel, le point de départ du mouvement, — c'est-à-dire l'image qui correspondrait à l'image 8 de la Planche II. Mais si nous faisons intervenir ici la comparaison des images antiques avec les séries chronophotographiques, la restauration devient possible, par l'*interpolation* d'un certain nombre d'images (189).

**293.** Ce n'est pas seulement avec des images de danseurs groupés sur un même vase ou sur un même relief (289) que peuvent être constituées des séries analytiques d'images orchestiques ; on trouve aussi, dans des images indépendantes les unes des autres, relevées sur des monuments distincts, les éléments de séries semblables. C'est ainsi que le bras gauche de la belle statue de bronze partiellement reproduite à la figure 155, achève le mouvement commencé par le bras d'une autre statue (fig. 161). De même, les trois figures 279, 280, 281, qui correspondent aux trois moments essentiels du Jeté, ont été relevées sur trois vases différents (229). Cette série montre l'ensemble du mouvement dont la figure 281 est le moment caractéristique (283).

**294.** En résumé, pour reconstituer un mouvement pris isolément, nous disposons : soit d'une image unique mais caractéristique de ce mouvement ; — soit de séries analytiques complètes présentant autant d'images qu'il y a de moments essentiels dans le mouvement ; — soit de séries incomplètes dont les lacunes peuvent être comblées par interpolation.

# RECONSTITUTION DES PAS

**295.** Les monuments figurés offrent les éléments nécessaires à la reconstitution de quelques-uns des Pas de l'orchestique grecque.

Comme ceux de notre danse, ces Pas se composent de mouvements répétés (274), alternatifs (275, 276), antinomiques (277), enchaînés (273), simultanés (226), superposés (272), etc., etc.

Ils comprennent à la fois les mouvements des Jambes, des Bras, du Corps et de la Tête. Les Pas orchestiques mettent en branle tout le corps (ἵει ἅμα πᾶντα, καὶ σκέλη, καὶ χεῖρας, καὶ κεφαλὴν, Xénophon, *Conv.* 14). Cela est vrai de la danse antique aussi bien que de la danse moderne.

**296.** Un certain nombre de Pas ont été déjà décrits et restaurés : des Pas sur la demi Pointe (215) ; — de Petits Pas marchés sur les Pointes (241) ; — des Pas courus sur les Pointes (242) ; — des Pas Glissés (226) ; — des Pas Jetés (229) ; — des Pas Balancés (234) ; — des Pas Battus (255) ; — des Pas tournés par piétinement (266) ; — des Pas Tourbillonnants (267) [1]. Les éléments de la reconstitution ont été : soit des images présentant un moment caractéristique du Pas ; soit des images déterminant les moments essentiels ; soit, pour les mouvements tournants, des indications fournies par les draperies.

**297.** Il reste à justifier l'emploi des images schématiques 274, 276, 285, qui ont servi à la reconstitution de Pas antérieurement décrits (226, 234).

La figure 274 et la figure 276, respectivement placées en regard des figures 273 et 275, sont des restaurations des moments essen-

---

1. Les Fouettés, les Pirouettes, etc., ne sont point des Pas, mais des Temps.

tiels ou extrêmes (284) qui s'opposent aux moments des figures
273 et 275, et complètent la figuration des deux Pas. La construction de ces deux images restaurées est fondée sur les considérations suivantes :

Si l'on fait abstraction de la tenue des bras et si l'on tient
compte seulement de leur direction, on est amené à reconnaître
l'identité antinomique des moments traduits par les images 273
et 275 qui sont empruntées à deux vases distincts. La figure 273 a
pour formule :

(1) $\begin{cases} \text{Jambe gauche tendue à terre en IV devant,} \\ \text{Jambe droite en arrière, pliée,} \\ \text{Bras gauche haut, retiré en arrière du plan vertical de} \\ \quad \text{l'aplomb,} \\ \text{Bras droit allongé en avant du même plan,} \\ \text{Corps épaulé à droite.} \end{cases}$

La figure 275 a pour formule antinomique :

(2) $\begin{cases} \text{Jambe droite tendue à terre en IV devant,} \\ \text{Jambe gauche en arrière, pliée,} \\ \text{Bras droit haut, retiré en arrière du plan vertical de} \\ \quad \text{l'aplomb,} \\ \text{Bras gauche allongé en avant du même plan,} \\ \text{Corps épaulé à gauche.} \end{cases}$

Ces deux figures marquent donc les deux moments extrêmes d'un
même Pas, dont elles sont les Positions-limites (284).

Or la figure 274 n'est que la transformation de la figure 273 suivant la formule de la figure 275 ; et la figure 276 correspond à la
figure 275 transformée suivant la formule de la figure 273. Les
deux images schématiques 274 et 276 ne sont donc pas des recons-
titutions hypothétiques.

On retrouverait de même les moments extrêmes, antinomiques,
qui s'opposeraient respectivement aux moments des figures 399,
400 et détermineraient le Pas.

Ce Pas, dont le mécanisme fondamental a été exposé plus haut
(226), est caractérisé par le mouvement des Jambes, fait de Glissés

simultanés, — par l'inclinaison permanente de tout le corps en
arrière, inclinaison qui n'est pas la Cambrure (150), — par l'Opposition des mouvements des Jambes et des Bras.

Fig. 399.                              Fig. 400.

**298. Axe vertical; Plan vertical de l'aplomb.** — La
figure 285 exprime le moment extrême qui est l'opposé du moment
fixé par la figure 284. Celle-ci est la reproduction
schématique d'une statue de bronze (fig. 180 et
237). Pour justifier la construction de la figure 285,
nous définirons l'*axe vertical* et le *plan vertical de
l'aplomb*.

La figure 401 montre que le corps du danseur
d'aplomb en première Position est traversé par
un *axe vertical* qui passe par le sommet de la tête
et par le point de contact des deux talons [1].

L'intersection de cet axe avec la ligne horizontale
des épaules détermine un plan vertical qui est le
*Plan d'Aplomb* [2].

La figure 402 exprime le rapport du moment
représenté par la figure 284 avec cet axe et ce
plan. On peut se rendre compte que la jambe droite

Fig. 401.

1. Cet axe subsiste *idéalement*, quelle que soit la Position d'ensemble prise par le
danseur (fig. 385).
2. Observation analogue à la précédente.

est en avant du Plan d'aplomb et la jambe gauche en arrière de ce plan; que la tête s'incline en arrière du même plan, dans lequel reste contenue la ligne des épaules, chavirée à droite. Les relations de l'ensemble avec l'axe vertical sont clairement établies, et la rupture de l'équilibre est bien marquée.

Si nous construisons une figure analogue à la précédente et qui corresponde au moment de la figure 285, nous obtenons la figure 403 qui est l'*antinomie* (277) de la figure 402. Elle exprime que le danseur établit la compensation de la précédente rupture d'équilibre en faisant chavirer le corps à gauche après l'avoir fait chavirer à droite.

Fig. 402.          Fig. 403.

C'est la recherche de cette compensation qui pousse le danseur à osciller entre deux formules antinomiques, à répéter à gauche l'effet produit à droite, et réciproquement (280). Il tend ainsi, non seulement à satisfaire l'œil des spectateurs, mais à répartir également l'effort de ses muscles en faisant successivement fonctionner les muscles *symétriques*.

La figure 285 est donc le moment du Pas qui s'oppose le plus simplement au moment de la figure 284. Elle n'est presque pas une hypothèse, tant est instinctive cette habitude de la symétrie dans l'effort.

**299**. Nous expliquerons maintenant le mécanisme de quelques Pas sur la forme desquels les monuments figurés sont suffisamment explicites, et qui s'écartent d'une manière sensible des Pas de la danse moderne.

Les danseurs grecs se sont très souvent contentés d'une danse rudimentaire qui consiste à *marquer le pas* sur place en retirant la jambe au genou, ou en soulevant la cuisse. Ces mouvements très simples

ne sont qu'une modification, une exagération des mouvements de la
marche et du saut; ils n'exigent guère d'étude préalable et sont pratiqués de préférence par les Satyres, par les compagnons du Kômos,
par les enfants qui s'amusent à gam-
bader. Cette orchestique rudimentaire est à l'usage de tout le monde.

Le mouvement alternatif traduit
par la figure 404 est un sautillement
d'une jambe sur l'autre, dont les
deux images sont les moments essentiels (229).

Fig. 404.

**300. Genoux fléchis sur les vases d'ancien style.** —
Nous devons faire sur les figures 128, 404, 405, 406, 407, 408,
409, etc., une remarque générale, applicable à un grand nombre
d'images orchestiques relevées sur des vases très anciens.

Les peintres céramistes, jusqu'à la fin du vi° siècle, osent rarement représenter les danseurs au moment où, par un saut, ils se
trouvent suspendus (69, 72) au-dessus du sol; presque toujours un
des deux pieds, souvent les deux pieds à la fois, appuient sur la
ligne de terre : l'artiste inhabile ou timide, dont certaines traditions
décoratives restreignaient encore la liberté[1], avait recours à un sub-
terfuge pour exprimer le saut. Ne pouvant pas, ou ne voulant pas cro-
quer son danseur en l'air, il l'a représenté avant ou après la *période
de suspension*, alors que, les genoux fléchis, le sauteur s'apprête à
les détendre comme un ressort (73) ou retombe à terre en pliant les
jarrets. Il n'avait pas fallu aux peintres de vases une longue observation pour constater que « on ne peut sauter sans plier ».

Les genoux pliés sont, sur les vases de très ancien style et sur les
vases du vi° siècle (9, 10), le *signe* d'un mouvement en l'air dont la
période de suspension reste sous-entendue.

Il n'est pas douteux qu'il faille interpréter comme l'indication
du saut ce ploiement archaïque des jambes, dans un grand nombre
de cas tout au moins. En effet, à partir du moment où l'artiste osera
lancer ses figures en l'air, il renoncera à l'artifice signalé et, redres-

1. Longtemps fut appliqué le principe décoratif de l'*isocéphalie*, qui exige que les
têtes des personnages groupés soient toutes à la même hauteur.

sant les jambes de ses danseurs, exprimera leurs sauts par des
moyens directs.

Entre les deux moments de la figure 404 s'interpose donc une
période de suspension pendant laquelle le danseur saute de la
jambe droite sur la jambe gauche.

**301.** La figure 405 ¹, sur laquelle on peut suivre le relèvement

Fig. 405.

et l'abaissement progressifs de la cuisse du danseur, est un
remarquable exemple d'une série analytique surcomplète (291).

Fig. 406.

Le genou de la jambe d'appui est plié
et marque que le danseur sautera de la
jambe gauche sur la jambe droite; il relè-
vera la cuisse droite comme il a relevé la
cuisse gauche. Il exécute, sur place, une
série de sauts alternatifs d'une jambe sur
l'autre accompagnés de Relevés de cuisse
très accentués, qui donnent au mouvement sa physionomie.

La figure 406 est
un bon type moyen de cuisse relevée.

**302.** Après avoir relevé la cuisse le plus
haut possible, ce joyeux danseur (fig. 407),
un kômastès (415), passe son bras par-dessous; la main tient une corne à boire. La
jambe gauche, pliée au genou, indique
le saut (300); il se réduit ici sans doute

Fig. 407.

à un sautillement sur un pied, autrement dit *à cloche-pied.*

1. Cette figure doit être lue de droite à gauche. C'est une *série surcomplète* (291).

**303**. La figure 408 montre deux kômastai (415) en vis-à-vis, dansant un Pas de Deux (334). Le danseur A exécute les petits Jetés
sur place décrits ci-dessus (299), et le
danseur B des Relevés de cuisse alternatifs (301). La gesticulation des bras,
le jeu des mains sont assez remarquables.

Fig. 408.

**304**. Les figures 409 et 410 présentent les mêmes mouvements de jambes
alternatifs (299, 301). On y devine l'association des mouvements des bras aux
mouvements des jambes. L'inclinaison
du corps en arrière, fortement
accentuée, n'est pas une gaucherie du dessin, et correspond à une intention orchestique.

Fig. 409.        Fig. 410.

**305**. Les figures 411 et 412
sont les deux moments essentiels d'un Pas bachique assez
grossier. La figure 412 est une
reconstitution imposée par sa
voisine, dont elle est l'antinomie (277). Le danseur, dont le corps

Fig. 411.        Fig. 412.

reste penché en avant, sautille d'une jambe sur l'autre, en exagérant le relèvement de la cuisse (301); il retombe sur la demi

13

Pointe. Le mouvement des bras est en Opposition (167) avec celui des jambes.

Les gambades de cet autre Satyre (fig. 413) sont de la même

nature; mais les bras sont immobilisés dans une Position étrange, et le sautillement a lieu sur place : en face du danseur le dieu Dionysos est assis et présente à son fidèle un canthare plein de vin. De là cette danse d'une comique allégresse.

**306**. Le Satyre, peint sur ce petit skyphos du Louvre (fig. 414), exprime également sa joyeuse surprise à la vue d'un grand vase au fond duquel il aperçoit sans doute une liqueur vermeille.

Fig. 413.

Mais c'est par une *Ruade latérale*, rappelant un des mouvements de notre *savate*, qu'il manifeste son contentement. Sa jambe droite

Fig. 414.

va se détendre, s'allonger de côté, pendant que la jambe gauche, qui plie pour sauter, fera ressort et le lancera en l'air. Il retombera sur la jambe droite pour exécuter ensuite une ruade latérale à gauche.

**307**. La danse russe accroupie, dont la forme est si nettement caractérisée, a été pratiquée par les Grecs, à toutes les époques de

Fig. 415.

Fig. 416.

leur histoire orchestique. Les figures 415, 416, 417, 418 le prouvent [1]. Les deux dernières marquent les deux moments essentiels

Fig. 417.

Fig. 418.

du Pas, qui est un mouvement sauté, et entre lesquels on doit intercaler par la pensée la période de suspension (72). C'est en l'air que se fait l'échange des jambes; il faut entendre par là que le danseur accroupi (fig. 417), par un violent effort, saute assez haut pour avoir le temps, avant de retomber (fig. 418) d'allonger en avant la jambe repliée en arrière, et de replier sous lui la jambe allongée en avant.

La figure 419 reproduit schématiquement une photographie instantanée, obtenue pendant la période de suspension du Pas exécuté par un soldat russe. L'échange des jambes est déjà fait : le danseur retombe sur sa Position accroupie.

Fig. 419.

1. Fig. 415 = vi⁰ siècle; fig. 416 = v⁰ siècle; fig. 417 et 418 = peintures de Pompéi.

**308. Danses Cambrées**. — Elles sont très nombreuses (157, 165). La Cambrure (156) s'applique dans l'orchestique grecque à toutes sortes de Pas. Elle s'exagère au fur et à mesure que l'on descend dans la série des monuments figurés. Ce sont les bas-reliefs alexandrins (17) et gréco-romains, les plaques de terre cuite du 1er siècle (18), les camées de l'époque impériale, qui fournissent les types de cambrure les plus accentués. Dans l'origine, ces Positions excessives qui supposent des mouvements violents, n'étaient pas l'apanage exclusif des Bacchants, mais, à partir du IIIe siècle, on ne les voit plus attribués qu'aux suivants de Dionysos.

La Cambrure du torse est le plus souvent accompagnée du renversement de la Tête en arrière. Quelquefois cependant, par un contraste voulu, la Tête est penchée en avant (158) sur un Corps cambré (fig. 199, C).

Dans les Danses Cambrées, il faut distinguer le cas où la Cambrure est permanente et celui où elle ne se produit que par intermittences.

**309. Cambrure permanente**. — On en a signalé déjà deux exemples caractéristiques (266). Les danseuses représentées par les figures 199, C, et 352 tournoient par piétinement sur la demi Pointe, en tenant le Corps Cambré pendant toute la durée du tournoiement. La Cambrure ne peut alors être très accentuée : au delà

d'une certaine limite, elle deviendrait un obstacle insurmontable à la production de tout mouvement.

A la condition de faire de petits pas, le danseur peut marcher ou courir en conservant la Position Cambrée, pourvu qu'elle ne s'exagère pas.

**310. Cambrure par intermittences**. — Si la Cambrure est très forte, ou si elle est accompagnée de mouvements de jambes très rapides ou très amples, elle devient nécessairement inter-mittente : le danseur est obligé de se redresser pour se mouvoir.

Fig. 420.

Tel est le cas de la danseuse que la figure 420 montre au moment caractéristique de son Pas. Le Jeté Cambré qu'elle exécute est nécessairement, en raison de son mécanisme, précédé et suivi de mouvements exempts de Cambrure. La série chronophotographique ci-contre (fig. 421 à 426) est une reconstitution plausible de

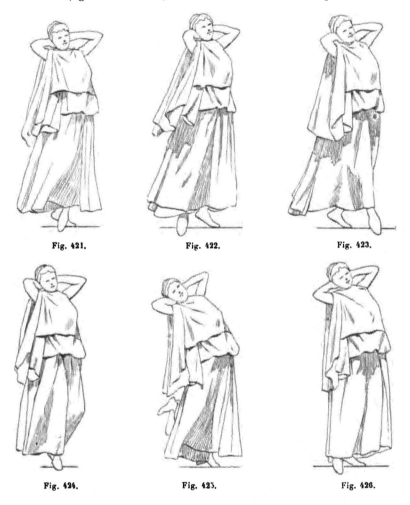

Fig. 421.    Fig. 422.    Fig. 423.

Fig. 424.    Fig. 425.    Fig. 426.

l'ensemble du Pas. La danseuse s'avance rapidement à petits Pas courus — ou sautés — sur la demi Pointe. Au bout de 3 ou 4 petits pas (fig. 421, 422, 423), elle prend, en pliant légèrement sur la jambe droite (fig. 424), un élan plus vigoureux et Jette (222) sur la jambe gauche en retirant fortement la jambe droite, pendant que le corps se cambre violemment, comme si le pied et le dos allaient simultanément à la rencontre l'un de l'autre (fig. 425). Sur la figure suivante, on voit la jambe droite retomber et la Cambrure s'effacer par le redressement du torse. La danseuse va recommencer une série de petits Pas bientôt interrompue par un nouveau Jeté Cambré.

[L'équivalence de la figure 420 et de la figure 425 ne saurait être infirmée par ce fait que le Jeté se fait à droite dans la première et à gauche dans la seconde.

Entre la figure 424 et la figure 425 se place la période de suspension du Jeté (222).]

Par un mécanisme analogue on expliquera le Pas du charmant danseur reproduit par la figure 579. Ici la Cambrure s'accompagne du renversement de la Tête : c'est la crise bachique, dont la figure 427, A, va nous fournir un exemple encore plus frappant.

**311. Corps Cambré alternant avec le Corps Penché en avant**. — La limite extrême de la Cambrure paraît atteinte par cette Bacchante (fig. 427, A) qui s'avance à très petits pas sur la

A                    B

Fig. 427.

demi Pointe. Si cette danseuse n'est qu'une hystérique (156), il est certain qu'elle peut conserver indéfiniment sa posture gênante. A côté de cette explication médicale on peut en proposer une autre, qui d'ailleurs ne l'exclut pas.

Ce renversement du corps est partie intégrante d'un Pas composé de Cambrures alternant avec des flexions en avant. Le torse oscille de part et d'autre du plan vertical de l'aplomb (298), par antinomies (279) : après s'être cambré (fig. 186), il se penche en avant (fig. 185), obéissant ainsi à l'affinité qui existe entre deux mouvements antinomiques (280, 298).

La danseuse (fig. 427) passe donc de la Position A à la Position · B, qui est celle de son compagnon, et celui-ci passera de la Position B à la Position A. Ainsi, par les deux personnages juxtaposés sont exprimés les deux moments essentiels, extrêmes (284) d'un même Pas, que les deux danseurs exécutent *à contre-temps.*

**312. Attitude Cambrée faisant partie d'un Pas**. — En prenant une sorte de moyenne entre les deux types d'Attitude Cambrée fournis par les figures 207 et 208, on obtient la figure 428. Cette image peut être considérée comme l'un des deux moments essentiels, extrêmes (284), d'un Pas de caractère. L'application des principes énoncés (280, 298) permet de restaurer l'autre moment. On envisagera séparément le rôle des membres et celui du Corps.

La Position d'ensemble (fig. 428) a pour formules :

(1) Membres
 { Jambe d'appui, gauche,
 Jambe droite retirée au genou,
 Bras gauche arrondi au-dessus de la tète,
 Bras droit étendu latéralement.

(2) Corps, Tète
 { Corps cambré, penché à droite,
 Tète penchée à droite.

Si l'on construit les formules antinomiques (234, 277 à 280) de la formule (1) et de la formule (2), on aura les deux formules (3) et (4) suivantes :

(3) Membres
 { Jambe d'appui, droite,
 Jambe gauche retirée au genou,
 Bras droit arrondi au-dessus de la tète,
 Bras gauche étendu latéralement.

(4) Corps, Tète
 { Corps penché en avant et à gauche,
 Tète penchée à gauche.

La figure 429 résume ce nouvel ensemble : elle correspond au moment qui s'oppose le plus naturellement au moment essentiel représenté par la figure 428, en raison des attractions, des compensations instinctives (298).

Fig. 428.                              Fig. 429.

**313.** Demandons maintenant au chronophotographe de fixer les *moments intermédiaires*, de montrer comment la danseuse passe d'un moment essentiel (fig. 428) à l'autre (fig. 429), et comment elle revient de celui-ci au premier ; déterminons, en un mot, les mouvements qui se produisent entre les Positions-limites (175).

La série analytique (fig. 430 à 437), due au chronophotographe, est la reconstitution du Pas dans sa totalité. Une seule image (fig. 428) a suffi pour créer la série entière.

Il y a en effet un *déterminisme des mouvements* qui, dans certains cas, est inévitable. En voici un exemple :

Notre danseuse ayant pris la Position d'ensemble reproduite par la figure 428, a passé par le plus court à l'antinomie de cette Position. Puis elle est revenue à son point de départ [1]. Elle a donc oscillé entre les Positions-limites (fig. 430) + (fig. 434) + (fig. 437). A ces trois images correspondent les moments essentiels du mouvement qui les réunit. Les moments intermédiaires s'intercalent naturellement. La série entière est :

Fig. 430 $=$ fig. 428 : moment essentiel (284) ;

Fig. 431 : moment intermédiaire ;

---

1. Pendant ce temps le chronophotographe enregistrait.

Fig. 430.          Fig. 431.          Fig. 432.

Fig. 433.          Fig. 434.

Fig. 435.          Fig. 436.          Fig. 437.

Fig. 432 : moment intermédiaire ;

Fig. 433 : moment intermédiaire ;

Fig. 434 = fig. 429 : moment essentiel, antinomique du premier (277) ;

Fig. 435 : moment intermédiaire ;

Fig. 436 : moment intermédiaire ;

Fig. 437 : équivalente de la figure 430 ; retour au point de départ ; moment essentiel.

[Les images 1 et 2 de la planche IV sont la reproduction directe des deux clichés d'après lesquels ont été construites les figures schématiques 430 et 431.]

**314. Corps Penché, en permanence.** — Par antithèse aux Pas où le Corps reste Cambré, il en est d'autres où le Corps reste Penché en avant, sans se redresser, pendant que les jambes exécutent des mouvements divers [1]. Tel est celui que les figures 438 et 439 montrent à ses deux moments essentiels et dont les images 3 et 4 de la planche IV représentent l'exécution.

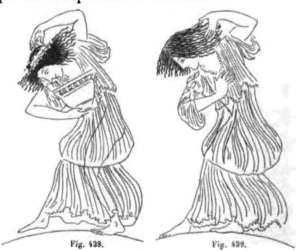

Fig. 438.                    Fig. 439.

Sur une coupe à figures rouges de la première moitié du v$^e$ siècle, signée d'Hiéron (11), une danse de Bacchantes se déroule dans tout le désordre qui sied aux suivantes de Dionysos. Elles sont au nombre de onze ; l'une d'elles joue de la double flûte. Une idole du

1. Deux exemples de ce genre de Pas ont été déjà mentionnés plus haut (305).

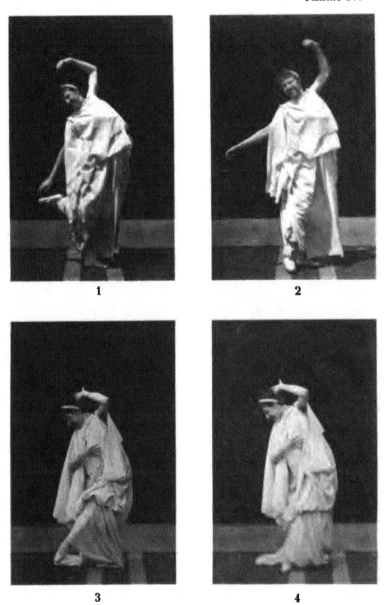

dieu, en forme de cippe surmonté d'une tête et drapé, préside aux évolutions de ce chœur dans lequel il est impossible de saisir un groupement quelconque. Quatre des femmes brandissent des thyrses. Les autres se livrent à une gesticulation qui donne à leur danse une physionomie spéciale : qu'elles aient les mains vides, qu'elles agitent des crotales ou qu'elles portent des vases, elles combinent les mouvements de leurs bras avec les inflexions du torse, à peu près comme font les danseuses espagnoles. La tête penchée, elles suivent des yeux le mouvement du pied qu'elles allongent en avant. Ce mouvement est peu étendu ; il se reproduit plusieurs fois et consiste en Dégagements (179) à une faible hauteur : Dégager (fig. 438), Poser (fig. 439), Dégager (fig. 438), Poser (fig. 439), etc., telle est la formule de ce mouvement répété (274).

Il est facile de voir que l'image 3 de la planche IV correspond à la figure 438. L'image 4 de la même planche, abstraction faite de la tenue des mains, correspond à la figure 439. On a jugé inutile de multiplier les images : elles seraient semblables deux à deux, puisque le mouvement se répète.

**315. Danseurs accroupis, agenouillés.** — Celui-ci (fig. 440) marche accroupi en tournant le Corps alternativement à droite et à gauche.

Cet autre (fig. 441) retombe — on pourrait dire : *jette* — sur le genou droit. Il

Fig. 440.

prendra ensuite son élan, sautera et retombera sur le genou gauche

Fig. 441.                         Fig. 442.

(fig. 442), pour recommencer à droite, puis à gauche, etc. Les

inflexions du Corps, qui se penche à gauche quand le danseur
retombe sur le genou droit, et à droite dans l'autre cas, font oppo-

sition au mouvement des jambes. La figure 442 est construite d'après les principes de l'antinomie (277) et sert à déterminer l'autre moment essentiel du Pas.

La figure 443 donnerait lieu à une reconstitution analogue.

Le Satyre A et le Satyre B (fig. 444-5)
tournoient, le premier sur le genou droit
comme pivot, et de droite à gauche, —
le second sur le genou gauche et de gauche à droite. Pour faire passer la jambe
libre par-dessus le vase, dont le contenu
a le don de les émerveiller, ils étendent

Fig. 443.

cette jambe latéralement : le Satyre B nous montre la manière.
Son compagnon est en retard sur lui d'une demi rotation : leurs

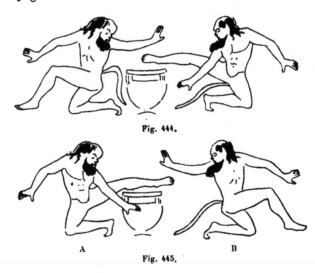

Fig. 444.

A                                    B

Fig. 445.

tournoiements s'emboîtent. Cet étrange exercice est rythmé au
son de la flûte double, et n'est pas un simple jeu, dans.le sens que
nous donnons à ce mot. C'est une danse.

Le Satyre que représente la figure 446 fait·partie de toute une

bande grotesque. Chacun des danseurs qui la composent se traîne
à terre en s'appuyant sur le genou et la main du même côté, alternativement à droite et à gauche.

Un pareil Pas ne brille point par
l'Eurythmie ; il est digne des
bouffonneries orchestiques d'un
drame satyrique.

L'agenouillement des deux Satyres, qui encadrent la scène de
la figure 578, ne donne lieu à
aucune remarque particulière au

Fig. 446.

point de vue gymnastique ; il faut y voir à coup sûr une danse, dont
la forme reste indéterminée, — et non une formule d'adoration.

**316. Danses avec le manteau.** — Le souple manteau que
portaient les femmes grecques se prêtait à toutes les fantaisies de
la danseuse. Très ample, il permettait aux bras de se mouvoir,
même emprisonnés sous l'étoffe. De cette grande pièce de lainage,
rectangulaire, chaque femme se servait à sa guise, suivant son goût
et ses besoins. Tantôt elle s'y enveloppait tout entière, tantôt elle
la transformait en une sim-
ple écharpe ou en un étroit
mantelet : elle savait la
plier et en jouer de mille
manières.

Les gestes usuels qui
ont leur raison d'être dans
le port du manteau ont été
employés par les danseurs.
Le geste du voile (43), la
main dans le manteau (45),
la main à la hanche, rete-
nant les bouillons de l'é-

B                       A
Fig. 447.

toffe (46), s'introduisirent dans l'Orchestique, soit à titre d'imitation, soit à titre de décoration.

Le manteau n'étant qu'un accessoire dont le danseur joue à son
gré, son usage ne détermine en rien la forme mécanique des Pas.

Fig. 447 : on comparera l'image B aux figures 3 et 4 (43).

Fig. 199, A : la danseuse est entièrement enveloppée dans son

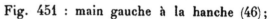

manteau souple et transparent. Le mécanisme du Pas a été décrit (226).

Fig. 448 : comparez (129).

Fig. 352 : bras enveloppé, main droite à la hauteur de l'épaule gauche. Description du Pas : (266, 309).

Fig. 449 et 450 : le manteau est tenu sur la bouche par la main enveloppée. Voyez aussi (160, 163).

Fig. 448.

Fig. 451 : main gauche à la hanche (46) ; main droite faisant sous le manteau le geste de la tunique (44).

Fig. 452 : la danseuse tournoie, par piétinement, en IV croisée sur la demi Pointe (267). L'analogie qui existe entre cette figurine de terre cuite et la précédente permet de conclure à l'identité des mouvements. Le pied droit de la figure 452 est empâté dans le socle, mais il est visible qu'on doit lui attribuer la même Position qu'au pied droit de

Fig. 449.

la figure 451. Ces danseuses tournent sur elles-mêmes, par piétine-

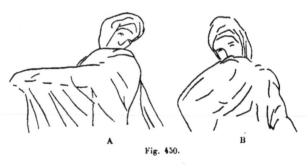

A                                    B

Fig. 450.

ment, à une allure modérée (95, 109, 267). Pour l'une aussi bien que pour l'autre il est difficile de déterminer le sens de la rotation.

Les images 1, 2, 3, 4, 5, 6, 7 de la planche V sont l'analyse chronophotographique d'un tournoiement continu en IV croisée, par piétinement, Pointe gauche ten-

Fig. 451.

Fig. 452.

due à terre. Le modèle antique est un type moyen qui participe des figures 450, A, 450, B, 451 et 452. La main droite est à la hanche; le bras gauche est replié sur la poitrine et la main gauche atteint l'épaule droite, en obligeant le manteau à couvrir la bouche.

Plusieurs remarques pourraient être faites ici sur la production et la forme du *coup de vent* qui gonfle la tunique de la danseuse pendant l'exécution d'une danse tournante; mais aucune d'elles ne s'appliquerait aux représentations antiques des danses tournantes. Les peintres céramistes et les coroplastes paraissent avoir négligé l'étude du tourbillonnement des étoffes : ils s'en tirent

Fig. 453.

presque toujours par des procédés conventionnels (fig. 346, 347,

348, 349, 357, etc.) (268). Pour ne pas embrouiller à plaisir le problème de la lecture des images antiques, nous ne dirons rien des lois qui régissent l'équilibre des étoffes pendant le tournoiement. Elles sont très complexes [1] et ne nous seraient d'aucun secours.

Fig. 453 : ce danseur qui minaude, enveloppé dans un mantelet, court sur la demi Pointe, main gauche au bas du dos, main droite au menton. Il exécute un Pas Balancé (233, 234) dans lequel le Corps penche alternativement à gauche et à droite, suivant que la jambe gauche ou la jambe droite se porte, en avant.

Fig. 454.                    Fig. 455.

Fig. 454 : un bras est allongé en avant, enveloppé dans un manteau.

Fig. 455 : idem, mais la pardalide remplace le mantelet.

Les figures 362, 363, 364, 365 et autres, présentant des mouvements de bras sous le manteau, ont été précédemment interprétées.

**317. Danseuses voilées de Pompéi**. — Il faut ne les considérer que comme des fantaisies décoratives : ce sont des figures

---

1. Elles varient suivant le poids de l'étoffe, la vitesse de rotation, la longueur du vêtement, etc., etc.

aériennes qui voltigent gracieusement sans être le moins du monde astreintes aux lois de l'équilibre. De là une liberté dans les allures et dans les gestes qui doit nous mettre en garde contre la valeur de ces représentations.

On retrouvera encore, attribués à ces figures de fantaisie, les anciens gestes traditionnels du voile et de la tunique (43, 44); ils se sont plus ou moins transformés, il est vrai, et ils n'ont plus la moindre raison d'être : le plus souvent, en effet, les étoffes sont entièrement transparentes. Ces longs voiles qui flottent ne sont qu'un artifice de coquetterie. Une seule figure montrera ce que valent, au point de vue documentaire, ces pein-

Fig. 456.

tures décoratives : leur intérèt orchestique est très médiocre (fig. 456).

**318. Déploiement du voile.** — Les danseuses grecques aiment à faire flotter autour d'elles des étoffes amples et légères. Les plus habiles parviennent à déployer leur manteau de telle sorte qu'il s'arrondisse au-dessus de leur tête et l'encadre gracieuse- ment. C'est là un jeu orchestique spécial dont on peut suivre les différentes phases sur les figures suivantes :

Fig. 457 : la danseuse saisit les bords du manteau;

Fig. 458 : elle ouvre les bras.

Fig. 457.

Le mouvement des jambes est un Pas Tourbillonnant en IV croisée, sur les Pointes (267);

14

Fig. 459 : les bras sont entièrement étendus et le voile flotte avec ampleur. Même Pas que le précédent.

Les figures 107 et 494, B, peuvent être interprétées comme la fin de ce jeu orchestique du man-teau : celui-ci retombe par son propre poids, après s'être gonflé au vent, et se transforme alors en une sorte d'écharpe plissée.

La Niké de Paeonios (15,

Fig. 458.                      Fig. 459.

383) est déjà une danseuse qui déploie son voile en sautant. Les représentations analogues ne sont pas rares dans la statuaire grecque.

**319. Danse des Mains Jointes**. — Nous grouperons sous cette rubrique un grand nombre de figurations orchestiques, représentant des danseurs très différents d'allure, si on considère seulement les mouvements de leurs pieds, mais qui tous joignent les mains au-dessus de la tête. Cette particularité constitue le lien qui unit tous les exécutants de cette danse de caractère.

L'entrelacement des doigts se fait de plusieurs manières, et il n'est pas toujours facile, en raison de l'empâtement du relief ou de l'insuffisance du dessin, de le déterminer exactement. La série de nos images dispense d'entrer dans le détail de la description.

Dans la nomenclature qui suit, abstraction est faite de la chronologie des monuments figurés.

Signalons d'abord un type de statuette tronquée à laquelle manquent les jambes. Quel que soit le sens rituel de cette amputation — qui n'est pas un accident — elle a pour nous l'avantage d'isoler le geste des bras et d'en faire à lui seul une danse ca-

Fig. 460.

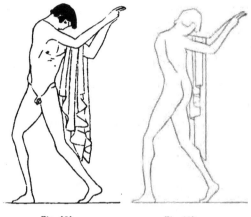

Fig. 461.              Fig. 462.

ractérisée (fig. 460).

Fig. 461 : le danseur se livre à des oscillations d'une forme particulière dont on peut se rendre compte en construisant (fig. 462) le pendant antinomique (298) du moment représenté. Les jambes marchent lourdement. Cette danse paraît

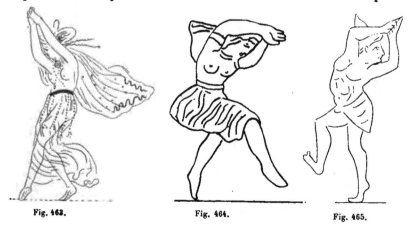

Fig. 463.              Fig. 464.              Fig. 465.

être lente : elle est d'ailleurs accompagnée par un joueur de lyre dont la présence marque généralement une orchestique grave.

Fig. 463 : la danseuse court en glissant sur la demi Pointe. Comparez avec la figure 272, qui doit être rattachée à cette série.

Fig. 464 : la danseuse court sur les Pointes (242). On remarquera qu'elle tient la paume de la main en dehors.

Fig. 465 : il y a lieu de rapprocher des types précédents et de la figure 469, ce grotesque bonhomme. Il a été relevé sur un monument d'origine inconnue trouvé à Condrieu (bords du Rhône) : une œnochoé de bronze à personnages au repoussé. Ce vase est de très basse époque; peut-être faut-il n'y voir qu'un produit de l'art gallo-romain. Il n'en montre que mieux la persistance traditionnelle de la forme orchestique que nous étudions.

**320.** Les trois figures suivantes se disposent facilement en série; on négligera le sexe et le costume des trois personnages et on les considérera comme un seul et même danseur [1] vu à trois moments successifs de son mouvement : il Dégage et Plie, — il Saute, — il retombe en Jetant.

Fig. 466.          Fig. 467.          Fig. 468.

Fig. 466 : Dégagé de la jambe droite et Plié sur la gauche pour sauter (179, 73);

Fig. 467 : période de suspension du saut (72);

1. C'est-à-dire un danseur unique exécutant le Pas.

1

2

8

9

Fig. 468 : Jeté sur la Pointe droite (222); la jambe gauche se retire; le Corps se cambre; la Tête se retourne.

Le chronophotographe réalisera l'hypothèse énoncée ci-dessus et nous montrera une danseuse aux divers moments de ce Pas (planche V, images 8, 9, 10, 11, 12, 13, 14).

Im. 8 : elle correspond exactement à la figure 466;

Im. 9 : la danseuse exécute un très petit saut, tout en abaissant la jambe droite sur laquelle elle va retomber (Le costume de notre danseuse ne se prêtait pas à un saut en hauteur; en dépit des apparences, le moment de l'image 9 équivaut à celui de la figure 467);

Im. 10 : Jeté sur la jambe droite; sous la tunique, la jambe gauche se retire; la tête se tourne à droite; la Cambrure commence à s'indiquer;

Im. 11 : elle correspond à la figure 468 et achève les mouvements de la jambe gauche, du Corps et de la Tête qui s'indiquent sur l'image précédente. La jambe gauche est tout à fait retirée, le Corps est Cambré et la Tête ne peut se retourner davantage;

Im. 12 : la jambe gauche retombe et se pose; le Corps et la Tête reprennent l'aplomb;

Im. 13 : le talon de la jambe droite se soulève; la jambe va Dégager;

Image 14 : même moment que celui de l'image 9 et de la figure 466; la jambe droite est Dégagée en IV croisée. Le cycle du Pas se trouve ainsi fermé, et les mêmes phases vont se reproduire.

**321.** Fig. 469 : cette étrange figure exécute un *Jeté croisé* : la jambe gauche croise sur la jambe droite pendant la période de suspension (222).

Fig. 469.

Fig. 470-471 : deux moments essentiels d'un Pas, antinomiques (279). La figure 471 est une reconstitution basée sur les observations antérieures (280, 298).

Fig. 472-473 : deux moments d'un autre Pas, antinomiques. La figure 473 est une reconstitution (280, 298). Il a été parlé de ce

Fig. 470.          Fig. 471.          Fig. 472.          Fig. 473.

petit danseur (195) qui paraît exécuter des Ronds de jambe alternativement à gauche et à droite.

Fig. 474 : la danseuse exagère à tel point

la flexion du Corps en
avant que tout mouve-
ment des jambes lui de-
viendrait impossible.
Cette image nous fait
deviner un Pas dans
lequel les oscillations du
Corps, très violentes,
sont accompagnées de
contorsions.

Fig. 474.

Fig. 475.

Fig. 475 : *Tour en l'air?* (264); les plis en hélice (268) portent à
le croire.

**322**. Entre les deux danseuses A et B, de la figure 476, deux
Amazones [1], un trône est dressé sur lequel est assise leur Reine. Elles
exécutent en son honneur un Pas de Deux; elles tournent de chaque
côté du haut siège, en face l'une de l'autre, et en sens inverse, si
l'on s'en rapporte à l'aspect du Coup de Vent qui gonfle leur
tunique courte : l'enroulement des plis en hélice (268) se fait de
droite à gauche pour la danseuse A et de gauche à droite pour

1. *Annali*, 1849, p. 294.

la danseuse B. La première tourne donc de gauche à droite et la seconde de droite à gauche.

La danseuse A n'exécute qu'un tournoiement par piétinement sur la demi Pointe (266); la danseuse B semble se livrer, tout en tournant, à des Glissés simultanés des deux pieds (226) [1]. De plus, elle

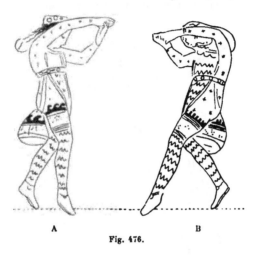

A                                   B

Fig. 476.

accompagne ses mouvements de jambes d'oscillations rythmiques du Corps et de la Tête, alternativement de droite à gauche et de gauche à droite.

Ce Pas de Deux se retrouve presque identique sur un vase très connu, dont la décoration représente la pompe de Dionysos Indien. Seulement, par un artifice du peintre céramiste, qui s'est heurté à des difficultés de perspective, les deux danseurs sont séparés l'un de l'autre par le long cortège du dieu. Le thiase se déploie sur une double ligne qui, en dépit des erreurs de perspective, figure les deux files parallèles. Au centre même de la procession, Dionysos, monté sur un chameau, le bras droit étendu, paraît donner à ses suivants des ordres rythmiques (fig. 477). La Pompe se dirige vers la droite; le danseur A (fig. 478) ferme la marche; le danseur B, au contraire, paraît aller à reculons, en tête du cortège. Ce ne sont là sans doute que des apparences.

1. Cf. fig. 273-4, 275-6.

Si l'on rapproche en effet ces deux danseurs des deux Amazones ci-dessus représentées (fig. 476) on est frappé de l'analogie qui existe entre les deux groupes. Non seulement les costumes sont de même origine : tunique courte et anaxyrides (pantalons) asiatiques; là ne s'arrête pas la ressemblance. Si l'on compare le danseur A (fig. 478) aux danseurs tournoyant par piétinement sur la demi

Fig. 477.

Pointe (266), notamment à la figure 352, et si l'on considère le Coup de Vent en coquille qui se produit au bas et à gauche de sa tunique, on n'hésitera guère à faire de ce danseur une réplique de l'Amazone A (fig. 476).

Le danseur B (fig. 478) exécute visiblement des Glissés simultanés des deux pieds, caractéristiques (226); son analogie avec l'Amazone B permet de supposer que, comme elle, il tournoie.

Essayons maintenant de rendre aux deux danseurs la place véritable qu'ils occupent dans le cortège bachique : ils dansent de chaque côté du dieu, pour l'honorer et pour le distraire. Le peintre céramiste, fort empêché de les représenter là où ils se trouvent (fig. 478), a fait glisser aux extrémités du cortège les deux personnages qui escortent le dieu latéralement : c'est un artifice de perspective [1].

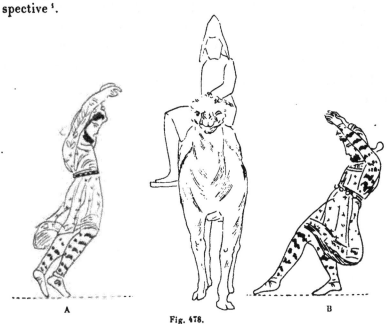

A                  B

Fig. 478.

Il va de soi que nos deux danseurs se déplacent dans le même sens que la procession bachique, tout en exécutant leurs mouvements propres.

Fig. 479, 480 : voyez ci-dessus (315).

Fig. 479.                  Fig. 480.

**323.** La plupart des personnages qui exécutent la *Danse des*

---

1. Notre correction de la perspective consiste à voir venir de face le cortège. De là l'aspect du chameau et de son cavalier sur la figure 478. Nous leur avons fait faire un quart de tour. Cf. la figure 477.

*mains jointes* portent un costume étranger à la Grèce propre
(fig. 460, 464, 468, 469, 470, 472, 474, 476, 478, 479). Mais si
cette danse est d'origine barbare, — asiatique, — elle a été de bonne
heure adoptée par les Grecs d'Europe : le vase du Louvre, auquel
est empruntée la figure 461, est un oxybaphon à figures rouges
(école de Brygos), qui peut se dater de 450 environ avant Jésus-
Christ.

# Études du Danseur

**324. La Danse proprement dite. Les Classes.** — *Nous dirons en quelques mots quelle méthode est employée dans notre École de danse pour former un danseur.*

*Il est nécessaire que le corps soit rompu aux premiers exercices pendant l'enfance. Les élèves, garçons et filles, commencent leurs « classes » entre six et huit ans. Lorsque, après un très minutieux examen médical, ils sont reconnus aptes à la danse et inscrits sur le registre officiel de l'École, ils sont tenus à l'assiduité la plus rigoureuse. Les leçons ont lieu chaque jour dans la matinée, et durent une heure et demie.*

*Un seul maître préside aux études des garçons. Mais les filles passent sous la direction successive de quatre professeurs.*

*La première classe est celle des jeunes filles externes, divisées en Petites et en Demi Grandes. La durée des études y est d'au moins deux ans. Les examens d'entrée dans la classe suivante, celle des Quadrilles, prennent l'importance de vrais concours, le nombre des places étant limité ; cette classe comprend deux sections ; on est admis d'abord dans le deuxième Quadrille et il faut subir avec succès de nouvelles épreuves pour faire partie du premier. L'accès de la classe des Coryphées, qui suit, est déjà difficile. L'entrée dans celle des Sujets est un concours redoutable qui élimine un grand nombre d'aspirantes ; dans cette classe supérieure on distingue les Petits et les Premiers Sujets. Il faut quinze ou vingt ans pour parcourir ces nombreuses étapes. La danseuse est prête alors à jouer son rôle dans les ensembles chorégraphiques sous la haute direction du Maître de Ballets, qui en est l'ordonnateur.*

*Lorsque le danseur est formé il doit, pour entretenir et développer ses aptitudes musculaires, se livrer à des exercices quotidiens avec une persévérante régularité. Les artistes les plus brillants, hommes et femmes, sont tenus d'exécuter chaque jour, dans les foyers d'études, des mouvements de toute espèce, indispensable préparation aux représentations du soir. Le public ne sait pas avec quelle patience et au prix de quelle fatigue ils soumettent leurs membres, leur corps tout entier, à une gymnastique sévèrement disciplinée. Le danseur, en effet, n'a pas seulement à acquérir un mécanisme irréprochable : il doit arriver à masquer son effort. Dans nos danses modernes, cet effort est bien plus grand que l'artiste ne le laisse paraître : de là vient la nécessité d'un travail persistant et tel que les divers muscles soient toujours capables d'agir avec vigueur et de réagir avec souplesse; de là aussi sans doute l'attachement passionné des danseurs pour leur art, qui leur a coûté tant de peine et dont la possession ne leur est assurée que par un continuel labeur.*

**325**. *Les classes et les foyers d'études sont de grandes salles carrées dont le plancher est incliné sensiblement. Le long des murs sont disposées des barres d'appui employées dans les « exercices à la Barre » par lesquels toute leçon de danse doit commencer. Ils sont faits pour donner au corps l'élasticité voulue et occupent en durée un tiers de la leçon. La Barre est fixée à une hauteur telle que les mains en s'y appuyant se trouvent au niveau de la poitrine. Pour poser le talon sur la Barre, la jambe qui se soulève forme, avec la jambe d'appui, un angle obtus très prononcé. La Barre soutient le haut du corps, mais elle n'est qu'un adjuvant temporaire et tous les mouvements qu'elle favorise doivent être répétés ensuite sans son secours.*

*Elle sert d'abord à assurer la stabilité de l'élève dans les exercices élémentaires qui ont pour objet la pratique des Positions fondamentales : la tenue des pieds tout à fait en dehors (97) est une grande difficulté pour les débutants. La Barre leur vient en aide et peu à peu ils apprennent à s'en passer.*

*Les Exercices Préparatoires (Pliés, Dégagés, Battements, Ronds de Jambes, premiers Temps de Pointes, etc.) s'exécutent à la Barre tant que le novice n'a pas acquis l'aisance et l'aplomb nécessaires. Lorsqu'il sera maître de son équilibre, il n'en continuera pas moins*

*chaque jour à pratiquer ces mêmes Exercices à la Barre et à leur
consacrer, sous l'œil du professeur, la première partie de la leçon.
Les premiers Sujets emploient les mêmes moyens. Tous les danseurs
usent de la Barre, à quelque rang qu'ils appartiennent.*

**326. Gradation des Exercices.** — *Nous indiquerons en
quelques mots la méthode appliquée à l'enseignement de la danse.
Elle est ordonnée savamment; l'élève parcourt les étapes successives
de sa très longue étude en répétant toujours tous les exercices antérieurs. Dans ce mécanisme compliqué aucun rouage ne se rouille,
aucun ressort n'est inutilisé. Le danseur ne doit rien oublier et il
apprend continuellement.*

*Dans les premières années de ses classes (classe des Petites et
classe des Quadrilles) l'élève se rompt aux Positions fondamentales,
à leurs variétés, à leurs dérivations, à tous les Exercices Préparatoires qui sont comme l'introduction à la gymnastique de la danse :
Plier et Tendre dans toutes les Positions, sur les deux jambes et sur
une seule (177); — Dégager à terre, à mi-hauteur, en Grande Position de II ou de IV (179); — exécuter des Battements à terre (184),
des Battements soutenus (185), de Grands Battements (186 à 188);
— des Ronds de Jambe à terre (192), des Ronds de Jambe soutenus
(193), de Grands Ronds de Jambe (194).*

*Viennent ensuite les Exercices d'Aplomb,* — les Adages, — *mouvements exécutés avec lenteur, Positions instables conservées le plus
longtemps possible. Ce sont des Développés à la Grande II, à la
Grande IV (179, note); — des mouvements aboutissant à l'Attitude
ouverte et à l'Attitude croisée (169), à l'Arabesque ouverte et à l'Arabesque croisée (170); — des Préparations et des Temps de Pirouettes
(258 à 263).*

*Peu à peu l'élève pratique toute la série des Temps,* Temps à
terre, Temps en l'air ou d'élévation, Temps tournants : *Glissades*
(218); — *Chassés* (219) *dans toutes les directions;* — *Coupé* (220);
— *Fouettés* (221); — *Jetés dessus, dessous, latéralement* (222, 223),
*Jetés Balancés* (233), *Jetés Ballonnés* (231), *Jetés Croisés* (321); —
*Sauts de Chat* (290); — *Temps et Pas sur les Pointes* (236 à 239);
*Assemblés* (243); — *Changement de pied* (245); — *Pas Battus* (247) ;
*Entrechats* (248 à 253), *Jetés Battus* (272); — *Glissés en tournant,*

*Chassés en tournant, Fouettés en tournant, Jetés en tournant,*
*Relevés sur les Pointes en tournant, Pas sur les Pointes en tour-*
*nant, Pas Battus en tournant* (256); — *Pas Tourbillonnants* (257);
— *Tours en l'air* (264), *etc., etc.* [1].

*Dans la classe des Coryphées l'élève apprend à former, avec les*
*divers Temps, des Enchaînements* (273) *de plus en plus compliqués,*
*à exécuter des « Variations » composées de Pas mélangés. Ce sont*
*là les Exercices Supérieurs de la danse. Le Coryphée, initié mainte-*
*nant à toutes les Danses d'attitude et à toutes les Danses de circula-*
*tion ou de parcours* [2], *possède la technique complète de son art.*

*La Classe des Sujets enfin (Petits et Grands) est une classe de*
*perfectionnement qui ne s'ouvre qu'aux plus habiles Coryphées et*
*d'où sortent de loin en loin quelques Sujets Étoiles.*

*La répartition des exercices dans toute leçon donnée aux classes*
*supérieures se fait suivant un modèle à peu près uniforme. En une*
*heure et demie les élèves pratiquent successivement : 1º des Exercices*
*à la Barre; — 2º des Adages (Temps d'aplomb, Pirouettes); —*
*3º des Temps et des Pas sautés (Temps d'élévation); — 4º des*
*Enchaînements composés de toute espèce de Temps ou de Pas.*
*Chaque leçon constitue de la sorte un résumé complet de la gym-*
*nastique orchestique. Les Sujets Étoiles eux-mêmes sont astreints à*
*ce pénible travail, qui doit être quotidien.*

**327. La Chorégraphie. Le Maître de Ballets.** — *Les*
*danseurs des deux sexes, rompus aux difficultés techniques de*
*la danse par l'enseignement qu'ils ont reçu de leurs professeurs*
*respectifs, passent, aux répétitions et aux représentations scéni-*
*ques, sous les ordres du Maître de Ballets. Sans parler de son rôle*
*comme directeur de la mimique, c'est lui qui règle les Groupe-*
*ments, les Pas, les Ensembles, qui distribue les « Variations » aux*
*premiers Sujets et coordonne les mouvements du Corps de Ballet* [3].
*Il compose et répartit les Danses de Caractère, les Pas de Deux,*

---

1. Cette liste est bien loin d'être complète. Nous ne l'avons composée que des
Temps et Pas décrits dans cet ouvrage.

2. Ces deux familles de danses, dans lesquelles rentrent tous les cas possibles,
sont suffisamment déterminées par leur nom.

3. Le Corps de Ballet est formé des Petits Sujets, des Coryphées, des Quadrilles,
et au besoin des Demi Grandes et des Petites.

*de Trois, de Quatre, etc., exécutés par deux, trois, quatre, etc.,*
*danseurs de même sexe ou de sexe différent. En un mot toute la*
*figuration orchestique — la* Chorégraphie *— est de son ressort.*
*Le Maître de Ballets est en même temps un ordonnateur et un créa-*
*teur. Il doit posséder de la décoration une entente parfaite, et il a*
*l'occasion, dans ses arrangements rythmiques et dans les évolutions*
*qu'il dicte à ses danseurs, de faire valoir des connaissances spé-*
*ciales d'un ordre très élevé.*

**328**. Les trois figures 481, 482, 483 peuvent être interprétées
comme des leçons de danse, et elles offrent cet intérêt que la pre-

Fig. 481.

mière représente une Danse d'attitude et les deux autres des Danses
de parcours (326 et note).

Fig. 481 : au son de la flûte double, le jeune élève prend une pose

15

d'Attitude (169, 174). Le musicien qui l'accompagne est un des
auxiliaires du Pédotribe (329) dont la longue baguette fourchue
est parfaitement reconnaissable, jetée en travers dans le champ
du vase. Suspendu à ce bâton, qui sert d'insignes au Pédotribe, apparaît le sac à flûtes tout historié. [Cette belle coupe à
figures rouges, de la première moitié du vᵉ siècle, appartient au
Louvre.]

Fig. 482 : la jeune danseuse ne se contente pas de l'accompa-

Fig. 482.

gnement de la double flûte. Elle rythme au bruit des crotales les
Jetés qu'elle exécute (222, 229). L'*aulétria*, assise sur un siège
somptueux, est une musicienne de profession; elle fait partie d'une
corporation assez mal famée. Il faut admettre que la scène se passe
dans une de ces maisons où joueuses de flûtes et danseuses appre-
naient leur métier.

Au même monde appartiennent sans doute la maîtresse et l'élève
qui se font vis-à-vis sur la figure 483. La première s'appuie sur un
bâton d'aspect formidable, qui pourrait bien n'être qu'une aide de
la mesure. La fillette marque son rythme en agitant des crotales.

Son Pas est d'une détermination malaisée ; peut-être ne consiste-t-il qu'en une simple marche glissée, dans laquelle le jeu des bras et de la tête prend le rôle orchestique principal.

Sans empiéter ici sur le domaine des textes, nous résumerons les indications qu'ils nous donnent relativement aux études du danseur, afin de suppléer à l'insuffisance par trop grande des monuments figurés sur la matière.

Fig. 483.

**329. La gymnastique de la danse. Le Pédotribe.** — Les divers exercices gymnastiques — *lutte, course, saut, disque, javelot, hoplomachie, hippique* — étaient pratiqués par les enfants dans les palestres [1] sous les ordres du Pédotribe et de ses auxiliaires. Il leur enseignait également les éléments gymnastiques de la danse, que Platon distingue expressément des éléments mimétiques de cet art, et qui comportaient des exercices d'assouplissement parfois très pénibles.

A vrai dire les mouvements élémentaires de l'Orchestique grecque

---

1. Il faut distinguer la palestre du gymnase, réservé aux éphèbes, aux hommes faits et aux athlètes de profession.

ne diffèrent pas essentiellement des mouvements pratiqués dans tous les autres exercices gymnastiques : nombreux sont les termes qui expriment les uns aussi bien que les autres. C'est dans les palestres que les enfants apprennent à danser la Pyrrhique (358 à 362) et ce fait seul suffirait à prouver qu'ils y recevaient une éducation orchestique. On peut trouver d'ailleurs dans Platon et dans Xénophon des allusions certaines à l'enseignement, dans les palestres, de la *danse gymnastique* [1].

**330.** Essayons d'en dresser le programme tel que les monuments figurés et les textes des auteurs permettent de le reconstituer :

*Positions* des jambes ; — aplomb du danseur.

*Exercices préparatoires* : Pliés [2] ; Dégagés ; Battements ; Ronds de Jambe (?) ; — mouvements des Bras, des Mains et des Doigts : CHIRONOMIE ; — mouvements du Corps (en particulier : flexion en avant et cambrure) ; — mouvements de la Tête.

*Temps et Pas* : Glissés ; Jetés ; Balancés ; Assemblés ; Changements de pied ; Tournoiement par Piétinement sur les deux pieds, Tourbillonnement sur les deux pieds ; Pirouettes ; Chassés en tournant ; Jetés en tournant ; Pas sur la demi Pointe ; Pas sur la Pointe.

S'agenouiller, se relever. Danses accroupies.

Danses armées : la PYRRHIQUE.

Exercice du τροχός, merveilleux pour assouplir les membres : le pédotribe oblige l'élève à se transformer en boule et le fait rouler sur lui-même comme un cerceau.

[Mouvements propres aux Kubistétères.]

Ces divers exercices tendaient au même but que les autres exercices gymnastiques : l'assouplissement et la vigueur du corps. Le pédotribe n'avait pas à former son élève à l'orchestique tout entière. Il lui suffisait qu'il excellât dans la Pyrrhique, et pour cela il devait le rompre à toutes les difficultés mécaniques de la danse, qui trouvaient là leur application.

---

1. Cf. *De Saltationis Disciplina apud Graecos*, thèse latine de l'auteur de ce livre.
2. *Plier et tendre.* L'expression est de Platon lui-même : καμπὴ καὶ ἔκτασις [*Lois*, VII, 795, c].

**331. La Chorégraphie. Le Maître de Danse.** — L'éducation orchestique s'achevait sous la direction du Maître de Danse : l'ὀρχηστοδιδάσκαλος. A l'exception de la Pyrrhique, qui est pour ainsi dire une danse d'État et rentre dans l'enseignement officiel du Pédotribe, toutes les *danses de caractère* sont du ressort de l'orkhèstodidaskalos. C'est lui qui règle les divers *Pas* exécutés par un ou par plusieurs personnages, qui dispose les *Ensembles* et qui forme les *Chœurs*. La partie mimétique de la danse est plus particulièrement son domaine, et il a la haute charge de l'instruction des Choreutes. Il les prépare à jouer dignement dans la tragédie et dans la comédie leur double rôle de chanteurs et de danseurs, qui fait d'eux, en même temps que des acteurs, des décors vivants. L'orkhèstodidaskalos est donc un Maître de Ballets dans l'acception du mot la plus étendue.

Mais il donne également des *leçons en ville*. Les citoyens qui veulent apprendre de la danse autre chose que les mouvements gymnastiques auxquels ils ont été formés dans leur enfance par le Pédotribe, s'adressent au Maître de Danse. Il faut se représenter celui-ci comme un personnage important, honoré, comme le dispensateur d'un art tenu en très haute estime.

**332.** La Technique précédemment exposée (85 à 323) est un formulaire des principaux mouvements gymnastiques (φοραί) de la danse, abstraction faite des groupements des danseurs entre eux et des Ensembles orchestiques. Le danseur a été considéré jusqu'ici à l'état d'isolement.

Il nous reste à interroger les monuments figurés sur les modes d'association des danseurs qui se meuvent simultanément, sur les formes que prennent les *Pas de Deux*, les *Pas de Trois*, etc., et les *Ensembles* composés d'un grand nombre de personnages, en un mot sur les traces conservées de la Chorégraphie.

Malheureusement les peintures de vases et les reliefs qui représentent des *Chœurs lyriques* ou des *Chœurs du théâtre* sont rares et peu instructifs. Les difficultés de la perspective en profondeur, insurmontables pour les artistes grecs, sont la cause de cette insuffisance.

Nous rattacherons la *Pyrrhique* à la Chorégraphie, bien qu'elle fût

enseignée dans les palestres et que l'importance des mouvements
gymnastiques y soit prépondérante ; mais elle est en même temps
une « imitation » et donne lieu à des Ensembles essentiellement
décoratifs. Ici encore il faudra nous contenter de peu. Les monuments figurés ne sont guère explicites sur les danses en armes.

Nous serons mieux renseignés sur les *Danses Funèbres*, dont une
longue série de vases nous montrera la lente évolution.

# La Chorégraphie

*La Mimique funèbre. — Les jeux rythmés*

# PAS DE DEUX

**333. Dyssymétrie décorative.** — Les mouvements exécutés par les deux danseurs sont rarement semblables; et, s'ils sont de même nature, le peintre ou le sculpteur ont eu soin de ne pas les fixer tous deux au même moment [1] (282). Il en résulte une dyssymétrie décorative toujours préférée par les artistes grecs aux pendants rigoureux. Elle doit correspondre en même temps à des habitudes orchestiques constantes, car elle ne comporte guère d'exceptions.

[On ne trouvera jamais, *en vis-à-vis,* deux danseurs représentés au même moment d'un même mouvement, ou à deux

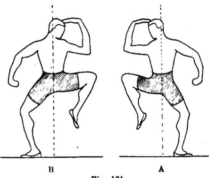

B                    A

Fig. 484.

moments antinomiques (277) d'un même mouvement. La figure 484 est, selon le goût des Grecs, une véritable hérésie décorative, les deux personnages y étant exactement symétriques. Le danseur A est le schéma du danseur 2 de la planche I. Le danseur B est par restauration son antinomie. Nous n'avons construit cette figure que pour l'opposer à celles qui suivent.]

1. Cf. en particulier la figure 146.

**334. Deux Hommes.** — Les deux danseurs qui, sur la figure 128, sautillent l'un devant l'autre, — leur sautillement est marqué par la flexion des genoux (300), — agitent leurs mains à contre-temps. Le danseur A tourne la paume en bas pendant que le danseur B la tient en l'air : cette différence de détail rompt la symétrie [1].

La figure 444-5 est un exemple de mouvements simultanés et

semblables, fixés à deux moments diamétralement opposés l'un à l'autre. Ces tournoiements emboîtés ont été expliqués plus haut (315).

Les mouvements exécutés par les deux kômastai (415), qui se font vis-à-vis sur la figure 408, sont entièrement dissemblables (303). On peut en dire autant de ceux auxquels se livrent les kômastai du psyctère

Fig. 485.

(190, planche I). Ces éphèbes sont visiblement associés deux à deux; mais chacun danse pour son propre compte et se livre à sa fantaisie orchestique.

Quelquefois l'un des deux danseurs tourne le dos à son compère, mais il ne cesse pas de le regarder et se tord le cou pour ne pas le perdre de vue (fig. 485).

Pourquoi ne rangerions-nous point parmi les Pas de Deux l'amusante petite scène que représente la figure 486? Le Satyre saute sur place, d'une jambe sur l'autre, en exagé-

Fig. 486.

rant le relevé de la cuisse (305). En face de lui le bouc s'escrime de son mieux.

**335. Danse du Pressoir.** — Elle s'exécute toujours à deux sur les monuments de basse époque qui nous la montrent. Elle se présente sous une double forme :

1. Même différence de détail entre les deux danseurs de la figure 407.

Fig. 487 : les deux danseurs, jambes enchevêtrées, tournent rapidement de droite à gauche ou de gauche à droite, autour d'un axe de rotation, vertical, qui passe par le centre de la couronne à laquelle leurs mains se retiennent. Ils écrasent, sous leurs piétinements, les grappes qui remplissent la cuve circulaire. Un joueur de flûte double les accompagne ;

Fig. 487.

Fig. 488 et 489 : les deux fouleurs marquent le pas sur place en exagérant le relevé de la cuisse (305).

La symétrie décorative est presque absolue sur la figure 487, qui est empruntée à un bas-relief de terre cuite, fabriqué en Italie, au 1er siècle avant notre ère (18). Nos musées possèdent un certain

Fig. 488.

Fig. 489.

nombre de monuments de cette nature : ils sont conçus dans un style ornemental nouveau qui admet souvent les motifs répétés en pendants rigoureux ; c'est là un système de décoration exclu de l'art proprement grec. Il est bon d'observer d'ailleurs, en ce qui concerne l'exemple cité (fig. 487), que la danse représentée appelle par sa forme même et par son mécanisme, la symétrie dans la décoration. Elle est une des rares exceptions à la règle générale (333).

**336. Deux Femmes.** — De chaque côté de la porte d'entrée, à l'intérieur de l'Héroon de Trysa (15), une danseuse tournoie par piétinement sur la demi Pointe, en IV croisée (267) ; le tournoiement de ces deux hiérodules (407) se fait en sens inverse. Les mouvements des jambes sont donc semblables et contraires, et l'au-

teur des bas-reliefs les a exprimés par des formules antinomiques (277); mais il a différencié les mouvements des bras pour ne pas pousser trop loin la symétrie décorative (fig. 490, 491).

Des deux danseuses représentées par la figure 492 l'une agite des crotales et se livre à des sauts sur place accompagnés de mouvements qui ont été décrits (305); l'autre, qui exagère avec effronterie le geste de la tunique (44), paraît avoir Glissé

Fig. 490.

Fig. 491.

en avant la pointe du pied gauche. La tête et les jambes de cette femme sont dessinées de profil; son Corps est vu de face. Faut-il

A          B

Fig. 492.

par la pensée corriger le dessin (25) ou voir dans cette gaucherie une intention du peintre d'exprimer l'Épaulement (150) à droite?

Rien n'est plus charmant que la série des danseuses groupées deux à deux sur un petit vase du ɪᴠᵉ siècle, une pyxis bien connue ; mais rien n'est apparemment moins ordonné que chacun de ces Pas de Deux : (fig. 493, 494 ; les figures 369 et 420, qui ont été dissociées, constituent un troisième groupe).

A                          B                          A                       B
Fig. 493.                                      Fig. 494.

{ Fig. 493, A : Cambrure ; jeu du manteau (316) ;
{ Fig. 493, B : Glissés simultanés (226).

{ Fig. 494, A : une des formules exprimant la course (82) ;
{ Fig. 494, B : jeu du manteau (318) et Cambrure.

{ Fig. 420 : voyez (310) ;
{ Fig. 369 : Pirouette sur le Cou-de-pied (271).

La dissemblance des mouvements exécutés par les danseuses qui se font vis-à-vis dans chacun de ces trois groupes est si évidente et si complète, qu'on pourrait attribuer à la seule fantaisie du peintre céramiste la juxtaposition de ces figures deux à deux. Mais il est très vraisemblable que cette fantaisie soit inspirée de formes orchestiques admises communément dans les Pas

Fig. 495.

de Deux : chacun des danseurs y conserve son indépendance gymnastique et c'est dans un rythme commun qu'il faut chercher la raison d'être de leur association.

Lorsque les danseurs se tiennent par la main, — ce qui est relativement rare, — la concomitance de leurs mouvements est nécessairement plus étroite. On peut le constater dans la danse du pressoir (335). La figure 495 en est une nouvelle preuve. Elle exprime que les deux danseuses tournent à petits pas courus sur la demi Pointe, autour d'un axe vertical passant par le centre du cercle qu'elles décrivent sur le sol; les deux femmes sont aux extrémités d'un même diamètre de ce cercle et conservent, en se déplaçant, ces positions respectives.

**337. Homme et Femme**. — C'est une exception lorsqu'un homme et une femme, associés dans une danse à deux, se tiennent ou se touchent; elle ne se produit jamais sur les monuments les

Fig. 496.

plus anciens; elle reste très rare à partir du iv° siècle.

Dans l'Orchestique grecque, l'homme et la femme qui dansent ensemble sont toujours séparés l'un de l'autre; il semble que, le plus souvent, leur gesticulation ait un sens mimétique.

Sur les vases corinthiens du vii° siècle (9) les Pas de Deux

exécutés par un homme et une femme en vis-à-vis sont assez nombreux, et d'une grossière simplicité. En général, les deux danseurs sautillent en face l'un de l'autre, avec quelque symétrie (fig. 496).

On trouvera sur les vases à figures noires (10) de curieuses scènes à deux, qui relèvent bien plus de la mimique que de la danse et dont l'analyse sort de notre cadre. Aucune symétrie d'ailleurs dans les mouvements représentés; chacun des deux

Fig. 497.

associés s'escrime pour son compte et à sa manière (fig. 497).

Le Satyre et la Bacchante qui se tournent le dos et que montre la figure 498, exécutent une sorte de Pas assez remarquable, qui n'est pas sans analogie avec certaines figures de la gigue anglaise. De même que les deux danseuses de Pompéi (fig. 495), ils décrivent sur le sol une piste circulaire, en conservant leurs positions respectives aux deux extrémités d'un même diamètre. Mais ils restent opposés dos à dos et

Fig. 498.

se déplacent en sautillant d'une jambe sur l'autre, le corps légèrement incliné vers le centre du cercle.

On a décrit (311) un Pas de Deux à contre-temps.

**338. Homme et Femme se tenant par le cou ou par la main.** — Des trois figures 499, 500, 501, représentant des couples de danseurs, la dernière seule exprime un Pas orchestique à proprement parler. Sur la figure 499 un Satyre jouant de la double flûte pré-

Fig. 499.

cède les deux Bacchants, jeune homme et jeune fille qui se tiennent par le cou et s'avancent du même pas. La femme porte une torche. Derrière le couple voltige un Eros Hermaphrodite qui agite des cymbales. Le mouvement de nos deux personnages ne peut guère être considéré que comme une marche cadencée. On peut y voir un joyeux départ pour Cythère, au son des instruments. L'allure de ces deux autres jeunes gens (fig. 500) est la même; ils sont moins étroitement enlacés. La femme porte un candélabre. Deux personnages précèdent le couple : une joueuse de flûte et un éphèbe; celui-ci tient un vase de sacrifice et une bandelette. Toute la bande se rend à une cérémonie religieuse en rythmant ses pas sur les mélodies de la flûte. La scène est orchestique, dans le sens le plus large du mot.

Fig. 500.

La figure 501 a été relevée sur un vase dont la technique est de basse époque (iii° siècle), mais dont la décoration est charmante.

Fig. 501.

Le couple représenté est, cette fois, un couple dansant. Le danseur est un jeune Pan, cornu, à pieds de bouc. Il conduit la jeune fille par la main, en lui relevant le bras, un peu à la façon de nos élégants du xvii° siècle. On peut se demander si cette jolie peinture n'est pas une allégorie, ou un trait de la légende d'Écho. La belle insensible paraît ici traitable. Pan rythme avec ses doigts [ἀποχρότημα] les petits pas qu'elle esquisse sur la demi Pointe : on dirait d'un Tempo di Minuetto. Le geste de la tunique (44) est d'une exquise élégance.

Il est probable que, sous cette forme mythique, le peintre céramiste a reproduit une danse dont les modèles vivants étaient sous ses yeux; s'il en est ainsi, ce Pas où l'homme et la femme se tiennent par la main, est une création récente. Nous ne connaissons pas de monument antérieur qui puisse servir de prototype à celui-ci, qui reste une exception. Le motif qu'il présente ne fit pas fortune ; ni les vases du III<sup>e</sup> siècle, ni les bas-reliefs hellénistiques, ni les plaques de terre cuite décoratives (18), ne témoignent de son succès. Cela tient sans doute à ce que jamais, ou presque jamais, un homme et une femme associés dans la danse ne se touchaient la main.

**339**. Les trois exemples précédents n'infirment donc point cette règle invariablement appliquée dans l'Orchestique grecque : *l'homme et la femme, lorsqu'ils dansent ensemble, restent séparés l'un de l'autre.*

Il ne faut pas tenir grand compte des couples enlacés qui voltigent sur les fresques de Pompéi. Ces figures aériennes, purement décoratives (317), ne sont qu'une imagerie bachique et amoureuse, dont la valeur représentative est suspecte. Du reste, bien qu'elles soient directement affiliées à l'art grec, elles sont d'une époque très basse et peuvent être inspirées de formules orchestiques italiotes.

Les faussaires ignorent la répugnance des Grecs pour le couple enlacé dansant : il circule des terres cuites qui nous montrent Satyre et Ménade exécutant un Pas de Boston, les bras à la taille. Ce détail est à lui seul une marque de fabrique.


# PAS DE TROIS


**340. Trois Femmes.** — Plusieurs coupes du Louvre (salle E) présentent des groupes de trois femmes nues qui dansent dans un désordre parfait. Leurs mouvements sont grossiers, rudimentaires. Ils se rattachent à ces sauteries sur place qui ont été décrites antérieurement (299 à 305).

L'interprétation de la figure 502 est très difficile. Un semblant de

Fig. 502.

perspective paraît indiquer que la danseuse B est plus éloignée du
spectateur que ses deux compagnes. Peut-être faut-il disposer les
trois femmes sur une piste circulaire
(fig. 503), à égale distance les unes des
autres, ouvrir les bras des danseuses A
et C autant que ceux de la danseuse B,
et construire de la sorte une ronde à
chaînons brisés, — que l'allure des
jambes, il faut l'avouer, n'exprime
guère.

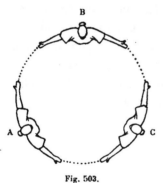

Fig. 503.

### 341. Un Homme entre deux Femmes.

Fig. 504 : un Satyre sautille sur place
(300) entre deux Ménades. Celles-ci dansent avec leurs bras, et
leur gesticulation, sans être rigoureusement symétrique, sert
néanmoins à encadrer les mouvements sautés du personnage
central.

### 342. Une Femme entre deux Hommes.

Fig 505 : une Ménade entre deux Satyres. Celui de gauche saute
sur place d'une jambe sur l'autre ; son pendant de droite exécute
peut-être les Glissés simultanés des deux pieds (226), bien que la
pointe de son pied droit n'effleure pas le sol. La Ménade renverse

la tête dans un mouvement orgiastique. Les Positions des bras

Fig. 504.

Fig. 505.

de ces trois danseurs rappellent le type fondamental de la figure 99,

mais altéré par des angles brusques, aux articulations du poignet
et du coude.

Fig. 506 : les trois Bacchants courent du même pas (78); la
jambe d'appui marque par son fort fléchissement (73, 300), que

Fig. 506.

les sauts successifs, dont se compose leur allure, sont plus accentués que les sauts constitutifs de la course normale (69). Ce Pas
rudimentaire, exécuté par trois danseurs dont le groupement est
nettement indiqué, est remarquable par la simultanéité et la similitude des mouvements des jambes : les trois personnages bondis-
sent et retombent au même moment (282), avec un ensemble qu'il
est rare de pouvoir constater. La gesticulation de leurs bras, grotesque et facile à imaginer, est toute bachique (142).


# TROIS DANSEUSES ET UN CONDUCTEUR


**343.** On trouve, à toutes les époques de l'art grec, un groupement
caractéristique de trois danseuses qui se suivent à la file ou qui
s'avancent de front et sont précédées le plus souvent d'un Conducteur. Les trois femmes sont des Kharites, ou des Nymphes, ou des

Heures. Le personnage qui les accompagne est Hermès, Pan ou Dionysos; quelquefois il est impossible de lui assigner un nom. Ce thème a de nombreuses variantes. Ses trois types principaux [1] sont les suivants :

**344. Le dieu Conducteur précède les trois femmes sans leur donner la main.** — Un bas-relief votif trouvé sur l'Acropole et qu'on peut dater de la fin du vi° siècle, nous fournit une des plus anciennes représentations de ce genre. Hermès, enveloppé dans un ample manteau, précède les trois femmes (trois Kharites?). Il joue de la double flûte et rythme leur pas. Vêtues du costume ionien, les danseuses s'avancent à une allure bien lourde; les pieds s'appuient sur le sol par toute la plante. C'est à peine si le sculpteur a osé soulever le talon gauche de l'une d'elles (fig. 19). La figure 507

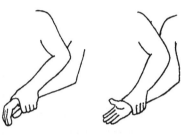

Fig. 507.

montre de quelle manière ces femmes se tiennent au poignet (ἐπὶ καρπῷ). Leur danse se réduit à une marche rythmée, sans caractère.

Un ex-voto d'Eleusis substitue à Hermès son fils Pan, aux pieds fourchus; celui-ci, qui joue de la syrinx, précède trois Nymphes. Le petit cortège se dirige vers une tête de fleuve barbu sculptée à gauche, dont la présence permet d'attribuer aux trois femmes leur

Fig. 508.

véritable nom. Elles se suivent en file en se tenant par l'extrémité d'une draperie qui flotte derrière leurs épaules et qui est le rabat d'un large manteau dans lequel elles sont tout entières enveloppées (fig. 508). Leur marche cadencée est souple mais d'allure calme : la présence de Pan n'enlève pas à cette orchestique si simple son caractère religieux.

---

1. Au point de vue purement orchestique.

Même lorsque Dionysos devient le Conducteur, la dignité presque hiératique des personnages reste traditionnelle. Des trois femmes qui suivent ici le dieu, les deux dernières seulement se tiennent par la main (fig. 509). La première relève à deux mains le rabat de sa

Fig. 509.

tunique dans le creux duquel on aperçoit des fleurs. Les quatre personnages marchent sur la demi Pointe, de ce pas spécial aux danseurs qui figurent sur les monuments archaïsants (18).

La charmante peinture de vase que reproduit la figure 510 est comme la parodie de ces scènes orchestiques solennelles. Trois femmes qui se suivent à la file s'approchent d'un vieillard assez semblable à un Silène; la première cache ses mains sous son manteau et la seconde la saisit par

Fig. 510.

le rabat de la tunique, tout en se retournant vers la troisième femme à qui elle tend la main. L'ensemble est plein de gaité et contraste avec l'austérité des représentations précédentes.

**345. Le dieu Conducteur tient la première femme par la main.** — La figure 511 est remarquable par la forme que prend l'enlacement des bras des trois femmes. Sur la figure 512, il est visible que les quatre personnages s'avancent de front. Ces deux monuments nous ramènent à la grotte des Nymphes; le masque d'Achéloüs, père des Nymphes, et le dieu Pan figurent à titre d'accessoires. Hermès conduit les trois danseuses.

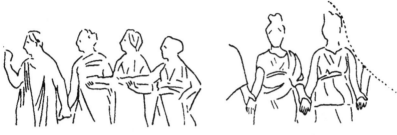

Fig. 511.                                        Fig. 512.

**346. Trio féminin sans Conducteur.** — Une terre cuite de Myrina (*Nécropole de M.*, planche XIX), en forme de grotte, montre trois danseuses alignées de front, que Pan ni Hermès n'accompagnent. Mais le masque de Pan, suspendu à la rocaille, témoigne de la présence symbolique du fils d'Hermès. Les trois femmes ont rompu la chaîne : tandis que celle du milieu s'avance d'une allure rapide, ses deux compagnes paraissent jouer avec leur manteau, dans une danse mouvementée des bras, la tête tournée vers la figure centrale. Nous sommes en présence ici d'un véritable Pas de Trois, dont les détails nous échappent, par suite de la mutilation du morceau, et qui est d'une allure assez vive. Ce trio féminin sans Conducteur doit être une simple variante des scènes à quatre personnages mentionnées ci-dessus : l'absence du chorège n'est qu'apparente, puisque son masque préside.

Plusieurs bas-reliefs archaïsants (18) reproduisent le thème du trio féminin sans Conducteur et en reviennent à l'allure lourde, à la marche terre à terre des danseuses archaïques dont ils sont les imitations. Quel que soit le nom qui convienne à ces femmes, elles sont également raides et comme rivées au sol; à peine leurs pieds se soulèvent-ils. Les erreurs voulues de la perspective ne permettent pas de décider si elles marchent à la file ou si elles s'avancent de front. Souvent la première et la troisième, qui ont une main libre, font le geste du voile (43)

Fig. 513.

ou celui de la tunique (44) : artifices très anciens employés par les artistes décorateurs pour occuper le bras inactif de leurs personnages.

La figure 513 est un détail emprunté à l'un de ces bas-reliefs archaïsants. La figure 514 montre le caractère spécial de cet art convenu.

Fig. 514.

**347**. Il est évident que c'est à la persistance traditionnelle d'un symbolisme religieux qu'il faut attribuer la tenue orchestique, toujours noble, de ces trois femmes. Leur danse, qui n'est le plus souvent qu'une lente marche rythmée, est destinée peut-être à rappeler les jeux des chastes divinités, de ces vierges qui habitaient les plus fraîches vallées de la terre, ou qui faisaient cortège, dans l'Olympe, aux dieux immortels.

# CHŒURS DE DANSE

**348**. Le mot χορός a une signification plus étendue que notre mot chœur; il implique presque toujours l'union du chant et de la danse. Nous n'envisagerons ici les Ensembles orchestiques, les

Chœurs de la danse grecque, que comme des groupements de personnages muets, organisés suivant certaines conventions décoratives.

Les monuments figurés sont riches en représentations chorales ; malheureusement elles présentent peu de variété. Les artistes sont arrêtés par leur ignorance de la perspective, et, ne pouvant traduire des masses profondes, ils s'en tiennent le plus souvent à la juxtaposition des personnages, alignés par file ou de front. Il ne faut donc pas demander aux vases ni aux reliefs de nous offrir des types bien caractérisés des divers Chœurs de l'orchestique grecque. Il sera également difficile de distinguer, au point de vue de la forme, les *chœurs linéaires* des *chœurs orbiculaires* et des *chœurs en carré*. En raison des lacunes qu'elles présentent il nous est impossible d'adopter pour l'étude des images chorales un plan conforme à ces divisions historiques, et c'est à une classification artificielle que nous aurons recours.

**349. Chœurs dans lesquels les danseurs se tiennent par la main**. — La représentation des Files ou des Rangs [1] de danseurs qui se tiennent par la main devait tenter les peintres céramistes à l'époque lointaine où la décoration des vases était conçue suivant des formules géométriques. Dans une Farandole, dans une Ronde, la tenue de chacun des personnages qui la composent ressemble à celle de tous ; le danseur perd sa personnalité et n'est plus qu'un anneau de la chaîne. Les artistes du Dipylon, qui donnaient à la figure humaine une formule abstraite (8), auraient été bien empêchés de rendre la complexité, la variété des mouvements d'une danse exécutée par un seul personnage. Au contraire, il leur était facile de disposer, dans les zones qu'ils ménageaient sur la panse et le col des vases, des bonshommes raidis par la nécessité de se donner la main. De là un assez grand nombre d'images qui sont comme des schémas de la Farandole.

Ces antiques représentations chorales sont contemporaines des files de soldats qui se suivent marchant tous du même pas, tenant les mêmes armes, dans une attitude identique, et des longues séries

---

1. Danseurs en files = danseurs qui se suivent ;
Danseurs en rangs = danseurs juxtaposés latéralement.

de pleureuses qui se lamentent autour d'un mort en portant les mains à la tête pour s'arracher les cheveux (fig. 541 et 542). Ces trois sujets : guerriers, pleureuses, danseurs en files, ont pour caractère commun la similitude des modèles dont l'artiste s'inspire. Cela explique leur vogue à une époque où l'art n'osait encore exprimer que des collectivités, par la répétition indéfinie d'un type uniforme.

Réduits parfois à un aspect purement hiéroglyphique, ces personnages dansant, au corps triangulaire, aux bras cassés en zigzag, se détachent en silhouette opaque sur le fond rougeâtre du vase, sans qu'il soit possible de leur attribuer un sexe. Ce genre de peintures, peu instructif pour nous, fait place à une figuration plus intéressante : les hommes d'un côté, les femmes de l'autre, se font face, séparés par le citha-

Fig. 515.

riste qui rythme leurs pas (fig. 515); — ou bien ils composent une file unique, mais toutes les femmes sont groupées ensemble, et, dans cette antique Farandole, les sexes n'alternent pas (fig. 516).

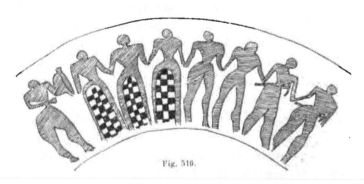

Fig. 516.

Cette disposition singulière n'est peut-être qu'une gaucherie du pauvre artiste qui a dessiné ces ridicules bonshommes. On remarquera, à gauche du chœur dansant, le joueur de tympanon; on reconnaîtra deux guerriers, à droite, qui ont l'air d'être traversés de part en part par un glaive court.

Ces deux exemples suffiront à nous fixer sur la valeur indicative de ces informes essais[1].

**350**. Le vase François (10) nous offre un très beau spécimen de la danse dont les Grecs attribuaient l'invention à Thésée (fig. 517). C'est une longue file où les hommes et les femmes, se tenant par la main, alternent régulièrement. Thésée lui-même est leur Conducteur; il les précède en jouant de la lyre et s'avance vers Ariadne, que cette pompe orchestique paraît émerveiller. Les danseurs ne sont autres que les victimes désignées du Minotaure, arrachées par Thésée à la mort qui les attendait, dans les profondeurs du

Fig. 517.

Labyrinthe. Ce sont les mêmes personnages qui, sur un curieux vase du vi[e] siècle (au Louvre), sont alignés sur deux rangs, immobiles et funèbres, et paraissant attendre avec résignation que le monstre leur fasse un sort. Ils sont ici pleins de vie et célèbrent leur délivrance en dansant la Grue (γέρανος) au son de la lyre que fait vibrer leur sauveur. Leur allégresse ne s'exprime pas encore en bonds joyeux; le peintre les a fait marcher sur la double Plante, ce qui n'est pas la marque d'une grande légèreté. Bien qu'ils s'avancent du même pas, les hommes et les femmes n'écartent pas également les jambes (65). Le lourd et somptueux costume dorien

---

1. Faut-il conclure, de ces naïves représentations, que, dans les temps anciens, les hommes et les femmes dansaient sans se mêler? Cela serait hasardé. Il ne faut pas interpréter ces peintures conventionnelles, dans lesquelles l'inexpérience et la timidité restreignent l'exactitude, comme la copie fidèle des scènes retracées. La légende de Thésée, inventeur de la danse des deux sexes, ne nous est pas non plus d'un grand secours pour fixer le moment où hommes et femmes ont dansé·ἀναμίξ.

que portent les jeunes Athéniennes les oblige sans doute à rac-
courcir leurs pas; ou bien est-ce une délicatesse du peintre qui a
voulu donner à leur allure plus de grâce et plus de décence?

Le Corps de ces danseurs est très habilement dessiné de trois
quarts, tandis que la tête et les jambes se présentent de profil; ce
qui n'est ni une gaucherie ni une convention (23, 26). Dans la Grue,
les danseurs ne s'avancent pas de front : ils se suivent; et comme
ils se tiennent par la main il en résulte que leur torse est obligé
de tourner sur lui-même et que la poitrine fait saillie de côté. Le
peintre céramiste a exprimé ces nuances avec une remarquable
entente de la perspective, qui ne se retrouve pas souvent, même
sur les peintures les plus parfaites.

Les danseurs du vase François n'exécutent qu'une marche
rythmée, lente et noble.

Ceux-ci (fig. 518), qui ont été relevés sur une amphore à

Fig. 518.

rosettes, de basse époque (12), se livrent à une course rapide, les
bras étendus, les mains enlacées. On observera que l'alternance
des sexes n'est pas régulière. Précédés d'un couple conducteur, ils
se déplacent rapidement dans une direction rectiligne. Le premier
de la file et la danseuse de queue tiennent de leur main libre une
couronne de feuillage.

Fig. 519.

**351.** La figure 519 reproduit une Farandole remarquable par le
réalisme et la dyssymétrie des attitudes. La chaîne se compose de

cinq femmes et d'un homme seulement. La singularité du fait rend cette amusante petite scène digne d'une mention spéciale.

**352.** Nombreuses sont les représentations de femmes seules dansant en chaîne continue. A toutes les époques de l'art grec le même motif se retrouve sous une foule de variantes. Parfois l'orchestre accompagnateur est mis en scène à côté des danseuses : il se compose d'un tympanon, d'une lyre ou d'une cithare, et d'une flûte double, mais rarement il est au complet; il peut faire entièrement défaut. La dernière danseuse de la file, qui a une main libre, fait souvent le geste de la tunique (44).

Sur la figure 520 on voit les femmes se prendre par le poignet (ἐπὶ καρπῷ) avec une sorte de violence. Elles sont visiblement arrêtées; la Farandole se réduit à une chaîne immobile.

Fig. 520.

Le Louvre (salle XII) possède un fragment de la frise de Samothrace, qui appartenait à un temple reconstruit au ivᵉ siècle dans un style archaïsant. Ce bas-relief, malgré sa mutilation, prend un assez grand intérêt orchestique. Une longue file de femmes s'y déroule et bien qu'elles se donnent toutes la main, d'un bout à l'autre de la chaîne, elles sont associées deux à deux, — la direction de leur tête le prouve. Toutes ces danseuses marchent sur la demi Pointe, avec un hanchement prononcé.

On trouvera au Louvre plusieurs bas-reliefs de basse époque représentant des chaînes de danseuses : ce ne sont généralement que de médiocres compositions décoratives sans vraisemblance et sans intérêt orchestiques. — La même remarque peut être faite au sujet de plusieurs monuments analogues du Musée de Naples.

**353. Ronde.** — La Ronde peut être définie : une chaîne circulaire et fermée composée de danseurs qui se tiennent tous par la main. Dans les danses populaires la Ronde est pour ainsi dire instinctive et, comme on peut s'y attendre, elle apparaît sur de très anciens monuments. Les vases du Dipylon (8) en fournissent déjà des types reconnaissables. Le musée du Louvre possède une poupée en argile, qui se rattache à cette série, et dont les jambes articulées pendent au-dessous de la robe gonflée comme une cloche; on peut voir, tout autour de l'ample vêtement, une chaîne circulaire de femmes qui dansent en se tenant par les deux mains (VIII° siècle). Un beau vase corinthien, à zones décoratives parallèles, montre une Ronde composée d'un très grand nombre de danseuses; on le trouvera dans la salle de la céramique corinthienne, au Louvre, et il a été publié par de Longpérier [1]. Même sujet sur une coupe à figures noires du musée de Corneto, reproduite dans un ouvrage de Miss Harrison [2].

Le musée du Louvre possède trois groupes (terre cuite, pierre calcaire), de provenance cypriote et d'époque basse, qui représentent trois femmes exécutant une Ronde autour d'un arbre sacré ou d'un joueur de flûte. Il faut voir dans ces petits groupes des « représentations en abrégé », suivant l'expression de M. Perrot; les danseurs qui prenaient part à la Ronde étaient certainement plus nombreux. — Le costume de ces femmes est asiatique.

Ces exemples, que l'on multiplierait aisément, prouvent que les Rondes étaient pratiquées dans la Grèce continentale comme dans la Grèce insulaire. Mais il est certain que les danses en chaîne rompue leur étaient préférées. Celles-ci ont, sur les Rondes, en effet, l'avantage de la variété; elles se prêtent à la formation des *figures*, — y compris les figures circulaires, — et le Conducteur, en allongeant, en enroulant et en déroulant la chaîne, garde son indépendance, toujours précieuse au danseur grec. Il aime à conserver un rôle actif, en ayant une main libre, et rester le chef de la bande; s'il saisit par la main le danseur de queue, il n'est plus qu'un anneau de la chaîne fermée.

**354. Chœurs dans lesquels les danseurs, se suivant en file, ne se tiennent pas par la main.** — Dans ce cas chaque danseur conserve son indépendance, mais il est astreint à

1. *Musée Napoléon III*, pl. XV.
2. *Greek vases Paintings*, 1894.

conformer, plus ou moins rigoureusement, ses mouvements et ses gestes à ceux de ses compagnons. Et de cette obligation, qui est la même pour tous, résulte l'unité orchestique de l'Ensemble.

Cette unité n'est pas également apparente sur tous les monuments figurés qui présentent des danseurs en file. Elle est clairement révélée lorsque les personnages qui se suivent sont tous représentés à un même moment (282) du même Pas. Les figures 521 et 522 sont empruntées à des

Fig. 521.

séries dans lesquelles le même type est répété uniformément, et il suffit d'isoler un ou deux individus de pareilles séries pour imaginer toute la file.

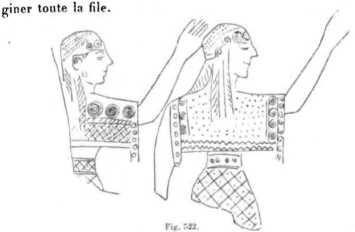

Fig. 522.

L'unité de l'Ensemble est encore manifeste sur des images telles

Fig. 523.

que la figure 523. Les trois Satyres simiocéphales exécutent simultanémènt le même mouvement de jambes (301), mais ils n'astreignent pas leur gesticulation à un pareil synchronisme. La femme ne fait point partie de l'Ensemble orchestique : elle n'est ici qu'une simple spectatrice.

Entre les danseurs de la figure 524 il n'y a d'autre parenté que
le geste du bras gauche (148). Il semble que le danseur A coure,
que le danseur B s'apprête à sauter (300) et que le troisième exé-

A       B       C
Fig. 524.

cute des Glissés de la
forme décrite (226). On
peut rapprocher le geste
des danseurs B et C du
geste plus explicitement
grotesque des quatre
bonshommes (fig. 277).

Des files de danseurs, du genre de celles qui ont été analysées
plus haut (fig. 230, 277), et qui se composent de personnages
représentés à des moments différents d'un même Temps ou d'un
même Pas, doivent être reconnues, après examen, parfaitement
homogènes. Les danseurs grecs en groupe ont toujours aimé à
rompre le synchronisme de leurs mouvements [1].

**355. Danseurs en rang, de front.** — Il en est des alignements de danseurs sur un rang, comme des alignements de fantassins ou de cavaliers qui s'avancent de front : lorsqu'il s'agit de les
représenter autrement que de face, les artistes grecs se heurtent
à d'insurmontables difficultés. Ils ignorent les règles du *point de vue*,
et se contentent de faire déborder les personnages les uns sur les
autres, sans perspective fuyante : les lignes restent parallèles et
le front se développe en s'éloignant du spectateur, sans variation
angulaire.

La figure 525 rend un compte exact de cette gaucherie, dont les
exemples ne manquent pas. Par une naïve simplification du
peintre, un seul manteau enveloppe les neuf femmes qui composent
ce chœur sur un rang, et cache entièrement le jeu des mains. La
dernière femme à droite tient une couronne.

Il est probable qu'un certain nombre de *files* représentées sur les

---

1. Le χορός populaire de la Grèce moderne — ἡ πυῤῥίχη, disent les lettrés — est une
danse en file dans laquelle les exécutants se suivent, généralement sans se toucher.
A la tête de la file le Conducteur se livre à une gesticulation compliquée et à des
mouvements balancés partiellement reproduits par tous ses compagnons ; lorsqu'il est
fatigué, il passe en queue ; de sorte que chacun des danseurs devient Conducteur à
son tour.

monuments doivent être interprétées comme des *rangs*, par correction. Prenons pour exemple la figure 526, qui est considérée par

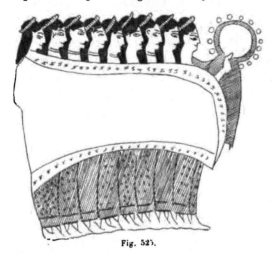

Fig. 525.

Beulé comme un fragment de Chœur cyclique. Le personnage A

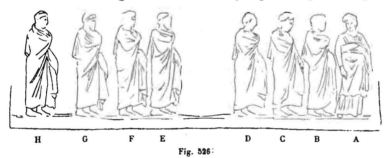

H        G        F        E            D        C        B        A

Fig. 526.

serait le chorège lui-même. Ne faut-il pas disposer les sept autres sur trois rangs, comme il suit :

```
. . H
G F E
D C B
```

Le sculpteur, ne pouvant figurer les trois rangs les uns derrière les autres, les aurait dissociés et juxtaposés.

Quoi qu'il en soit, nous ne pouvons tirer de ces représentations et d'autres. semblables, des indications bien claires, ni bien utiles.

La confusion des Files et des Rangs est fréquente sur les peintures
de vases aussi bien que sur les bas-reliefs.

**356. Les Chœurs du Théâtre.** — A plus forte raison nous
ne devons attendre des monuments figurés que des renseignements
très vagues sur la disposition des Chœurs scéniques, composés de
*Choreutes* groupés en parallélogrammes, de forme variable, et
répartis en même temps par Rangs et par Files. Ici la complexité
devient telle qu'un art ignorant de la perspective est tout à fait
impuissant à traduire de pareils Ensembles, même si on les suppose
immobilisés.

La figure 527 présente un intérêt exceptionnel : il est visible que

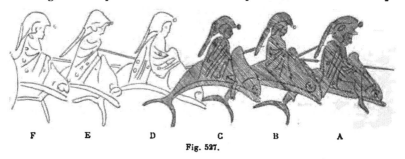

F          E          D          C          B          A

Fig. 527.

ces guerriers, montés sur des dauphins, chevauchent sur deux
rangs de trois, qu'il faut placer l'un derrière l'autre. Un joueur de
flûte double, grotesque, les précède. Ces singuliers personnages
sont des *Choreutes comiques* qui entrent en scène. Le *Chœur
comique* complet se composant de vingt-quatre Choreutes, il semble
qu'il faille compléter comme il suit le cortège burlesque :

$$. \quad . \quad . \quad . \quad . \quad . \quad . \quad \text{D A}$$
$$. \quad . \quad . \quad . \quad . \quad . \quad \text{E B}$$
$$. \quad . \quad . \quad . \quad . \quad . \quad \text{F C}$$

Son entrée dans l'Orchestre se ferait donc par rangs de trois [1].

De pareilles représentations sont probablement fort rares : la
simple juxtaposition des personnages tient lieu, le plus souvent, de
toute autre perspective.

1. C'est pour mettre en lumière la disposition sur deux rangs que le système des
hachures a été appliqué aux trois premiers Choreutes seulement. En réalité tous les
six doivent être traduits de la même façon; le vase est à figures noires.

Les Choreutes comiques ci-contre (fig. 528), affublés d'un costume étrange qui fait d'eux des coqs ou des huppes, courent (78)

Fig. 528.

au son de la double flûte d'un aulète, en agitant les bras comme ferait un oiseau de ses ailes.

M. Collignon suppose que les personnages à tête de dauphin, sur le monument de Lysicrate (16), sont les Choreutes du dithyrambe dramatique avec lequel Lysicrate remporta la victoire au concours. La figure 529 montre trois de ces métamorphosés au moment où ils se précipitent dans les flots, tête première (προχάρηνος). Le sujet qui se déroule sur la charmante petite frise du monument choragique est la lutte de Dionysos contre les pirates tyrrhéniens vaincus et métamorphosés en marsouins; ceux-ci disparaissent dans le bouillonnement de la mer. On peut imaginer à quel

Fig. 529.

singulier mouvement d'ensemble pouvait donner lieu cette culbute, au théâtre, si tous les Choreutes l'exécutaient en même temps et s'engouffraient sous le plancher de l'orchestre.

Nous pourrions multiplier les exemples de cette nature. Les représentations théâtrales font l'objet d'un grand nombre de peintures céramiques dont l'intérêt chorégraphique est malheureusement très restreint. Ces peintures peuvent fournir des matériaux à l'étude de la danse mimétique, que nous n'entreprenons pas; elles ne nous apprennent rien, — elles ne peuvent rien nous apprendre, — sur l'organisation des Ensembles scéniques, parce qu'elles manquent de perspective et de profondeur.

On n'oubliera pas que tout Choreute — tragique ou comique — est en même temps danseur, acteur et chanteur; la danse à laquelle il se livre doit tenir de cette circonstance un caractère prédominant. Elle est, par-dessus tout, « l'imitation de ce que dit la voix ».

**357. La Tratta.** — La Tratta est une danse de la Grèce contemporaine. Elle est exécutée par des femmes qui se tiennent par la main suivant une formule spéciale. Chacune d'elles, au lieu de donner la main à sa voisine immédiate, la tend, à bout de bras, aux deux danseuses dont elle est séparée, de chaque côté, par une intermédiaire. Il se forme ainsi une chaîne à mailles entrecroisées. L'allure de la danse consiste en balancements de toute la chaîne, produits par l'alternance de pas en avant et de pas en arrière, — ordinairement cinq pas en avant et trois pas en arrière, — exécutés *obliquement* (205).

Si l'on rapproche cette description sommaire de la peinture sur enduit d'une tombe grecque de Ruvo, on sera frappé de la concordance. Vingt-sept figures sont distribuées en deux groupes inégaux conduits chacun par un homme (fig. 530). La présence des deux chefs de file masculins est le seul détail qui distingue cette danse antique de la danse mégarienne actuelle, à laquelle les femmes seules prennent part.

On remarquera la lourdeur de la marche sur la double plante (64), gaucherie peu pardonnable à une époque où le pas normal avait reçu depuis longtemps un mode de traduction moins conventionnel. Malgré ses défauts, l'ensemble prend, par la monotonie

même et le parallélisme des lignes, une valeur décorative excep-
tionnelle. Les costumes sont peints à teintes plates; la tunique et
le manteau tranchent vivement l'un sur l'autre. Peu de monuments
antiques donnent une pareille impression de vie.

Fig. 530.

### 358. Les Danses en armes. — Elles n'étaient point prati-
quées seulement dans les fêtes solennelles, par des Ensembles
nombreux, en présence du peuple; les particuliers se plaisaient à
introduire chez eux, à la fin des repas, des danseurs, hommes ou
femmes, qui exécutaient devant les convives les mouvements vifs
et variés de la *Pyrrhique* traditionnelle.

Si l'on prend à la lettre la définition que Platon donne de la
Pyrrhique, on a le droit de considérer comme des *Pyrrhichistes*
presque tous les personnages armés figurés sur les vases et sur les
reliefs. La Pyrrhique est en effet (*Lois*, VII, 814) l'imitation exacte
de tous les mouvements de l'attaque et de la défensive : le maniement de l'arc, le jet du javelot, la parade du bouclier, toutes les
postures nécessitées par ces divers exercices, entraient dans la
composition de cette danse guerrière (πολεμικὴ ὄρχησις). La connaissance de l'art militaire chez les Grecs serait nécessaire à
l'étude de la Pyrrhique. Les monuments figurés sont insuffisants à
montrer ce que cette forme orchestique a pu être.

De très bonne heure, l'art des céramistes s'est plu à figurer des
guerriers munis de tout leur attirail belliqueux. Dès l'époque du

Dipylon (8), on voit des files de soldats casqués, porteurs du bouclier et de la double lance, remplir de leurs monotones silhouettes
les zones ménagées sur la panse ou sur le col des vases. Apparaissent ensuite, — notamment sur les plats de Rhodes (9), — les
guerriers affrontés qui luttent, et, sur les amphores de Corinthe (9),
les cavaliers symétriquement rangés des deux côtés d'un motif central. Une fois créés, ces motifs restent traditionnels et se perpétuent
à travers les âges de la peinture céramique. On conçoit que de
telles représentations soient le plus souvent de simples formules
décoratives, incapables de nous renseigner sur les mouvements des
personnages.

Les auteurs ne distinguent pas explicitement deux espèces de
Pyrrhique, mais leurs descriptions laissent entendre que tantôt
cette danse s'exécutait en masse et tantôt était « représentée » par
un seul danseur. Il faut se figurer la *Pyrrhique en masse* comme un
ensemble d'évolutions rythmées, savantes, complexes, qui excluaient
les mouvements individuels trop violents ou trop étendus; — et la
*Pyrrhique à un*, comme un exercice mimétique très actif, fait de
Pas courus, de Pas sautés, de Pas rétrogades, de Pas tourbillonnants, d'agenouillements, de mouvements de bras infiniment variés,

en un mot de tous les artifices
de la lutte et de la danse.

Nous rangerons sous l'étiquette commune de *Pyrri-
chistes* quelques personnages
armés empruntés à des vases
ou à des bas-reliefs. A défaut
d'exactitude cette rubrique a
l'avantage de la brièveté.

**359. Pyrrhique à un.**
— La présence constante de
l'aulète, qui joue de la flûte
double à côté du Pyrrichiste,
témoigne de l'intervention du

Fig. 531.

rythme dans les exercices de celui-ci.

Fig. 531 : l'éphèbe tournoie en IV croisée (267), ou plus exactement, il va exécuter un mouvement de *volte-face* dans lequel la jambe gauche sera le pivot.

Fig. 532 : la guerrière, san-glée dans son costume collant, vient de faire volte-face : elle se dirigeait vers la gauche et s'est brusquement retournée pour parer et frapper à droite.

Fig. 533 : le jeune Pyrri-

Fig. 532.

Fig. 533.

chiste se livre, sur une sorte d'es-trade basse, à des sauts en hauteur, sur place, qui paraissent être des Jetés croisés alternatifs (321); il est représenté pendant la période de suspension (222).

Ce peltaste qui rampe (fig. 534), ces personnages agenouillés (fig. 535 et 536) [1], sont des combattants figurés dans la mêlée d'un

Fig. 534.                                        Fig. 535.

engagement. Ils exécutent des mouvements et prennent des poses que Xénophon et Platon signalent parmi les feintes de la Pyrrhique.

1. Ce guerrier agenouillé (fig. 533) est, par une inexplicable erreur du peintre, étrangement conformé.

A ce titre nous pouvons les regarder comme des danseurs. [Souvent le guerrier qui lutte agenouillé a le bras gauche enveloppé dans sa

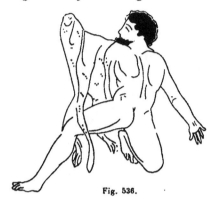

chlamyde, dont il se fait un frêle bouclier.]

Les amphores panathénaïques (10) présentent plusieurs figurations d'un lanceur de javelot qui court suivant la formule décrite (78), et s'arrête brusquement, pour transformer ainsi le mouvement de la course en force de projection. On peut voir encore dans ce motif un

Fig. 536.

des exercices usités par les Pyrrhichistes.

**360. Pyrrhique à deux**. — Les guerriers affrontés des vases du vii° et du vi° siècles (9, 10) sont le lointain prototype des Pyrrhichistes que nous retrouvons groupés par deux jusque sur les bas-reliefs hellénistiques (17) et sur les bas-reliefs de terre cuite italiotes (18). Mais tandis que les premiers sont de vrais duellistes qui s'élancent l'un contre l'autre avec fureur (fig. 537), la lance levée,

nos danseurs casqués (fig. 538) se contentent d'un simulacre de combat. Le bras gauche protégé par le bouclier, la main droite armée d'un glaive court, — qui souvent fait défaut, — le corps nu, ils tournoient par piétinement en IV croisée (267) tout en se dépla-

Fig. 537.

çant sur une piste circulaire à court rayon, et en se maintenant respectivement aux deux extrémités d'un même diamètre mobile. Ici la mimique est devenue un jeu périodique [1]. Il est probable qu'à intervalles réguliers ces guerriers frappent de leur glaive (qu'il faut

1. Les indications en pointillé et les flèches déterminent approximativement la forme et le sens des mouvements.

rétablir par la pensée sur la figure 538) contre leur bouclier d'airain : c'est la danse des Curètes (386, 387).

Sur un cratère de marbre (18) du Vatican, on voit gambader un Satyre entre deux Pyrrichistes semblables aux précédents. La présence d'un suivant de Dionysos entre les deux danseurs armés prouve que l'antique exercice orchestique dont les Spartiates — et, à leur exemple, les Athéniens — avaient fait une préparation à la guerre, s'était avec le temps profondément altéré. Les Pyrrichistes en arriveront à porter des thyrses

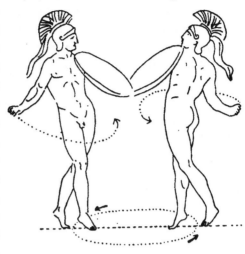

Fig. 538.

au lieu de traits, à brandir des férules et des torches et à s'enrôler dans le thiase des Bacchants. Au siècle d'Athénée, leur transformation est complète et définitive.

**361. Pyrrhique en masse.** — Les mêmes difficultés de perspective qui ont arrêté les peintres céramistes et les sculpteurs en bas-reliefs et leur ont interdit la représentation des Chœurs en masses profondes, les ont empêchés de figurer des Ensembles de Pyrrichistes.

Sur un des bas-reliefs du Monument des Néréides (fig. 539), des

Fig. 539.

guerriers s'avancent en rang, de front, serrés les uns contre les autres, et débordant, sans perspective fuyante (355), les uns sur les autres. Ils ont les jambes très écartées, ce qui marque peut-être que leur pas est accéléré ; tous ont la jambe du même côté en avant, selon une habitude militaire qui s'est perpétuée jusqu'à nous. Cette *règle du même pas* s'impose instinctivement à une troupe qui se meut suivant le même rythme, parce que, dans un Ensemble, le rythme existe pour l'œil en même temps que pour l'oreille. Nous pouvons supposer que les Pyrrichistes en masse étaient astreints à cette obligation. Nous en avons la preuve dans la figure suivante.

Un bas-relief trouvé sur l'Acropole (fig. 540) montre une troupe

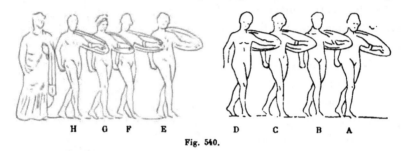

Fig. 540.

de huit Pyrrichistes répartis en deux groupes de quatre, dont il faut sans doute faire deux rangs, placés l'un derrière l'autre (355) :

H G F E

D C B A

Ils s'avancent tous du même pas; leur bras gauche est armé du bouclier et tendu en avant; le bras droit, qui tombe le long du corps, est *soutenu* (113) comme si la main tenait une arme; mais cette arme n'existe pas. Le chorège, en tunique talaire, marche gravement à côté de sa troupe. Ce bas-relief est un piédestal; une inscription mentionne que la statue qu'il supportait a été consacrée par le chorège vainqueur au concours de danse pyrrhique.

Faut-il voir, au contraire, dans les deux groupes de quatre Pyrrichistes, deux chœurs en abrégé, qui seront au moment de l'action opposés l'un à l'autre et dont les mouvements, dont les évolutions seront contraires?

La seule constatation qui puisse être faite avec certitude est que la Pyrrhique en masse impliquait, à certains moments, une gesticulation et une allure communes à tous les danseurs. Il serait téméraire d'en demander plus long au monument précité.

**362**. Les Pyrrichistes figuraient dans la Pompe des Panathénées. La frise du Parthénon (15) fait une large place aux cavaliers Athéniens ; elle n'en réserve aucune aux hoplites porteurs du bouclier et de la lance, ni aux Pyrrichistes. La parade militaire à Athènes prit de bonne heure un caractère religieux qui la distingua profondément de l'orchestique en armes des Lacédémoniens. A Sparte, la Pyrrhique conserva très longtemps sa destination primitive ; elle y resta comme un abrégé de la guerre, à laquelle elle servait de préparation ; elle demeura un exercice gymnastique. Les Athéniens en firent un brillant spectacle.

# DANSES FUNÈBRES

**363**. Bien qu'elles soient essentiellement *mimétiques* et que leurs mouvements propres ne soient guère qu'une gesticulation métaphorique, les Danses Funèbres, réduites à leurs caractères extérieurs les plus frappants, doivent trouver place dans cet exposé. Nous étudierons sommairement les origines et les transformations du geste rituel et symbolique, qui est demeuré pendant de longs siècles l'accompagnement nécessaire des chants, dans les funérailles.

Les rites des funérailles, en Attique, étaient réglés par des lois. Aussi loin que les monuments nous permettent d'entrevoir les usages que ces lois avaient consacrés, la mort est entourée d'un appareil fastueux. L'ensevelissement est précédé de longues cérémonies et tout n'est pas fini lorsque le défunt repose dans son tombeau.

L'*exposition du mort* (πρόθεσις) était obligatoire d'après le décret de Solon ; mais elle était pratiquée depuis de longs siècles déjà.

Parmi les plus anciennes représentations de la figure humaine sont
les longues files de personnages représentés sur les vases funéraires
de très grande taille, trouvés au Dipylon (8). Bien qu'elles se réduisent à de véritables formules géométriques qui se répètent indéfiniment, ces étranges silhouettes (fig. 541 et 542) permettent
d'affirmer que la scène est réglée et que les gestes des personnages
s'exécutent avec ensemble : pleureurs — ou pleureuses — à gages
accompagnent de leurs gestes rythmés les lamentations funèbres
(θρῆνοι). Ils s'arrachent les cheveux, ou se contentent peut-être de
se tordre les bras au-dessus de la tète.

Pendant l'exposition du corps, les chants thrénodiques ne ces-
saient pas. Un joueur de flûte en était l'accompagnateur ordinaire,
et la gesticulation, cadencée, suivait les rythmes marqués par l'instrument : c'est là ce qu'on peut appeler la *Mimique Funèbre* [1].
Autour du mort, étendu sur un lit de parade, la douleur se manifeste par des signes extérieurs : on s'arrache les cheveux, on se
frappe la poitrine et l'on déchire ses vêtements ; les femmes s'égratignent le visage, les hommes se frappent les cuisses ; tous apostro-
phent le mort en étendant le bras vers lui, comme pour lui reprocher la douleur dont il est la cause. Avec le temps la violence des
gestes s'atténuera et la gesticulation funèbre ne sera plus qu'un
simulacre : les monuments vont nous le prouver.

L'exposition et la lamentation funèbres sont suivies du *transport à
la tombe* (ἐκφορά) et de l'*inhumation*. Le corps, placé sur un char
traîné par des chevaux ou porté à bras sur un lit de parade, est
escorté par les parents et les pleureuses. Le visage du mort reste
découvert pendant tout le trajet ; les thrènes et la gesticulation
funèbre, toujours accompagnés par la flûte double de l'aulète, paraissent se prolonger pendant le convoi. Les représentations de
l'*ekphora*, plus rares que celles de la *prothésis*, ont leur prototype
sur un grand vase du Dipylon (8).

Le *repas des funérailles* (περίδειπνον), qui suivait l'ensevelissement ; les *sacrifices sur la tombe*, du troisième et du neuvième
jour, celui du trentième jour, qui, à Athènes, mettait fin au deuil ;

1. En généralisant on peut dire : la Danse Funèbre.

les νεχύσια, repas offerts aux morts à des périodes fixes par les survivants, donnaient lieu sans doute à de nouvelles manifestations de la mimique funèbre. Les *visites à la stèle* (fig. 550) et les sacrifices représentés sur un grand nombre de lécythes attiques (13), provoquent en effet une gesticulation tout à fait analogue à celle qui accompagne le thrène pendant l'exposition du corps et le transport à la tombe.

**364.** Les scènes empruntées aux rites de la prothésis et de l'ekphora tiennent, sur les vases du Dipylon, une place importante. Ces antiques monuments nous montrent le défunt couché sur le lit

d'apparat ou sur le char funèbre, le visage découvert et entouré de femmes qui s'arrachent les cheveux : (fig. 541 et 542). Bien que leur sexe ne soit pas toujours clairement révélé, il faut voir dans ces personnages des *pleureuses*, dont les monuments postérieurs expliquent le geste. Ces femmes sont nues ; mais leur nudité n'est qu'une manière propre aux peintres de ce temps : ils ont sup-

Fig. 541.          Fig. 542.

primé le costume, par simplification, et donné à la figure humaine une forme schématique et abstraite (8).

La figure 543, d'après une hydrie corinthienne du VII° siècle,

Fig. 543.

montre ce qu'étaient les gestes violents du désespoir avant que Solon eût interdit, par une loi, les manifestations outrées de la douleur. Ces trois femmes s'arrachent les cheveux, à pleines mains.

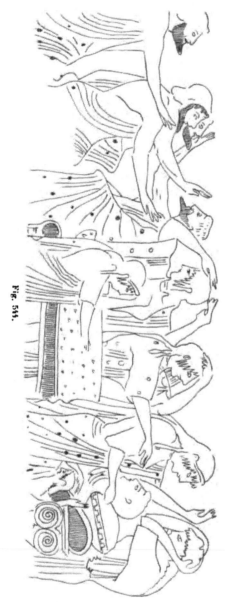

Fig. 544.

Celle du milieu peut être rapprochée de la figure 542 dont elle est le commentaire explicatif. Nous sommes encore au temps où l'orchestique funèbre est cruellement réaliste : c'est le point de départ.

**365**. Si les vases les plus anciens ne nous montrent pas les femmes en train de se frapper le sein et de s'égratigner les joues avec les ongles, cela tient à la difficulté d'une telle représentation et à l'inhabileté des artistes. Mais les vases du vi° et du v° siècles (10, 11) présentent le simulacre de ces anciennes pratiques. Des plaques de terre cuite peintes, contemporaines des vases à figures noires, nous font assister à la transformation ; on peut y surprendre le passage du geste vrai au geste simplement figuré, du mouvement brutal au mouvement symbolique. La belle plaque du Louvre (fig. 544) [1] est un véritable tableau. Les personnages se divisent en deux groupes : le chœur des hom-

1. Pour donner plus de clarté au dessin, nous avons omis les légendes qui circulent dans le champ, autour des têtes, et nous n'avons point haché en noir les figures.

mes, auquel le père lui-même donne le signal des chants thrénodiques (363), et le groupe des femmes, qui se tient le plus près du
mort [1], suivant l'usage. Les gestes des divers personnages sont
expliqués ci-dessous (fig. 545, 547, 548, etc.).

**366.** De très beaux vases à figures rouges, de style sévère (11),

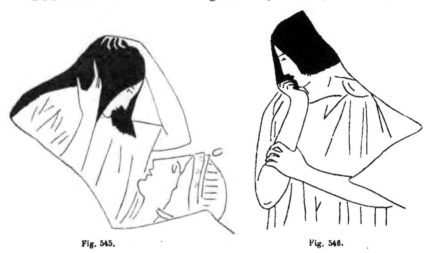

Fig. 545.                                     Fig. 546.

sont ornés de peintures funéraires, expressives à tel point qu'on
pourrait croire à la réalité des gestes qu'elles représentent. Il est

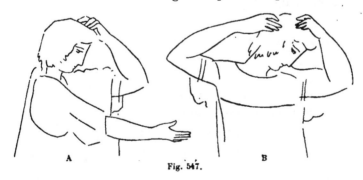

A                      Fig. 547.                      B

probable néanmoins que cette femme (fig. 545) ne s'arrache pas les
cheveux et que cette autre, de sa main crispée, ne s'égratigne pas
le visage (fig. 546).

Déjà, en effet, sur les vases à figures noires et sur les plaques

1. Ici, une femme.

peintes (fig. 544) on voit parfois les femmes — et aussi les hommes,
mais plus rarement — lever les deux bras dans un mouvement
double et symétrique et appuyer les deux mains sur leur tête, sans
saisir la chevelure. Cela prouve que l'habitude est perdue de s'arra-

Fig. 548.

cher les cheveux. Mais le geste figuratif subsistera traditionnelle-
ment (fig. 547, B).

**367**. A côté de ce type, il s'en forme un autre dès le vi° siècle
(10) : le personnage qui prend part à la la-
mentation funèbre porte une main à sa chevelure, dans un mouve-
ment plein de calme et
dont la noblesse révèle le
sens purement mimique ;
et il étend l'autre bras
dans la direction du mort
(fig. 544, 547, A, 548).
La main du bras étendu
a la paume tournée tantôt
en haut, tantôt en bas.

Fig. 549.

Fig. 550.

La main, au lieu de s'appuyer sur la chevelure, ne s'élève parfois
qu'à la hauteur du front ; le geste se confond alors avec celui de

1. La femme de droite, dans la figure 543, peut être prise pour prototype.

l'adoration, qui a souvent cette forme; l'autre bras reste étendu dans la direction du mort (fig. 549, 550).

**368.** La figure 551 peut être considérée comme le prototype d'un geste funèbre de belle allure décorative : une main repose sur la tête; l'autre bras, au lieu de s'étendre, se soulève et aboutit à la remarquable Position que l'on peut observer sur la loutrophore du Louvre (11) dont on voit ici le

Fig. 551.

Fig. 553.

Fig. 552.

col (fig. 552). La figure 553 est une variante du même geste.

**369.** Sur un certain nombre de lécythes funéraires (13), le rapprochement du pouce et de l'index doit avoir une signification rituelle; mais cette disposition des doigts n'est pas spéciale à la mimique funèbre. Elle exprime l'Adoration et se retrouve sur des scènes qui n'ont pas trait au culte des morts.

18

**370**. La persistance des gestes funèbres rituels est évidente : sur une amphore à volutes du III° siècle, on voit un homme s'approcher du lit de parade sur lequel le mort est couché, et soulever son bras gauche, en arrondissant la main au-dessus de sa tête (fig. 554). Il y a

longtemps que l'on ne s'arrache plus les cheveux en l'honneur des morts : même la signification du geste que l'on a conservé a dû se perdre, mais on le garde, par tradition.

Les Sirènes funéraires trouvées dans les nécropoles sont un autre témoignage de la perpétuité de ces usages rituels. Myrina nous a livré un grand nombre de ces figurines dont le type est uniforme (fig. 555). La Sirène est ailée ; ses jambes se terminent en pattes d'oiseau. La chevelure est éparse ; de la main droite, la Sirène feint de l'arracher ; la main gauche se pose sur le sein. Les ailes, très

Fig. 554

amples, sont pendantes et encadrent ce corps monstrueux. Déposées par les parents du défunt dans sa tombe, à titre d'offrandes, ces figurines symbolisent la *déploration* funèbre, par leur geste consacré.

Le culte des morts, chez les Grecs, a donc été de tout temps caractérisé par une gesticulation rituelle, issue de mouvements violents, et devenue peu à peu l'expression religieuse et le symbole d'une douleur contenue.

**371**. La Grèce moderne a conservé en partie les usages funéraires de la Grèce antique. Les *myriologues* chantées par les femmes parentes ou amies du défunt, et aussi par les pleureuses à gages, sont de véritables thrènes (363) dans lesquels on interpelle le mort pour lui reprocher d'avoir abandonné les siens. Le cadavre, paré

Fig. 555.

comme autrefois de ses plus beaux vêtements, est exposé au milieu de la chambre mortuaire, le visage à nu : le cercueil ne se fermera qu'au moment même de l'ensevelissement.

La gesticulation funèbre a maintenant disparu presque entièrement ; on la pratique encore, paraît-il, dans quelques villages de l'intérieur. Au commencement de ce siècle, tout convoi funèbre était précédé de pleureuses salariées qui s'arrachaient les cheveux en chantant les louanges du mort.

Le repas des funérailles, présidé par le plus proche parent, termine la cérémonie.

# JEUX RYTHMÉS

**372.** D'Homère à Lucien et à Plutarque, tous les écrivains de la Grèce confondent dans une même appellation les danseurs proprement dits, les joueurs de balle, les acrobates, les femmes qui marchent sur leurs mains, etc. Le mot ὀρχησταί (=*danseurs*) prend ainsi une acception très étendue. Cela tient à ce que l'usage du rythme, intervenant comme régulateur, s'appliquait aux jeux aussi bien qu'à la danse, aux exercices de la palestre comme aux évolutions savantes des Chœurs.

Les rameurs qui, sur les galères, manœuvrent en cadence, suivant le rythme que leur marque la flûte du triéraulète, les ouvriers de l'arsenal qui travaillent au son des fifres, l'orateur qui scande ses périodes et ses gestes, sont tous, dans une certaine mesure, des danseurs, si l'on prend le mot dans le sens très large qu'il avait chez les Grecs. La puissance du rythme — on pourrait dire la croyance au rythme — était si universellement acceptée, que la Grèce faisait parler ses oracles en vers et que plusieurs fois, dans le cours de son histoire, elle a réalisé la légende de la lyre d'Amphion : Épaminondas fit construire les murailles de Messène au son des flûtes béotiennes qui jouaient les airs fortement rythmés de Sakadas et de Pronomos; Lysandre fit démolir les murs du Pirée au son de la flûte.

Sans tomber dans la rythmomanie des Tyrrhéniens qui, au dire d'Athénée, pétrissaient le pain, boxaient et fouettaient leurs esclaves en mesure, les Grecs ont fait du rythme une application générale et constante. Ils obéissaient à un instinct de leur race ; et leurs philosophes finirent par poser en principe que l'*eurythmie* — la perfection dans le rythme et par le rythme — était la plus précieuse qualité de l'âme. Or elle s'insinue dans l'âme par le corps ; il n'est donc pas indifférent d'y soumettre les moindres exercices. Le Grec devait être eurythmique dans sa démarche, dans son costume, dans son langage, lorsqu'il se livrait aux pénibles exercices gymniques ou aux mouvements moins violents de la danse. On appréciait la grâce d'un joueur de balle, d'un funambule ou d'une danseuse à la mesure de l'eurythmie qu'ils faisaient paraître.

De là une tendance à généraliser les termes qui impliquent les qualités eurythmiques : le mot ὀρχηστής est ainsi devenu l'étiquette commune à tous les gens qu'on pourrait appeler les professionnels de l'eurythmie.

**373**. Il n'est pas facile de distinguer les *Jeux rythmés* des danses proprement dites ; la limite qui les sépare est aussi malaisée à établir d'après les monuments figurés que d'après les textes : peut-être quelques-uns des exercices précédemment rangés sous la rubrique de danses accroupies et agenouillées (315) ne sont-ils que des jeux ; peut-être aussi faudrait-il reporter aux descriptions orchestiques plusieurs des jeux qui vont être énumérés.

Les joueurs de balle, dont les textes font si expressément des danseurs, ne prennent sur les monuments figurés aucun rôle orchestique appréciable et ne seront représentés ici par aucun exemple.

**374. Les Kubistétères.** — Κυβιστᾶν, c'est se jeter sur les mains, la tête en bas, pour exécuter dans cette posture incommode des exercices variés. Il suffit d'avoir sous les yeux les représentations antiques de cette danse acrobatesque (fig. 556, 557, 558) pour y reconnaître des *tours* chers à nos bateleurs. Ils ne consistent pas seulement à marcher sur les mains suivant un certain rythme, ils se compliquent d'agréables drôleries telles que : puiser du vin dans un cratère avec les pieds, tirer de l'arc avec les pieds, *faire la roue*, c'est-à-dire substituer les pieds aux mains après qu'ils ont passé par-dessus la tête, et les mains aux pieds, rapidement et sans temps d'arrêt; exécuter des *sauts de carpe* qui permettent à l'acrobate de franchir un obstacle en prenant pour points d'appui alternatifs les mains et les pieds, etc. Ce dernier cas est celui de la *kubisté-*

Fig. 556.

Fig. 557.

*ria* reproduite par la figure 557 : elle s'est jetée sur les mains entre des épées dressées, et elle sortira de cette redoutable enceinte par un saut de carpe en arrière.

Fig. 558.

Le Musée Britannique possède un singulier kubistétère : il a les mains appliquées sur le dos d'un crocodile et ses jambes, qui se redressent verticalement, ont pour soutien la queue de l'animal.

La figure 559 offre cette intéressante particularité que la danseuse paraît installée solidement sur

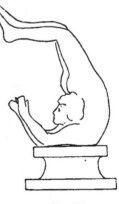

Fig. 559.

ses *bras* [1], de telle sorte que l'avant-bras reste libre de gesticuler.

---

1. Prendre ici le mot *bras* dans sa signification spéciale et restreinte (197).

Faut-il voir dans cette élégante figurine (fig. 560) une kubistétria qui combine le jeu du cerceau avec les culbutes? En tout cas elle ne fait guère en ce moment que préparer ou achever un exercice dont il est malaisé de deviner la forme.

Fig. 560.

**375. Danse aux vases. Kottabe.** — Les danseurs du Kômos (415) portent des accessoires variés; quelquefois c'est un simple bâton noueux, souvent c'est une corne à boire, pleine du divin liquide, ou une coupe fragile dont ils agitent le contenu (fig. 136). Les danseuses qui vont à domicile égayer les festins charment aussi les convives par des exercices d'équilibre exécutés avec des vases (fig. 120).

Le jeu du *kottabe* comptait bien des variantes; mais il consiste essentiellement à lancer sur un objet en équilibre, qui tombera au moindre choc, un reste de liquide (le latage) laissé à dessein au fond d'une coupe. A en juger par une peinture de vases empruntée aux Monumenti (VIII, pl. LI), les joueurs, en lançant le latage, exécutent des mouvements de danse. Dressé sur la demi Pointe (102), celui qui vise le but fait tournoyer sa coupe au-dessus de sa tête; ses jambes obéissent à un certain rythme, et la scène a un caractère orchestique très marqué. Il fallait, pour être un parfait joueur de kottabe, s'y montrer plein d'eurythmie.

Fig. 561.

**376. Funambules de Pompéi.** — La plupart des funambules de Pompéi sont des danseurs en terre ferme que la fantaisie du peintre a placés sur une corde tendue, et qui seraient bien empêchés d'y prendre des poses aussi peu stables (fig. 205). Quelques-uns d'entre eux cependant respectent les règles spéciales à leur art et glissent légèrement la Pointe le long du câble rigide (fig. 561).

Tous ces jeunes personnages dansants sont des Satyres : les uns brandissent des thyrses; les autres tiennent des instruments de musique; quelques-uns jouent avec des vases. Nous retombons dans le domaine de la fiction, qui règne en souveraine sur les fresques de Pompéi (317) et ne nous permet pas d'attribuer une sérieuse valeur représentative aux figures orchestiques qu'on peut y relever.

**377.** Pas plus que le jeu de balle, le très ancien *jeu des outres* (ἀσκωλιασμός) n'est représenté sur les monuments par des images caractéristiques. Les auteurs nous apprennent que les joueurs sautaient à cloche-pied sur des outres graissées et que la mésaventure inévitable qui en résultait mettait en joie les spectateurs. Un aulète marquait le rythme suivant lequel les tenants devaient exécuter leur saut.

**378. Jeux rythmés à deux.** — L'aulète accompagne assez souvent le jeu de l'éphédrismos. Il est supposable, à l'aspect des jeux représentés par les figures 564 et 565, que le rythme y intervenait comme régulateur.

A proprement parler, l'*éphédrismos* est un gage dont le perdant s'acquitte en portant le vainqueur sur son dos. Les représentations en sont nombreuses et appartiennent à toutes les époques de l'art grec. Celle-ci (fig. 562) est une des plus anciennes : un éphèbe, qui porte un jeune garçon sur son dos, se dirige vers une sorte de caducée fiché en terre ee qui marque le but.

Fig. 562.

Fig. 563.

Le jeu prend une autre forme sur la figure 563. Le porteur est immobile et s'arc-boute des mains à l'intérieur des genoux; à califourchon sur le cou de sa monture,

son compagnon frappe des mains en mesure : un joueur de flûte
double marque le rythme.

Les représentations analogues à la figure 562 sont les plus fré-
quentes. Sur une coupe du v⁰ siècle (Millin, *Vases antiques*, II, pl. X)
on voit Héraklès portant Dionysos; celui-ci tient une corne à boire.

Quelquefois un homme porte une femme (Heuzey, *Figurines du
Louvre*, XXXIII, 2), ou une femme a sur le dos une autre femme,
une joueuse de balle (Pottier, *Figurines de terre cuite*, p. 90).

Les intailles ne sont pas rares où l'on voit un Satyre installé sur
le dos d'un autre Satyre (Cabinet des Médailles).

**379**. Ces deux Satyres (fig. 564) se livrent à une lutte comique ;

Fig. 564.

appuyés sur une main et sur les deux genoux, — peut-être sur un
seul, — ils s'efforcent, à main plate, de se faire chavirer.

**380**. Un joli groupe de Tanagre, au Louvre (fig. 565), se prête
au commentaire suivant :

A          B

Fig. 565.

Les mouvements exécutés par les deux
jeunes filles peuvent être simultanés ou
successifs; ils ont leur point de départ
et leur conclusion dans la Position exprimée par la figure 565 elle-même.

1° La femme B tournera sur elle-
même, de gauche à droite, sans quitter
les mains de sa compagne, en faisant
passer ses épaules et sa tête par-dessous
ses bras. Le croisement des mains des
deux femmes se trouvera alors interverti ;

2° La femme A tournera sur elle-même, de droite à gauche, par le même procédé que sa compagne. Le croisement des mains des deux femmes redeviendra ce qu'il était primitivement.

Suivant que ces mouvements seront exécutés simultanément ou successivement par les deux femmes, leur durée totale variera du simple au double.

L'interprétation précédente est fondée sur le rapprochement qu'on peut faire entre le groupe de Tanagre et un jeu pratiqué dans nos provinces de l'Est.

# Les Danseurs

# DIEUX QUI DANSENT

**381**. [Nous n'avons, tout le long de cette étude, envisagé que des mouvements, abstraction faite de la qualité des personnages qui les exécutent. Il faudrait souvent faire appel aux textes et entrer dans des discussions philologiques, pour attribuer un nom à nos danseurs et pour expliquer les scènes où ils figurent.

Nous nous contenterons d'établir entre eux quelques catégories, en interrogeant les monuments dont l'interprétation est rendue facile par la présence de légendes explicatives (vases peints, quelques bas-reliefs) ou par la persistance traditionnelle des types orchestiques figurés.]

**382**. Presque tous les dieux de la Grèce antique ont été danseurs : Zeus, Héra, Déméter, Apollon, Aphrodite, Arès, Hermès, Athéna, n'ont pas seulement présidé à la danse de leurs suivants; les poètes, les mythologues nous les montrent très disposés à y prendre part en personne. Rien ne révèle plus clairement la dignité attribuée par les Grecs à un art que les plus hautes divinités de l'Olympe honoraient de leurs faveurs.

Sur les monuments figurés, les Grands Dieux jouent volontiers le rôle de Conducteurs ou d'Accompagnateurs de la danse. Les mouvements orchestiques auxquels ils président sont presque toujours d'allure noble et peu variée; les bas-reliefs de Thasos (Louvre) (14) peuvent être pris pour types de ce genre de représentations. Apollon accompagne sur un instrument à cordes et Hermès conduit un petit cortège de Kharites ou de Nymphes ; les pieds de ces femmes ne se soulèvent même pas ; une élégante et discrète gesticulation des bras, symétriquement rythmée, est le seul caractère orchestique appréciable dans l'Ensemble.

Généralement, sur les vases et sur les reliefs, les Grands Dieux se contentent d'assister aux danses des divinités inférieures. Même la Cybèle asiatique, dont le culte évoque des saltations furieuses, ne se dépouille jamais d'une gravité qui exclut presque le mouvement : elle tient le tympanon que ses prêtres en délire secouent en tournoyant, mais il n'est dans sa main qu'un attribut et un symbole ; elle s'avance avec majesté, comme il convient à la Grande Mère des dieux.

Parmi les divinités secondaires, les Kharites, les Nymphes, les Heures dansent assez lourdement : les monuments sont ici en contradiction constante avec les éloges des poètes, qui ont créé des mots pour exprimer la légèreté des Pas de ces gracieuses déesses. Peintres et sculpteurs sont d'accord à les représenter en files, en rangs, en cortèges, et s'en tiennent presque toujours à une mise en scène uniforme.

Les dieux danseurs par excellence — Dionysos et son thiase étant réservés — sont Niké et Eros.

**383. Niké danseuse.** — Niké paraît avoir de tout temps porté des ailes. Personnification de la victoire, elle en était en même temps la messagère. En élevant un temple à la Victoire sans ailes (Niké Aptère) les Athéniens avaient rompu avec la tradition et, par une intention subtile, privé de ses ailes une déesse qu'ils voulaient fixer à jamais auprès d'eux.

Les artistes primitifs durent se borner à donner des ailes à Niké ; ils ne pouvaient songer à en faire une *figure en l'air* et à exprimer son vol rapide. Ils se contentèrent de faire courir la déesse : ses ailes lui servaient à rendre sa course plus vive, sinon plus légère (fig. 566). Niké ne tarda pas à adopter le geste de la tunique (44) cher aux coureuses ; souvent elle le fait double (fig. 106).

Après avoir représenté Niké courant, les artistes s'enhardirent jusqu'à la faire sauter. Une amphore du Louvre, du milieu du v° siècle (11), nous montre Niké en l'air, les pieds parallèles et la

Pointe basse, comme si elle sautait à la corde ; mais, détail curieux, la déesse est placée de tra-
vers dans le champ du vase. Le peintre céramiste s'est cru obligé d'incliner sa Victoire ailée, pour rendre plus sensi-ble, par cet artifice, l'insta-bilité d'une figure en l'air.

Dès la fin du v° siècle, avec une virtuosité sans égale, Paeonios (15) fit sortir d'un bloc de marbre une Niké

Fig. 566.

Fig. 567.

ailée (fig. 567) en haut-relief, suspendue dans l'espace. La forme et la direction du *coup de vent* qui gonfle les draperies montrent que la Victoire d'Olympie s'abat sur le sol. La résistance de l'air, produite par la chute verticale, applique contre la jambe droite l'étoffe fine de la tunique ; la jambe gauche, nue et pro-jetée en avant pour prendre terre, s'est dégagée des plis du khiton. Du voile, que le vent arrondit et soulève de bas en haut, il ne reste que des fragments, mais ils suffisent à reconstituer le mou-vement de l'étoffe : il semble que Paeo-nios se soit inspiré d'une danse gra-cieuse dans laquelle le jeu du manteau déployé (318) se combinait avec des bonds pleins de souplesse [1].

_____

1. Le pointillé de la figure 567 est une indication hypothétique du mouvement du bras et de la draperie. Ce mouvement est emprunté à l'une des figures en haut relief du monument des Néréides.

Tout autre devait être l'aspect des douze Victoires qui ornaient les pieds du trône sur lequel Phidias avait assis son Zeus Olympien ; Pausanias, qui n'entre jamais dans les détails, nous dit sèchement qu'elles étaient en attitudes de danseuses. Cela prouve du moins que dès le vᵉ siècle Niké avait adopté l'allure orchestique, et il n'y a point d'impiété à supposer qu'une danseuse ait servi de modèle à Paeonios.

La coroplastie hellénistique (17), reflet du grand art, ne conçoit pas Niké ailée autrement que comme une danseuse ; elle lui met souvent entre les mains des attributs dionysiaques : crotales, couronnes en bourrelets, canthares bachiques ; elle l'enrôle, tout comme Eros, dans le cycle du dieu qui en ce temps-là s'associe avec Aphrodite pour détrôner les antiques divinités de la Grèce. Cette nouvelle Niké est bien une *orkhestria* de profession ; ses poses sont savamment élégantes ; ses bras s'inscrivent dans des courbes gracieuses (fig. 144, 152, 153).

Un grand nombre de ces figurines étaient destinées à être suspendues : de là, dans le mouvement des jambes, une liberté qui pèche souvent contre la vraisemblance ; pour exprimer que la déesse danse en voltigeant, le modeleur a volontairement altéré les conditions normales de l'équilibre.

[Les danseuses qui voltigent, sans ailes, sur un charmant vase

Fig. 568.

du ivᵉ siècle (fig. 568), donnent la mesure de cette convention. Les jambes légèrement pliées au genou, les pieds rapprochés l'un de l'autre, Pointe basse, rappellent — sans que la comparaison puisse être ridicule — les membres inférieurs d'un oiseau qui vole. La courbure de tout le corps, qui est incliné dans le sens du déplacement, marque avec élégance que ces figures échappent aux lois ordinaires de l'aplomb. Les seules indications orchestiques que l'on puisse recueillir sur ces petites peintures sont fournies par les bras des danseuses : les jambes sont inactives. — Des observations analogues pourraient être faites au sujet des Niké ailées modelées par les coroplastes et destinées à la suspension.]

Fig. 569.

Les Victoires qui volent adoptent parfois, par un retour aux vieilles traditions, l'antique geste double de la tunique (fig. 569).

**384. Eros danseur.** — Il a une histoire orchestique assez semblable à celle de Niké. Dès le v° siècle, Eros est ailé ; plus tard, il devient formellement un danseur.

Au v° siècle, Eros personnifie l'amour sans arrière-pensée de badinage ; c'est un éphèbe mélancolique et grave. Au iv° siècle, Praxitèle l'effémine, et l'époque hellénistique, sous l'influence de conceptions religieuses nouvelles, crée l'Eros Hermaphrodite, qui aime à danser ou à conduire la danse (fig. 188) (E. Pottier).

Un autre type d'Eros apparaît dès le iv° siècle : les enfants ailés de Tanagre, charmants bambini pleins de malice, sont quelquefois des danseurs très expérimentés (fig. 151). Souvent ils sont ailés et destinés, comme un bon nombre de Niké, à être suspendus par des fils (fig. 570). Il est regrettable qu'on ne profite pas de l'indication fournie par les trous de suspension,

Fig. 570.

qui sont très apparents dans ces figurines, et qu'on n'expose pas, dans les vitrines de nos Musées, ces *figures en l'air*, dans les condi-

19

tions voulues. Posées sur un socle, elles perdent leur physionomie et beaucoup de leur intérêt.

A partir de la fin du IVe siècle, tous les Eros, qu'ils soient éphèbes, enfants ou hermaphrodites, font partie du thiase bachique et en portent les attributs. Ils se mêlent volontiers aux Satyres et aux Ménades et ne sont pas moins qu'eux des danseurs infatigables; seulement ils s'abstiennent des mouvements pleins de violence que les suivants de Dionysos paraissent préférer; ils sont plus soucieux que leurs bruyants compagnons de garder l'eurythmie.

**385. Atys danseur.** — Atys est une divinité phrygienne dont le culte s'introduisit en Grèce d'assez bonne heure, mais y resta toujours secret. Cet amant de la Mère des dieux, qui lui donna de si étranges preuves de tendresse, ne put jamais conquérir le droit de cité parmi les Grecs. Comme Sabazios, comme Mên et Mithras, il fut officiellement méprisé; cependant certaines confréries religieuses l'avaient accueilli et célébraient ses mystères. Il conserva son aspect oriental : coiffé du bonnet phrygien ou de la haute mitre, il porte un costume asiatique dont le pantalon est quelquefois fendu sur les côtés.

Fig. 571.

Cet Atys est un danseur. Sans doute il n'est devenu danseur ailé que par analogie avec Niké, Eros, Psyché : les trous de suspension, ménagés dans le dos de la figurine que reproduit la figure 571, permettent de faire prendre au personnage le mode d'équilibre qui lui convient.

**386. Les Curètes danseurs.** — Les anciens n'étaient pas d'accord sur l'origine de la Pyrrhique, et ils ont émis à ce sujet des opinions contradictoires. Mais tous les auteurs s'accordent à dire que la plus ancienne danse armée, dont l'histoire légendaire ait gardé le souvenir, est la danse des Curètes : on sait le rôle qu'ils jouent dans l'enfance de Zeus. Rhéa, la Grande Mère, épouse de Kronos, ayant su dérober un nouveau-né à la voracité de son époux,

chargea les prêtres qui la servaient d'étouffer les cris du nourrisson sous le fracas de leurs armes. Les Curètes s'acquittèrent à
merveille de leur office; ils étaient casqués, porteurs d'un glaive et
d'un bouclier. Leur orchestique, bruyante par destination, était faite
des mouvements les plus désordonnés, si l'on en croit la légende.

Les monuments qui représentent les Curètes dans l'exercice de
leurs fonctions, appartiennent presque tous, malheureusement, à
l'art décoratif de la
plus basse époque, qui
est fait de formules con-
venues. On peut y rele-
ver néanmoins un trait
commun qui justifie les
épithètes que les hym-
nes orphiques et Non-
nos appliquent aux Cu-
rètes : Κουρῆτες ῥομβη-
ται, τροχαλοί. Toujours
ces danseurs tournent,
soit sur eux-mêmes, par
piétinement (fig. 350
bis), soit sur une piste

Fig. 572.

circulaire (fig. 538). Ils sont au nombre de deux ou de trois. Ils
frappent de leur glaive court leur bouclier d'airain, ou heurtent ce
bouclier contre celui de leurs compagnons. Ordinairement l'enfant
Zeus est représenté au milieu d'eux (fig. 572).

Les scènes qui figurent la danse des Curètes autour de Zagreus
sont analogues aux précédentes. Zagreus est le fils de Zeus et de
Coré; il fut confié aux Curètes par son père.

**387.** Il y a, entre la Pyrrhique et la danse des Curètes, une
différence essentielle : la Pyrrhique est une danse mimétique, un
simulacre de combat qui admet les mouvements les plus variés. La
danse des Curètes n'est qu'un prétexte à faire bruyamment retentir
l'airain des armes qui se heurtent : c'est une danse, dans l'acception étroite et moderne du mot; elle se réduit à une gesticulation
bruyante et mécanique.

Mais le passage de l'une à l'autre forme orchestique était facile : les artistes hellénistiques, en quête de motifs, ont volontairement confondu les deux danses. Leur Pyrrhique à deux est exécutée par deux Curètes, reconnaissables au casque, au glaive court et au bouclier (360).

**388. Dionysos, son Thiase et les danses dionysiaques.** — Parmi les dieux qui dansent ou en l'honneur de qui l'on danse, Dionysos — ou Bacchos — tient à coup sûr le premier rang. Sa qualité de dieu du vin (θέοινος), que la légende lui attribue de bonne heure, fait de lui l'incarnation de la joie folle; il ne marche guère, il danse; les flûtes et les tympanons lui font cortège et c'est à grand fracas qu'il veut être honoré. Sa vie n'est qu'une fête perpétuelle; il est le divin κωμάστης et il s'entoure de compagnons dont le plaisir est le seul souci. Il aime les montagnes, les forêts, les sources; son temple est la nature. Les êtres qui la peuplent, dieux, hommes ou bêtes, pourvu qu'ils soient joyeux de vivre, sont dignes de célébrer les orgies de son culte. *Silènes* et *Satyres* à la barbe touffue, au crâne dénudé, au corps velu, hôtes des bois; *Pans* aux pieds fourchus, qui se plaisent aux cimes rocheuses; *Centaures* habitants des montagnes; *Nymphes* des sources, qui furent les nourrices du jeune dieu; *Naïades*, *Ménades* de tout rang, forment autour de Dionysos une cour qui a la folie pour étiquette et la danse pour unique soin.

Bien que leur aspect subisse avec le temps des transformations importantes, les compagnons de Dionysos sont aisément reconnaissables.

**389.** Les Silènes et les Satyres n'ont pas la même origine mythique; mais dans la figuration ils se confondent souvent. Le Silène primitif a l'aspect brutal; c'est un être hideux dont la tête est celle d'un singe à pèlerine (fig. 523, 415, 578); il a des pieds et une queue de cheval (fig. 386). De nombreux vases à figures noires nous le montrent sous cette forme (10). Au vᵉ siècle, la face du Silène est un peu moins simiesque; néanmoins elle conserve encore un caractère de bestialité repoussante (fig. 164). Peu à peu cet être bizarre se dépouille du symbolisme grossier qui l'enveloppe; sa physionomie devient humaine; ses pieds cessent de se

terminer en sabots; sa queue se raccourcit. Le ɪᴠᵉ siècle crée un
type de Silène jeune, à la barbe frisée, à l'air rieur, qui devient le
Satyre et dont les Romains feront leur Faune (fig. 180). L'époque
hellénistique ne renonce pas au type du vieux Silène, mais elle ne
veut pas qu'il reste une bête; elle en fait un ivrogne : gros
homme ventru, velu, dont le crâne chauve se cache à demi sous
une couronne de lierre (fig. 573). Toutefois, lorsque l'artiste veut
montrer en lui le père nourricier de Dionysos, il le
représente sous les traits d'un vieillard qui n'a rien
de grotesque et qui n'a pas trop bu; il met entre
ses bras le joyeux nourrisson et Silène regarde
l'enfant avec une expression de tendresse pater-
nelle (E. Pottier).

Fig. 573.

**390.** Pan est le dieu pasteur. Il habite les som-
mets de la rocailleuse Arcadie, et il est le génie
des montagnes. Sa légende n'a rien de commun
avec celle de Dionysos, mais il est comme lui un
dieu de la nature agreste. On le fit entrer dans le
cortège bachique, — le *thiase dionysiaque*, — sans
rien lui ôter de sa laideur originelle. Il reste bouc par les cornes,
par les jambes (fig. 501) et souvent aussi par le masque. Il ne se
sépare guère de sa syrinx, la flûte des bergers montagnards, dont
il avait enseigné l'art à Olympos.

**391.** Les Ménades sont les suivantes de Dionysos. Elles appartiennent à ce monde d'êtres mal définis qui ne sont ni dieux ni
hommes. Elles folâtrent avec les Silènes et les Satyres dont les
entreprises galantes les effarouchent peu. On les reconnaît à leurs
couronnes de feuillage, tressées avec le lierre, le chêne ou le smilax,
à leur chevelure éparse, à la peau de faon (nébride) ou de panthère
(pardalide) négligemment jetée sur leurs épaules ou enroulée autour
de leur bras [1]. Quelquefois elles tiennent dans leurs mains des
serpents ou s'en font une ceinture vivante. Souvent elles brandissent une torche ou un thyrse; la torche est le symbole et l'accessoire obligé des orgies nocturnes, chères au dieu dont l'un des

---

1. Les Satyres sont quelquefois porteurs des mêmes dépouilles.

surnoms est λαμπτήρ; le thyrse est une tige de férule emmanchée d'une pomme de pin ou terminée par un faisceau de feuilles de lierre; souvent des bandelettes sont nouées autour de la haste.

**392**. Les Ménades sont des êtres fabuleux. Aux fêtes célébrées par les populations helléniques en l'honneur de Dionysos elles sont représentées, dans l'accomplissement des rites traditionnels, par des femmes qui portent le nom général de *Bacchantes*, et auxquelles chaque contrée donnait une appellation spéciale.

Les *Thyades* étaient une troupe composée des femmes d'Athènes et de Delphes; elles parcouraient les gorges du Parnasse, pendant les nuits d'hiver, à la lueur des torches, en poussant de grands cris. Les *Mimallonides* de Macédoine, les *Bassarides* et les *Édonides* de la Thrace se signalaient par la violence de leur fureur bachique.

Sur les monuments, on peut généralement distinguer les Bacchantes, dont le peintre de vases ou le sculpteur avaient les modèles sous les yeux, des Ménades de la fable qui n'étaient que des représentations fictives. Tandis que les Ménades sont toujours mêlées aux Satyres, les Bacchantes n'admettent aucun danseur masculin parmi elles : la célébration des fêtes orgiaques était exclusivement confiée à des femmes.

Mais il n'est pas douteux que les artistes n'aient emprunté à des modèles vivants tous les types de danseurs bachiques qu'ils ont fixés [1].

**393**. Satyres et Ménades, que nous pouvons désigner sous le nom tout moderne de *Bacchants*, sont porteurs d'attributs et d'insignes. Le *thyrse* et la *torche* ont été déjà mentionnés (391). « La phiale (vase à boire) est pour Dionysos ce que le bouclier est pour Mars », et ce mot d'Aristote explique la présence, entre les mains du dieu et de ses suivants, de tous les ustensiles capables de contenir le divin breuvage : *canthare* (coupe à pied et à anses très

---

1. Ces modèles, les artistes les trouvaient dans les danses violentes, souvent obscènes, qui étaient l'accompagnement nécessaire du dithyrambe et du drame satyrique. On sait que les choreutes qui figuraient dans ces sortes d'ouvrages étaient, par tradition, des hommes travestis en Satyres; leur accoutrement était conforme à toutes les exigences de la légende dionysiaque. Il est probable que sous la forme de Satyres se trouvent quelquefois représentés des choreutes de la comédie. D'autre part, les danses populaires bachiques ont pu fournir aux artistes bien des types orchestiques. Les modèles directs ne faisaient donc pas défaut, non plus que les motifs d'imitation.

développées), *kéras* (corne à boire), *rhyton* (petit vase de forme
caractéristique, avec lequel on buvait à la régalade), *amphores* de
toute espèce. On voit parfois les Satyres gambader avec allégresse
autour d'un grand *cratère* qui repose sur le sol; les compagnons
du kômos (415) les imiteront en ceci, comme en bien d'autres traits,
et danseront autour de vases remplis de vin.

Tous les instruments de musique (mais exceptionnellement la
lyre, qui est l'attribut d'Apollon) se trouvent entre les mains des
Bacchants : *crotales* (castagnettes), *cymbales*, *tympanons* (tambou-
rins), *flûte double*, *flûte traversière* (rare), *syrinx* ou flûte de Pan
(analogue à l'instrument des chevriers béarnais), *clochettes* et grelots
attachés aux vêtements mêmes des Bacchants, composent un orchestre
bruyant où la percussion doit l'emporter sur la polyphonie. Joignez
aux bruits de cet ensemble les cris de joie furieuse, les frappements
de mains, les trépignements de ces danseurs frénétiques et vous
imaginerez quel étrange concert annonçait aux profanes l'approche
des Bacchants.

**394.** Parmi les autres accessoires, les *masques comiques*, qu'on
suspendait aux arbres; les *cistes* (corbeilles rondes à couvercle),
d'où l'on voit s'échapper le serpent mystique; le *van*, berceau de
Dionysos enfant et symbole de purification, parfois rempli de fruits;
les paniers de toute sorte qui contenaient les offrandes, étaient
d'usage dans les cérémonies dionysiaques. Les serpents même
étaient de la fête quelquefois. Au dire de Plutarque, Olympias,
femme de Philippe et mère d'Alexandre, plus zélée que les autres
Mimallonides (392) et plus barbare encore dans l'expression de son
enthousiasme bachique, traînait après elle, dans les thiases, de
grands serpents apprivoisés; ils se glissaient hors du lierre et des
vans mystiques; ils s'enroulaient autour des thyrses et des couronnes des femmes, et leur aspect épouvantait les spectateurs.

La présence de la panthère auprès de Dionysos, des Satyres et
des Ménades, n'a que le caractère d'un symbole; la panthère est
chère à Dionysos, suivant Philostrate, parce que de tous les animaux elle est le plus ardent.

**395.** Le mot *Bacchanales*, qui peut nous servir à désigner les
scènes dionysiaques, est tout romain et n'a que la valeur d'une

étiquette. Il est impossible d'établir une classification orchestique
des Bacchanales innombrables que les monuments figurés nous
présentent. L'absence de symétrie, le désordre systématique sont
la règle de ces Ensembles.

La façon moderne de régler les danses en masse est essentiellement différente : nous nous plaisons à la *simultanéité* rigoureuse
de *mouvements identiques* exécutés par tous les danseurs, à la *disposition symétrique* des danseurs ou des groupes de danseurs par
rapport à un point ou à un axe. Les Grecs, au contraire, évitent le
plus qu'ils peuvent, — si nous en croyons les monuments figurés,
— la simultanéité et la répétition des mouvements dans les Ensembles. On a eu déjà l'occasion de constater qu'ils préfèrent toujours la dyssymétrie décorative aux pendants exacts (333) : ils
voient l'*eurythmie* dans un équilibre bien établi, mais ils estiment
peu l'équilibre qui s'obtient par la *symétrie,* telle que la géométrie
la définit.

C'est d'ailleurs une tendance générale de l'esprit hellénique. Si
l'on excepte l'architecture, où la symétrie est étroitement liée à la
stabilité, les arts purement grecs, pendant l'âge classique, répugnent
à la juxtaposition des mêmes formules ; lorsque la symétrie s'impose, les artistes font tous leurs efforts pour l'atténuer. Faut-il
citer un exemple admirable de cette conciliation des nécessités et
du goût? La décoration du Parthénon tout entière nous le fournit,
dans les frontons, dans les métopes et dans la frise.

Il est probable que la danse en masse, et particulièrement la
danse des Bacchants, s'inspirait des mêmes principes que les arts
du dessin. Le peintre de vases, le sculpteur en bas-reliefs, qui la
prenaient pour texte, se conformaient en même temps à la technique
de leur art et aux habitudes orchestiques : ce *désordre apparent*
était la règle commune.

Il y a là de quoi nous dérouter : nous ne concevons guère de
mouvements d'ensemble qui ne soient, au moins par instants,
soumis à une symétrie facilement perceptible. De même que notre
oreille a perdu le sens des nuances mélodiques et des combinaisons
rythmiques auxquelles les Grecs trouvaient tant de charme et qu'ils
saisissaient sans effort, de même notre œil ne perçoit que confu-

sément les mouvements d'ensemble qui ne sont pas réglés sur des
formules simples. Les Grecs étaient plus exercés que nous : leurs
oreilles et leurs yeux ont joui de privilèges qui ne sont plus les
nôtres. Par l'ouïe et par la vue ils percevaient le rythme et savaient
retrouver l'unité sous la complexité des impressions sensorielles [1].

**396.** L'absence de symétrie dans les Bacchanales n'exclut pas
les groupements; il se forme dans la masse entière comme des
*a parte* orchestiques, composés de un, de deux, de trois ou d'un
plus grand nombre de danseurs. Parfois toute la bande se partage
en groupes qui renferment tous un nombre égal de personnages
dansants. Mais, dans ce cas, les mouvements exécutés diffèrent toujours d'un groupe à l'autre.

Les Bacchanales peuvent aussi se présenter sous la forme très
simple de cortèges dansants, dont tous les membres se suivent à
la file et se déplacent dans le même sens. On observera alors que
presque jamais ces danseurs associés ne s'avancent du même pas;
la plus surprenante irrégularité se remarque dans leurs allures.

**397.** Les danses mimétiques, les scènes mimées tiennent une
grande place dans les Bacchanales : Satyres poursuivant des Ménades, Bacchants avinés, frénétiques, secoués par la fureur orgiaque,
personnages érotiques, etc., sont partout mêlés à des danseurs
qui rythment plus soigneusement leurs Pas. Un désordre rituel
règne dans cette imagerie si variée et si monotone à première vue,
par la répétition constante de la mise en scène. La diversité ne se
perçoit que par l'analyse des mouvements. La plupart des exemples
orchestiques contenus dans le présent ouvrage sont empruntés aux
danses dionysiaques.

**398.** Les scènes de danse dont les suivants de Dionysos sont
les acteurs se compliquent quelquefois de la présence, au sein du
thiase bachique, de personnages étrangers au cycle dionysiaque.
Si les représentations où le dieu des Bacchants figure seul au
milieu des danseurs sont les plus nombreuses, les divinités que la

---

1. Nous ne prétendons point appliquer ces observations générales à l'orchestique
du théâtre : les exemples nous manquent. Les évolutions des choreutes étaient certainement bien plus rigoureusement réglées que les mouvements de tous autres danseurs en masse. Quelle part y était faite à la *simultanéité* et à la *symétrie*, les monuments ne nous l'apprennent pas.

légende a mises en contact avec lui se retrouvent aussi mêlées aux
Satyres et aux Ménades.

Hermès, qui confia aux Nymphes Dionysos enfant et qui est par
excellence le dieu conducteur des cortèges (πομπαῖος), peut précéder
le chœur des Ménades ou présider, avec Dionysos, aux ébats des
Bacchants. On peut le voir même, assis sur un rocher, accompa-
gner la danse des Satyres sur la lyre qu'Apollon reçut de ses
mains. Cela explique que l'instrument apollinique puisse passer
parfois entre celles des Satyres. Le dieu de Delphes ne se refuse
pas à frayer avec le thiase dionysiaque; quelques vases peints
montrent les Ménades agitant leurs crotales autour d'Apollon
Citharède.

La pudique Athéna elle-même ne craint pas de se fourvoyer en
joyeuse compagnie; des peintures de vases la placent au milieu des
Bacchants, à côté d'Apollon Citharède et de Dionysos.

C'est Dionysos qui ramène dans l'Olympe le dieu du feu, Hé-
phaistos, que Zeus avait exilé. Le banni se refusait à rentrer en
grâce et laissait Héra se morfondre sur le trône d'or dont il avait
forgé les invisibles liens. Dionysos eut recours à la ruse; il enivra
le dieu boiteux, le remit aux mains des Satyres et le thiase dansant
fit cortège à son prisonnier jusqu'aux portes de l'Olympe. Cette
pompe singulière est un des sujets préférés des peintres céramistes.

On ne peut s'étonner de trouver les suivants de Dionysos associés à tous les épisodes de sa légende. Qu'il courtise Ariadne ou
qu'il devienne l'époux mystique de Coré, Satyres et Ménades conservent auprès de lui leur office, et leur danse infatigable encadre
les amours du maître. Il serait trop long d'énumérer toutes les
scènes mythiques auxquelles ils prennent part. Ils sont pour leur
dieu une escorte d'honneur ou une armée prête au combat. Avec
eux Dionysos lutte contre les pirates tyrrhéniens, contre les Amazones; ses fidèles le suivent dans ses marches triomphales à travers
l'Inde; ils se font de leurs thyrses des armes redoutables et leur
orchestique devient une charge meurtrière.

**399**. A l'époque hellénistique, lorsque le transformisme religieux
aboutit à la religion nouvelle, toute de sensualisme, qui se substitue dans le monde grec à la tradition du v⁰ siècle, on voit tous les

dieux s'enrôler sous la bannière de Dionysos (E. Pottier). Ils se
parent des insignes bachiques, ils ceignent la couronne en bourre-
let ou les bandelettes larges (lemniskes) des Bacchants. L'orchestique dionysiaque devient alors prédominante; les mouvements
violents que les rites lui prescrivent s'exagèrent à tel point qu'il
faudrait presque avoir recours à la pathologie pour les expliquer.
Le renversement du Corps, les contorsions bizarres, les tourbillon-
nements vertigineux se font de plus en plus habituels aux danseurs.

# DANSES EN L'HONNEUR DES DIEUX

**400.** Originairement presque toutes les danses sont religieuses
et ont pour objet d'honorer une divinité par des pratiques extérieures qui consistent en mouvements rythmés.

Strabon distingue les sacrifices accompagnés d'*enthousiasme* de
ceux qui n'en comportaient pas, et il ajoute : « L'enthousiasme
paraît être une sorte d'inspiration céleste ». C'est une fureur sainte
qui s'empare de l'âme et du corps et se manifeste par des signes
visibles.

L'enthousiasme rituel engendra la *danse orgiastique*. Celle-ci n'est
pas le fait exclusif des fervents de Dionysos. Le culte de Rhéa, les
mystères de l'Orphisme évoquent une orchestique étrangement
violente qui transformait les adeptes en [hallucinés frénétiques. Il
est possible que le culte apollinique lui-même ait fait une place aux
danses orgiastiques : l'enthousiasme, d'après Strabon, touche de
près à la divination. Qu'on se souvienne des contorsions de la
Pythie : elles ne sont pas sans analogie avec les poses extatiques
et les mouvements outrés d'un grand nombre de danseurs figurés
sur les vases ou sur les reliefs.

**401.** La danse des Curètes (386) est une dérivation de l'orchestique rituelle propre au culte de Rhéa. Elle nous permet de supposer

que les adorateurs de la Grande
Mère des dieux exécutaient des Pas
tourbillonnants, analogues à ceux
des protecteurs de l'enfant Zeus.
Les prêtres de Rhéa sont des fu-
rieux, qui trépignent en poussant
des cris inarticulés, et dont les
mouvements giratoires, si l'on en
croit des textes assez obscurs, rappellent ceux des derviches tour-
neurs.

**402.** Les pratiques sanglantes
de l'Omophagie, répandues par
l'Orphisme et dont quelques monu-

Fig. 574.

ments consacrent le souvenir, ne
doivent pas être considérées comme
de pures fictions. Sans doute la
Ménade qui tient un pied humain
(fig. 574) et qui exécute, tête renversée, une danse orgiastique, est
une représentation purement symbolique : elle rappelle la légende
de Dionysos Zagreus déchiré par les
Titans. Mais l'Omophagie, réduite
à la lacération des animaux, a été
pratiquée dans les cérémonies nocturnes en l'honneur de Zagreus. Les
initiés se partageaient la chair crue
d'un taureau, et, dans leur enthou-

Fig. 575.

siasme, ils imitaient Dionysos, qu'Euripide dépeint immolant le
bouc et savourant sa chair palpitante [1].

---

1. Cf. la figure 578, empruntée à une coupe à figures rouges du Ve siècle, où l'on
voit Dionysos mettant en pièces un chevreau dont il va faire brûler les débris sur
l'autel.

La Ménade de Scopas déchirant un chevreau et toutes les répliques postérieures (fig. 575) peuvent donner une idée de ces danses dans lesquelles la violence des mouvements paraît exclure toute eurythmie.

**403.** Les *processions phalliques*, auxquelles prenaient part sans distinction de rang, d'âge ni de sexe tous les citoyens de la ville, tous les habitants du village, étaient l'occasion d'exhibitions orchestiques dont la nature échappe à toute description. Elles n'étaient guère moins grossières aux Phallophories urbaines que dans les

Fig. 576.

fêtes analogues célébrées par les populations rurales. Ces jours-là, le thiase de la légende bachique devenait une réalité et les bouffonneries obscènes que nous trouvons sur les vases peints ont pu être copiées par les peintres d'après nature. Il est impossible ' d'insister sur ce genre d'enthousiasme et sur les danses qui en dérivent.

**404.** L'orchestique dionysiaque est une des formes du culte bachique et peut être considérée en bloc comme l'expression rituelle de l'*enthou-*

Fig. 577.

*siasme* des Bacchants. Il n'est pas rare que l'autel du sacrifice se dresse au milieu d'eux; le caractère religieux de la scène est par là mis en évidence. Les figures 273, 352, 438, 439, 576, 577, 578, empruntées à des peintures de vases qui montrent l'autel à côté

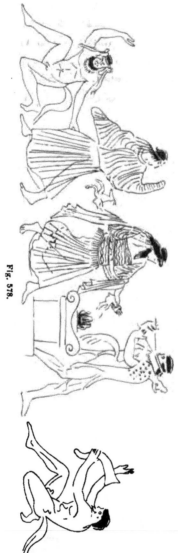

Fig. 578.

des danseurs, ont la même physionomie orchestique que toutes les figures tirées de Bacchanales où il n'est pas représenté. On peut dire que dans ce dernier cas l'autel est sous-entendu.

**405.** Y a-t-il des mouvements propres aux danseurs Bacchants et, en général, à tous les danseurs qui exécutent des danses orgiastiques?

A ne consulter que les monuments figurés, ce qui est la marque distinctive des danses orgiastiques, c'est, non pas la forme essentielle des mouvements qui les constituent, mais l'*exagération* de ces mouvements. Les danseurs pleins d'enthousiasme qui s'agitent en l'honneur de Rhéa, de Dionysos, de Zagreus ou d'Atys, puisent au fonds commun des mouvements et des gestes de l'orchestique grecque, mais dans leur délire liturgique ils les amplifient jusqu'à les dénaturer, et ils vont au delà du grotesque : ils tombent dans de véritables crises (fig. 579).

On les reconnaît surtout au renversement de la Tête (163), à la cambrure du Corps (156), à la flexion de la Tête et du Corps en avant (162, 155), quatre Positions qu'ils se plaisent à exagérer, et dont ils compliquent volontiers les mouvements divers qu'ils exécutent (fig. 111, 118, 132, 171, 180, 189, 193, 352, 369, 411, 413, 420, 438, 439,

455, 494, B, 505, 575, 577, 579, etc.). On saisira mieux, par contraste, la physionomie des danses religieuses orgiastiques en jetant un regard sur quelques types de danses religieuses d'où l'*enthousiasme* est exclu.

**406.** Nous rangerons dans cette seconde catégorie la danse symbolique des trois femmes précédées ou non d'un conducteur (343 à 347); la décence et la gravité y sont traditionnelles; toute contorsion en est exclue.

Fig. 579.

Les danses funèbres, sous la forme nouvelle qu'elles prirent après les décrets de Solon, réduites à une mimique noble et expressive (365 à 370), font également partie de cette orchestique religieuse où la dignité du geste et de la pose, la fermeté de l'aplomb sont la règle respectée.

Le même caractère orchestique se retrouve dans la pose de cette prêtresse majestueuse (fig. 580) qui fait face à un personnage accroupi. Quelle que soit l'explication que l'on donne de la scène, on peut voir dans le geste de cette femme l'accompagnement plastique d'un rite religieux : le coude droit s'appuie dans le creux de la main gauche, comme s'il devait rester longtemps soulevé.

Fig. 580.

Dans l'intérieur d'un sanctuaire, aux murs duquel des bandelettes sont suspendues, se dresse un petit autel en forme de chapiteau ionique sur lequel flambe le feu sacré (fig. 581). Les bras cachés sous un ample manteau, une femme exécute, au son de la double flûte, des mouvements de danse, vifs, que le peintre a rendus naïvement par une des formules de la course (80). Il est impossible de trouver sur cette image l'indication d'un Pas : la représentation est trop sommaire. Incapable d'entrer dans le détail orchestique, l'artiste a seulement respecté la tenue rituelle que le sujet impo-

sait. Sa danseuse, pudiquement drapée, la tête et le corps droits,
s'agite sans secousses, en l'honneur d'une divinité qui n'exige pas
de ses fervents des accès d'enthousiasme.

Fig. 581.

**407.** Les danseuses représentées par les figures 582 à 593 sont
des *hiérodules* consacrées au culte d'une divinité indéterminée. La
persistance fort remarquable du costume et la présence de certains
accessoires ne laissent aucun doute sur la nature de leurs fonctions.

Toutes sont coiffées du *kalathos* : c'est une espèce de diadème
qui va s'élargissant vers le sommet
et affecte la forme d'une corbeille
dont la tête occuperait le fond.
Tantôt il se présente comme un
large bandeau plein, tantôt il devient un véritable treillis en jonc,
en osier, ou en côtes de feuilles de
palmier. Ces différences d'aspect
tiennent à la matière employée par
l'artiste. Tandis que les figurines
de terre cuite coiffées du kalathos
en font un lourd diadème à stries
parallèles (fig. 586, 587), les bas-

Fig. 582.          Fig. 583.

reliefs le transforment généralement en feuillages tressés (fig. 589
et suiv.).

La tunique de ces hiérodules est très courte; les jambes sont nues. Lorsque la poitrine est découverte, une ceinture serre l'étoffe aux hanches.

Toutes ces danseuses se dressent sur la demi Pointe ou sur la Pointe (102, 215, 216) et cette convention, qui paraît être pour elles une règle absolue, donne à leur allure une physionomie particulière.

On peut juger, par l'énumération suivante, de la variété des mouvements et des gestes exécutés par ces hiérodules :

Fig. 582 et 583 : Pas tourbillonnants (336).

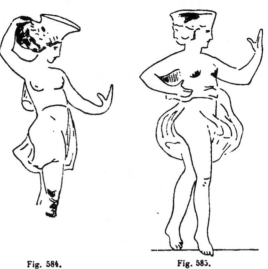

Fig. 584.  Fig. 585.

Fig. 584 : geste du Verseur (52) qui s'adapte ici à un jeu orchestique.

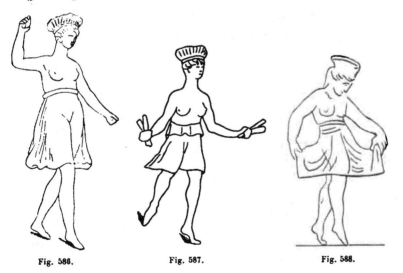

Fig. 586.  Fig. 587.  Fig. 588.

Fig. 585 : Pas tourbillonnant (257); geste apparenté au précédent.

Fig. 586 : IV sur la demi Pointe (108) ; geste du Verseur (52)
appliqué au maniement des crotales.

Fig. 587 : IV ouverte sur la demi Pointe (95) ; la danseuse court
en agitant dans ses mains des crotales.

Fig. 588 : petits Pas courus sur les Pointes (242) ; geste double
de la tunique (44).

Fig. 589.                          Fig. 590.

Fig. 589 : IV croisée (109) ; la danseuse tournoie [?] par piétinement (267) ; geste des Adorants (40), altéré.

Fig. 590 : I sur la demi Pointe (106) ; elle tournoie [?] ; geste
identique à celui de la figure 584.

Fig. 591 : IV sur la demi Pointe (108) ; gestes de supplication. Entre les deux hiérodules se dresse une statue d'A-théna.

Fig. 591.

Fig. 592 : IV sur la demi Pointe ; jeu avec le manteau, de la main droite. Offrande à la divinité.

Fig. 593 : IV sur la demi Pointe ; geste des Adorants (40). A côté
de l'hiérodule un autel rustique sur lequel flambe le feu sacré.

Ces exemples, on le voit, ne sont pas empruntés à une danse unique, mais à un groupe de danses, de même style, nous pourrions dire : de même rite. Ces hiérodules pratiquent une orchestique savante, variée, dans laquelle les éléments mimétiques sont importants ; elles s'abstiennent de toute exagération dans les poses et dans les mouvements. C'est à peine si leur tête s'incline, et leur corps reste toujours droit. Leurs genoux ne fléchissent pas : donc

Fig. 592.    Fig. 593.

elles ne sautent point (73 300). Elles semblent glisser sur le sol, légèrement, et à petits pas.

Nous n'en connaissons qu'une seule dont la danse comporte des Temps (207) plus hardis (fig. 464). Elle exécute des Pas courus sur les Pointes (242) pendant que ses bras, encadrant la tête, prennent la position spéciale à la *Danse des Mains Jointes* (319 à 322). Or cette danse de caractère, sous toutes ses formes, qui sont nombreuses, est très mouvementée. Notre hiérodule, en s'y livrant, sacrifie à des usages orchestiques qui ne sont pas ceux de sa confrérie, mais elle atténue sa désertion en s'abstenant de ces contorsions étranges dont les danseurs aux mains jointes sont coutumiers.

La série des danseuses coiffées du kalathos est un ensemble précieux par l'homogénéité de son orchestique ; l'exclusion des formules gymnastiques chères aux Bacchants et à leurs semblables prouve que la danse de ces hiérodules est l'expression d'un culte sans fureurs.

**408. Cortèges religieux.** — Un grand nombre de cortèges se rattachent à l'Orchestique par le fait qu'ils étaient rythmés; leur ordre aussi bien que leur allure étaient réglés rituellement. Dans ces processions solennelles figuraient les attributs du dieu; son nom était célébré par des hymnes qui servaient d'accompagnement à la marche et dont la forme métrique était réglée par des traditions.

Quel que soit le rythme auquel une marche processionnelle soit soumise, l'aspect des marcheurs qui la composent demeure à peu près le même. Aussi les peintres et les sculpteurs n'ont-ils pu résister à la tentation de systématiser la représentation des cortèges : ils ont créé une ou deux formules, faites de convenances décoratives, et les ont fait servir en toute occasion. A l'exception des cortèges bachiques, dont la règle est la débandade, et qui sont composés de personnages dansant chacun pour son compte, toutes les autres Pompes, où la marche est simplement rythmée, prennent sur les monuments un aspect uniforme.

Tantôt les personnages s'avancent à la file, un à un; tantôt, mais plus rarement, ils marchent deux à deux. La hardiesse des artistes ne va guère au delà.

**409**. La figure 594 est empruntée au monument des Harpyes (14) : c'est un cortège en abrégé, trois jeunes filles à la file. Leur

Fig. 594.

Fig. 595.

marche est lente et leurs pas courts; le corps est d'une raideur qui n'exclut pas la grâce; la gesticulation varie d'une femme à

l'autre. Les mêmes remarques s'appliquent au cortège des Nymphes
(fig. 595) du bas-relief de Thasos
(14). Sur ces deux exemples on
trouve observée, comme elle le
sera au Parthénon, la convention
particulière au bas-relief (29), qui
consiste à faire marcher du pied
droit les personnages qui se dirigent à gauche, et du pied gauche
ceux qui se dirigent à droite.

**410. La Pompe des Pana-
thénées, [frise du Parthénon
(15)].** — En appliquant la même
formule (29) aux personnages de la
frise, Phidias a pourtant échappé
à la monotonie qui résulte de
l'uniformité de l'allure : il a rompu
la symétrie ; il a évité avec soin la
répétition et la juxtaposition des
types semblables. Ses personnages, tout en marchant du même
pas, sont inégalement distants les
uns des autres ; ils se présentent
sous des angles divers ; quelques-
uns tournent la tête de côté ;
d'autres regardent en arrière (fig.
596).

Toutes les porteuses de phiales
et d'œnochoés tiennent le vase
de la main droite, quelle que soit
la direction de leur marche. On
aurait pu s'attendre à ce que, par
une convention analogue à celle
de la jambe avancée, le choix du
bras porteur du vase fût déter-
miné par le sens de la marche. Mais l'usage ordinaire a prévalu.

Fig. 596.

Les femmes qui ont les mains vides ont les bras légèrement soutenus, arrondis au coude, les doigts groupés en faisceau, sans raideur [1].

Les groupes de deux personnages sont irrégulièrement répartis dans l'ensemble et y introduisent de la variété.

Hommes et femmes défilent lentement, sans qu'un talon se soulève : leur marche est comme une abstraction, un compromis entre le mouvement et l'immobilité : elle n'a de réalité que par le dessein de l'auteur.

La frise du Parthénon ne nous apprend donc rien sur l'allure du cortège panathénaïque. Elle ne nous fait pas davantage deviner l'ordre et la composition de la Pompe. Phidias, en concevant cette décoration, si simple dans sa complexité, en a librement disposé les motifs.

Autour des dieux, qu'il a fait paraître au milieu des mortels, il a organisé les groupes de ses personnages, suivant les convenances de la décoration. Il a sacrifié les canéphores, porteuses des corbeilles sacrées, les skiadéphores, qui tenaient les ombrelles ouvertes au-dessus de la tête des canéphores, les hommes faits, en armes, qui dansaient la Pyrrhique. Par contre, il a donné une large place à la cavalerie athénienne.

Fig. 596 *bis.*

Elle exécutait, dans les Pompes, des évolutions qui constituaient une sorte de danse hippique, dont la frise ne révèle rien : c'est à peine si l'on peut y surprendre quelques traces de rangs, parmi les cavaliers, en interprétant des conventions qui tiennent lieu de perspective. Les chars suivent la cavalerie.

. 1. Cf. (113) la tenue du bras dans la danse moderne.

Toute cette ordonnance est fantaisiste, on ne peut pas en douter. On a même proposé de ne voir dans ce magnifique ensemble qu'une juxtaposition de sujets différents et non l'abrégé d'une cérémonie unique. — En tout cas le créateur de la frise ne s'est pas astreint à la vraisemblance. Non seulement il a fait descendre les dieux sur la terre, parmi les adorateurs, mais il a représenté nus quelques-uns de ses personnages. Ces libertés-là permettent d'en supposer d'autres.

**411. Cortèges religieux sur les Vases peints.** — Il n'y a pas lieu de s'étendre sur la forme des cortèges qui se déroulent sur les vases peints. Soit qu'ils se réduisent à des files de personnages qui s'avancent gravement les uns derrière les autres, soit qu'ils se composent de marcheurs groupés deux à deux, ils sont toujours façonnés suivant un mode de décoration conventionnelle où la perspective fait défaut. Remarquons seulement que dès le VIᵉ siècle, les peintres céramistes osent faire déborder l'une sur l'autre leurs

Fig. 597.

figures accouplées (fig. 597). Ils ont recours à cet artifice, qui est un essai de perspective, — mais qui ne peut se confondre avec l'application des règles de la perspective exacte, — longtemps avant que les sculpteurs en bas-reliefs l'aient eux-mêmes employé.

**412**. Si grande que soit la part de la convention décorative dans la représentation des cortèges, il faut admettre que la monotonie dans les poses, dans les gestes, que la répétition des mêmes mouvements et la simultanéité des pas, devaient être souvent une copie fidèle. La dyssymétrie, les contrastes, le désordre même étaient la loi dans les cortèges bachiques, parce qu'ils se composent de vrais danseurs et que l'orchestique grecque active répugne au synchronisme des mouvements dans les Ensembles (395, 396). Mais les Pompes solennelles en l'honneur des Grands Dieux n'étaient que des marches cadencées, embellies par une gesticulation mimétique pleine de dignité et tout empreinte d'eurythmie. Elles ont pu être réglées suivant des principes contraires et ne pas répugner aux répétitions, à la symétrie. A cet égard les témoignages des monuments prennent, par leur concordance, une valeur indicative dont il faut tenir compte. Qu'on le remarque aussi : l'organisation la plus simple d'un cortège où les marcheurs rythment leurs pas en chantant, consiste dans l'uniformité de l'allure. C'est la *règle du même pas* (361). Elle n'est donc pas seulement une simplification décorative imaginée par les peintres céramistes et par les sculpteurs en bas-reliefs : elle a pu être appliquée par les Grecs à peu près dans les mêmes conditions que par les peuples modernes.


## DANSES PRIVÉES


**413**. Les danses privées ont été de tout temps en honneur chez les Grecs. Là-dessus les témoignages abondent, depuis l'Iliade d'Homère jusqu'au Banquet des Savants, d'Athénée, — depuis les vases du VIIe siècle jusqu'aux derniers produits de la céramique. Les particuliers ne se contentaient pas de faire exécuter devant eux, par des danseurs de profession, des exercices variés ; ils se piquaient d'habileté orchestique, et le bon Socrate se vantait de pratiquer un art qui rendait son corps dispos et son âme plus libre.

Les artistes ont dessiné d'après nature les mouvements de leurs danseurs. Quant aux danseurs eux-mêmes, ils les ont si souvent travestis, que nous ne pouvons plus reconnaître sous la livrée des Satyres, des Ménades, des Curètes, des Niké, des Éros, en un mot de tous ces danseurs fabuleux, les modèles vivants qui ont servi à les *construire* [1].

Toutefois les représentations ne manquent pas qui mettent en scène, non seulement les danseurs salariés qui allaient récréer les citoyens à domicile, mais ces citoyens eux-mêmes en train de se livrer au plaisir de l'orchestique.

Les danseurs de profession se recrutaient, comme les musiciens instrumentistes, parmi les esclaves ou dans un monde douteux. Les *aulétriai* et les *orkhestriai*, qui charmaient les convives à la fin du repas, par leur musique et par leur danse, n'étaient que des courtisanes. Sans insister sur cette orchestique de commande, dont nous avons eu l'occasion de montrer quelques types (fig. 120, 145, 532, 556, 557, 559, 560), nous nous demanderons à quels signes on reconnaît des citoyens libres qui dansent.

**414.** Les hommes sont nus, le plus souvent : c'est une convention décorative. Il n'en est que plus facile de constater que l'ornement essentiel des Satyres leur manque : ils n'ont pas de queue. Ils sont généralement jeunes et imberbes sur les vases à figures rouges (v$^e$, iv$^e$, iii$^e$ siècles). Les vases à figures noires (vii$^e$, vi$^e$ siècles) nous les montrent plutôt barbus.

On ne les confondra pas avec les Satyres dont ils sont cependant les proches parents, comme nous allons le voir. Nos citoyens danseurs sont toujours représentés sous une forme purement humaine : ils peuvent être grotesques, ils n'ont rien d'animal et la calvitie ne les atteint pas. (Planche I, fig. 128, 131, 132, 136, 158, 159, 178, 189, 230, 277, 278, 407, 408, 409, 410, 453, 461, 466, 467, 496, 515, 516, 517, 518, 524, 562...) Les figures 496 et 499, dans les-

1. Cf. (392, note).

quelles la nudité est une convention, peuvent être interprétées
comme des danses privées ; nous n'osons pas dire des *danses de
société.*

Il est moins certain qu'on puisse considérer comme des femmes
libres les danseuses telles que les figures 448, 449, 450, 451, 452,
457, nous les montrent. On a le droit cependant de croire que ce ne
sont pas là des orkhestriai de profession : la décence du costume, la
modération dans les mouvements, le style de l'œuvre elle-même,
font penser que le coroplaste ou le graveur [1] ont pris leurs modèles
plus haut. Les exemples analogues ne manquent pas. Il n'est pas
douteux que des femmes de naissance libre ne se trouvent parmi
les danseuses figurées sur les monuments : mais à l'exception des
hiérodules et des jeunes filles qui prennent part aux cortèges religieux, il est toujours difficile de les reconnaître et de les qualifier.

**415. Le Kômos.** — Les danses privées exécutées par des
hommes se rattachent presque toutes aux traditions du *kômos.*

Les Grecs buvaient peu en mangeant : ils n'aimaient pas à
mélanger le vin aux aliments. Après le repas, en même temps que
les musiciens et les danseurs, entraient les esclaves chargés de
remplir les coupes. On appelait *kômos* cette suite inévitable du
festin, joyeuse « buverie » que la présence des courtisanes, joueuses
de flûtes et orkhestriai, des mimes et des bouffons, transforma peu
à peu en une sorte de concert ou d'exhibition, et qui se terminait
d'ordinaire en orgie.

Dès le VIIe siècle, les représentations figurées du kômos sont
nombreuses sur les vases peints, et cet usage est répandu dans tout
le monde hellénique. A l'origine, il se rattache étroitement aux rites
dionysiaques et il restera toujours apparenté au culte bachique.
Les compagnons du kômos, les *kômastai*, peuvent être regardés
comme les substituts des Satyres et leurs représentants dans la vie
réelle. Ce rapprochement entre les uns et les autres est si légi-
time que le nom de kômos est plusieurs fois attribué, sur les
vases peints à légendes, à l'un des Satyres du thiase bachique [2].

1. La figure 450 est un miroir gravé au trait.
2. Dictionnaire de Saglio, I, fig. 682.

Sur les plus anciennes figurations du kômos, il semble que presque tous les confrères danseurs aient les jambes flageolantes et soient sur le point de perdre l'équilibre; bien qu'on aperçoive souvent au milieu d'eux des vases gigantesques dont le contenu suffirait à expliquer une pareille tenue, on peut donner du fléchissement des genoux, qui est de règle dans la compagnie, une explication plus honorable (300) : tous ces bonshommes à demi accroupis sont des sauteurs émérites. L'artiste n'a pas osé les lancer dans l'espace : il les a montrés en train de préparer ou de conclure leurs sauts, par cette

Fig. 598.

flexion des genoux qui en est le facteur nécessaire. Toutefois il faut se garder de méconnaître des intentions humoristiques, qui dans certains cas sont évidentes : ces joyeux kômastai (fig. 598, 599, 600) ont perdu la notion de la stabilité [1]. L'enthousiasme bachique, que les Satyres expriment par des mouvements outrés, s'exprime ici d'une façon plus plaisante et sur un mode moins orchestique.

Le nom de kômos ne s'appliquait pas seulement aux folies bachiques qui suivaient les repas dans la salle même où les convives étaient traités par l'hôte : il arrivait à la bande joyeuse de s'échapper à travers les rues en cortèges bruyants.

Fig. 599.

Parfois elle s'arrêtait pour servir à un paisible citoyen une sérénade irrespectueuse; même elle envahissait sa demeure et l'obligeait à prendre part aux ébats de la compagnie. Certains kômoi touchaient de près aux processions phalliques (τὰ φαλλικά) d'où la comédie est née, suivant Aristote. Que les kômastai fussent de riches citadins

1. Cf. le Satyre de la figure 205.

ou de grossiers paysans, ils étaient au même titre les fervents de Dionysos et ils n'étaient pas moins fous les uns que les autres.

Aussi faut-il s'attendre à ce que la fantaisie seule soit la règle de leur orchestique : chacun danse pour son propre compte, sans se soucier de mettre ses mouvements d'accord avec ceux du voisin. Il en résulte des Ensembles apparemment chaotiques, et aussi désordonnés que les Bacchanales dont ils sont une imitation.

**416**. Cela ne veut pas dire que parmi les simples citoyens il n'y eût point d'habiles danseurs. On en trouve qui exécutent savamment des Temps (207) compliqués (fig. 366, 367); d'autres qui

Fig. 600.

se distinguent dans des Pas de caractère (fig. 461, 466, 467). Assez volontiers ils s'associent pour esquisser des Pas de Deux (fig. 128, 408, 485). Quelquefois les Ensembles que forment les kômastai sont méthodiquement réglés (fig. 230, 277).

Les textes des auteurs confirment ces indications. Des anecdotes nous font connaître le nom de certains amateurs passionnés de la danse, qui s'étaient rompus, sous la direction de maîtres spéciaux (331), à toutes les difficultés mécaniques de cet art et en arrivaient à réaliser de véritables tours de force, pour la plus grande joie de leurs amis.

Les danses privées chez les Grecs étaient, suivant le cas, un exercice utile au corps — et à l'âme, un jeu bachique, un talent d'agrément, dont on faisait parade à l'occasion. Elles ne ressemblaient en rien, ni dans l'esprit ni dans la forme, à nos *danses de société*. Nous dirons plus loin quelle différence essentielle peut être marquée entre les unes et les autres (424).

# Conclusion

**417. Résultats acquis**. — Quels sont, chez les Grecs, les modes du mouvement orchestique? Telle est la question qui a été posée (32) et que dans cet Essai l'on a cherché à résoudre. Le problème de la danse grecque antique étant réduit à ces éléments simples, a été abordé avec le seul secours des monuments figurés. Il faut, pour conclure, présenter l'ensemble des résultats obtenus.

## Positions.

*Jambes.* 1. La tenue des *pieds en dehors* (97), de règle constante dans la danse française moderne, a été pratiquée par les danseurs grecs (planche I, fig. 71); mais elle n'avait pas pour eux force de loi, si l'on juge d'après la majorité des exemples. Elle demeure une exception.

2. A notre *première Position* (fig. 52) le danseur grec substitue volontiers une position exclue de notre danse et dans laquelle les deux pieds s'appliquent l'un contre l'autre, du talon à la Pointe (fig. 75, 76, 77, 191).

3. La *Quatrième croisée* sous ses trois formes, qui correspondent à la triple assiette du pied [IV croisée sur la Plante (fig. 84) [1], IV croisée sur la demi Pointe (fig. 85), IV croisée sur la Pointe (fig. 86) [2]] est une des Positions favorites des danseurs grecs.

1. Cf. fig. 58.
2. Cf. fig. 67.

*Bras.* 4. Dans notre danse, le Port des Bras est avant tout décoratif. Ses formules sont nombreuses et simples et peuvent être exprimées par des figures d'aspect géométrique, qui sont des courbes élégantes (fig. 88 à 99). Le danseur grec ne tient pas à ce que ses bras soient constamment arrondis. Il ne craint pas de les raidir, de les casser à angles brusques (fig. 110, 111, 112, 113, 114, 119, 120, 126, 127, 145, etc.).

*Main.* 5. Sa main est toujours active. Aussi les Positions qu'il lui fait prendre, la disposition de ses doigts offrent-elles la plus étonnante variété (fig. 161 à 181); tandis que chez nos danseurs la main se contente d'un rôle passif et n'a guère d'autre fonction que de bien finir le bras. La *chironomie*, à peu près nulle dans notre danse, joue un rôle capital dans l'orchestique grecque.

*Corps*; *Tête.* 6. Le *Corps penché en avant* et le *Corps cambré* (fig. 185, 186) employés par nos danseurs assez rarement et toujours sous une forme atténuée, sont d'un usage constant dans l'orchestique grecque et s'y exagèrent jusqu'à la contorsion (155, 156).

7. Même observation relativement aux Positions de la *Tête penchée en avant* et de la *Tête renversée* (fig. 197, 198) que les Grecs ont introduites dans toutes leurs danses (162, 163, 164).

8. Ils ont pratiqué les *Attitudes* (fig. 206, 207, 208).

9. Leurs notions de l'*Opposition* se rapprochent des principes posés par Noverre et Blasis (171).


## Exercices préparatoires.


10. Les danseurs grecs, comme les danseurs modernes, ont observé la règle de la *Pointe basse*. Les uns et les autres se refusent à montrer la plante de leur pied au spectateur (180).

11. Les danseurs grecs exécutaient des *Pliés* (178), des *Dégagés* (181), des *Battements* (189) et peut-être des *Ronds de Jambe* (195).

12. Les mouvements de leurs bras, au lieu de se réduire à des formules gymnastiques et décoratives comme ceux de nos danseurs

(199), sont souvent expressifs et deviennent des *gestes* (55). Dans l'orchestique grecque, la mimique a toujours ses droits, et la séparation ne se fait jamais entre le mouvement qui n'est que mouvement et le mouvement qui devient *signe*. L'activité de la main est constante et les doigts gardent toute leur indépendance. Le danseur grec, même avant la création de la pantomime, est χειρόσοφος.

13. Il se plaît aux *mouvements violents du Corps et de la Tête.* Contrairement aux goûts et aux habitudes de nos danseurs, il aime à faire osciller son Corps et sa Tête entre les Positions antinomiques (279), et en particulier à passer *du Corps cambré au Corps penché en avant, et vice versa* (fig. 185, 186); — *de la Tête renversée à la Tête penchée, et vice versa* (fig. 197, 198).

14. En un mot, ce danseur à qui s'impose l'eurythmie contrevient souvent aux exigences de la grâce, telle que les modernes l'entendent.

## Temps et Pas.

15. Les danseurs grecs, comme les nôtres, se tiennent tantôt sur la Plante, tantôt sur la demi Pointe, tantôt sur la Pointe du pied (214 à 216).

16. *Temps et Pas identiques à ceux de la danse moderne* : les danseurs grecs *glissent* (226); ils *fouettent* (227); ils *jettent* (229); ils *balancent* (234); ils font des *Temps* et des *Pas sur les Pointes* (240, 241), des *sauts de chat* (290); ils *assemblent* (254); ils *changent de pied* (254); ils *battent des Entrechats* (255); ils *préparent et exécutent des Pirouettes en dehors* et des *Pirouettes en dedans* (269 à 271).

17. *Temps et Pas caractéristiques de l'orchestique grecque; mécanisme spécial :*
Glissés simultanés sur les deux pieds (fig. 273, 274, 275, 276);
Sautillement sur place d'une jambe sur l'autre (fig. 404);
Cuisse relevée (fig. 405, 406, 407);

Sauts sur place pendant lesquels le Corps reste penché en avant
(fig. 411, 412, 413);

Ruades latérales (fig. 414);

Danse accroupie analogue à la danse petit-russienne (fig. 415
à 418);

Danses cambrées et penchées (fig. 420 à 439);

Tournoiement par piétinement sur la Plante (fig. 346 à 348);

Tournoiement par piétinement sur la demi Pointe (fig. 349 à
353);

Tournoiement par piétinement en Quatrième croisée sur la Plante,
sur la demi Pointe et sur les Pointes (fig. 354 à 359);

Danses avec le manteau (fig. 447 à 459);

Danse des Mains Jointes (fig. 460 à 480).


## Chorégraphie.


18. Les mouvements exécutés par deux danseurs en vis-à-vis ne
sont presque jamais semblables et, s'ils sont de même nature, ils
sont rarement simultanés. Chacun des deux danseurs se préoccupe
peu de mettre ses mouvements d'accord avec ceux de son compagnon (333).

19. On peut poser en règle générale que : *deux danseurs associés ne se touchent point.* Qu'ils soient ou ne soient pas de même
sexe, ils ne se tiennent ni par la main, ni par la taille.

20. Dans les Pas de Trois, comme dans les Pas de Deux, la dyssymétrie est de règle.

21. Le groupe traditionnel des *Trois Danseuses* (avec ou sans Conducteur) échappe en partie aux conventions qui précèdent. D'ordinaire les trois femmes se tiennent par le poignet, par la main ou
par le rabat de la tunique; il en résulte que leurs mouvements sont
simultanés (343 à 347).

*Ensembles.* 22. La simultanéité des mouvements semblables
exécutés par tous les danseurs est apparente sur les Farandoles
(files de danseurs se tenant par la main) (349, 350); sur les rares

représentations des Chœurs scéniques (356); sur la peinture tombale de Ruvo (Tratta) (357); sur un bas-relief de l'Acropole, qui fournit un exemple de Pyrrhique en masse (361). La *règle du même pas* (361) s'y trouve uniformément appliquée.

23. Au contraire, dans les Ensembles composés de danseurs dionysiaques, l'*absence de toute symétrie*, le *désordre systématique* sont la règle constante (395).

24. Les *Farandoles* sont une des formes les plus anciennes et les plus persistantes de l'orchestique populaire (348 à 352).

25. Les *Danses en armes*, imitatives dans le principe (358), se transformèrent avec le temps en une simple parade décorative.

26. Les *Danses Funèbres* se réduisent à une gesticulation symbolique issue de pratiques barbares (s'arracher les cheveux, s'égratigner les joues avec les ongles) auxquelles Solon mit fin par un décret (364). Les mêmes gestes se retrouvent sur les plus anciens vases et sur les amphores de la plus basse époque (370). Mais à partir du v⁰ siècle ils ne sont plus qu'une mimique dont la tradition se perpétuera.

**418. Technique et Esthétique.** — Nous avons constaté avec certitude que les danseurs grecs ont usé d'un grand nombre de mouvements identiques aux Temps et aux Pas de la danse moderne. Il ne faudrait pas en conclure que le mécanisme de leur orchestique fût semblable au nôtre. Nos danseurs tendent à la précision et par de longs efforts ils l'acquièrent : leur idéal consiste à réaliser dans toute leur perfection certaines formules de mouvements rigoureusement fixées. Pour eux, par exemple, une Pirouette à la Seconde, serrée en Attitude (263), est une des variétés du mouvement giratoire dont l'amplitude, la vitesse, les phases successives sont déterminées avec une étonnante minutie. Avant d'exécuter ce mouvement, ou tout autre, ils savent exactement dans quelles limites ils doivent l'effectuer.

Le danseur grec ne possède pas cette expérience. Sans doute il a une grammaire, un formulaire de Temps et de Pas, mais il reste libre de commettre tous les solécismes qu'il lui plaira. Sa fantaisie prime la règle, et il lui est permis de gambader au petit bonheur. Nos artistes mépriseraient les enfantillages dont il se contente sou-

vent : exagération grotesque des mouvements de la marche et de
la course, sautillements sur place, tournoiements en piétinant,
inflexions brusques et violentes du torse, en avant, en arrière, etc. ;
et leur mépris viendrait de ce que ces mouvements-là, et leurs semblables, sont à la portée du premier venu. Le plus pauvre danseur
y peut exceller pourvu qu'il ait du jarret et une tête solide.

L'orchestique grecque est en effet un singulier mélange d'exercices compliqués, difficiles, — tels que : Pas sur les Pointes, Entrechats, Pirouettes, — qui évoquent une lente initiation, et de
mouvements grossiers, rudimentaires. En cela elle se distingue
profondément de notre danse moderne qui ne laisse rien à l'im-
prévu, qui règle tout et se montre très exclusive. Il faut voir la
cause de cette divergence dans l'essence même des deux arts.

**419**. L'un — le nôtre — tend à montrer le corps dans la perfection de sa forme et dans toute la grâce de sa mobilité. Aussi
répudie-t-il les moyens ordinaires, c'est-à-dire les mouvements
naturels. Il les transforme à son usage. Il défend à ses disciples de
marcher comme les autres hommes ; il impose à tous leurs mouvements certaines formes conventionnelles dont la raison d'être
réside en une esthétique qui est, pour ainsi dire, la glorification
du corps. Notre danse est beaucoup moins un langage qu'une
gymnastique décorative, idéalisée. La preuve en est dans la séparation des rôles : il y a des *mimes* et des *danseurs*. Les scènes
mimées et les scènes dansées n'ont pas les mêmes interprètes.

Dans l'orchestique grecque, au contraire, la mimique ne se sépare
jamais de la danse, le mouvement expressif ou geste, du mouvement orchestique. Il faudrait répéter ici ce qui a été dit plus haut
(33, 199) : le danseur grec *parle* avec tout son corps et s'adresse à
des spectateurs qui attendent de lui autre chose qu'un plaisir des
yeux. Il doit leur faire comprendre en l'honneur de quel dieu, à
l'occasion de quelle fête il danse. Choreute tragique ou choreute
comique, il affirmera son rôle bien plus par le caractère de ses
mouvements que par la livrée dont il est revêtu ; pyrrichiste, il se
montrera instruit de tous les artifices de la guerre ; bacchant, il
s'enflammera de l'enthousiasme rituel et fera voir, par ses contorsions, qu'il est vraiment possédé du dieu. Tous les mouvements

lui sont bons; suivant les besoins, il les fera souples ou rudes, il les enchaînera avec grâce ou les hachera avec brusquerie. Pourvu qu'il *exprime* juste, il n'est pas difficile sur le choix des moyens.

L'orchestique grecque se montre par là supérieure à la nôtre, en ce sens qu'elle s'adresse à l'esprit en même temps qu'elle récrée les yeux. Mais elle lui est bien inférieure par le mécanisme, qu'elle fait passer après l'*imitation*.

**420**. Que reste-t-il donc de l'*eurythmie*, dans l'orchestique grecque, puisque le danseur y est dédaigneux de la perfection dans le mouvement?

Les Grecs parlent souvent de l'eurythmie, cette essentielle qualité qui s'appliquait à tout et à laquelle ils attachaient tant de prix. Malheureusement pour nous ils ne la définissent guère : sans doute ils s'entendaient si bien là-dessus que leurs écrivains, en employant le mot, n'avaient pas besoin d'expliquer la chose; et nous en sommes réduits aux conjectures.

Il nous semble pourtant qu'on puisse qualifier d'*eurythmiques*, sans avoir à craindre de s'égarer sur le sens de ce mot, quelques-unes des images antiques disséminées dans cet ouvrage (fig. 151, 152, 155, 161, 188, 452, 453, 457, 463, 468, 501, etc.) et empruntées aux vases peints, aux bas et hauts-reliefs, aux figurines de terre cuite. Les principes de l'Opposition (63, 171), telle que nos vieux maîtres de ballets l'ont définie, s'y trouvent observés avec une entente parfaite, et l'on peut dire du *rythme* qu'expriment *pour l'œil* ces élégantes représentations de danseurs, qu'il est l'application idéalisée des lois dictées par la nature elle-même (63). De pareils types orchestiques donnent une haute idée de la formule idéale vers laquelle tendaient les danseurs de la Grèce antique, — du moins les plus raffinés d'entre eux.

Et si l'on songe que les images précitées ne sont pour la plupart que des produits des arts industriels, combien ne doit-on pas regretter que les œuvres du grand art, dont la danse faisait le sujet, ne nous soient point parvenues. Elles étaient nombreuses. Phidias avait sculpté douze Niké dansant pour servir de pieds au trône de son Zeus Olympien (383). Les Danseuses lacédémoniennes, bronzes de Callimaque, le Chœur des Jeunes Filles autour de Diane,

peinture d'Apelle, le Satyre Aposcopeuôn d'Antiphile et le Danseur
d'Alcisthène (peintures), ne sont pas les seules figures dont l'historien de la danse ait à déplorer la perte. La Joueuse de flûte ivre
(temulenta tibicina), bronze fameux de Lysippe, et la Courtisane
(meretrix gaudens) de Praxitèle, étaient probablement conçues
d'après des modèles orchestiques. La même supposition peut être
faite à l'endroit des Satyres de Lysippe et de Praxitèle (bronzes);
d'un Satyre et du Pan de Protogène, du Satyre d'Ariston, du Joueur
de flûte d'Antidote, de la Joueuse de lyre de Léontiskos (peintures) ;
du Silène de Praxitèle (marbre); et il n'est guère douteux que parmi
les Dionysos de Praxitèle (bronze), d'Aristide, de Nicias (peintures), de Bryaxis, de Scopas, d'Eutychidès (marbres), plusieurs
ne fussent des danseurs [1].

_ Nous avons le droit de croire que les plus précieux spécimens de
la danse grecque antique ont disparu avec ces œuvres d'art. On
pourrait, il est vrai, chercher et trouver des traces de l'influence
orchestique sur plusieurs œuvres capitales de la statuaire, — ou sur
leurs répliques, — conservées dans nos musées, et dont l'étiquette
porte le nom de Niké, d'Eros ou d'Aphrodite. Mais ici le terrain
est glissant et le champ ouvert aux hypothèses est trop vaste pour
que nous osions nous y aventurer.

**421.** Retournons à nos vases peints et à nos figurines de terre
cuite : ils ménagent des surprises, — des déceptions, — à ceux qui,
sur la foi des poètes et des philosophes, ne verraient dans la danse
grecque antique qu'un art « divin, irréprochable ». Nous aurons
beau corriger par la pensée les gaucheries du dessin, les erreurs de
la perspective, tenir compte des exagérations qui tendent au grotesque, les monuments figurés nous livreront le plus souvent des
mouvements bizarres, contournés, pleins de violence. Si l'eurythmie
est la qualité des images énumérées (420), l'*arrythmie* est le mot
qui exprimera le mieux le caractère de celles-ci, choisies en exemples (fig. 117, 118, 119, 128, 160, 171, 189, 193, 275, 352, 353,
407, 408, 410, 411, 413, 420, 469, 474, 492, 494, B, 575). Jamais
nos danseurs ne se livrent à de pareilles brusqueries : ils se gar-

1. Cf. Pline l'Ancien, *Hist. Nat.*, XXXIV, XXXV, XXXVI, passim.

dent de pousser à leurs limites extrêmes les mouvements du Corps
et de la Tête (150, 200). Lorsqu'ils penchent le Corps ou la Tête en
avant, lorsqu'ils les renversent, ils s'arrêtent en deçà des Positions
marquées par les figures 185-186, 197-198, dans la crainte de faire
dégénérer leur art en exercices d'acrobates. Le danseur grec n'a
pas les mêmes scrupules ; il ne répugne pas à la dislocation.

Et qu'on ne croie pas que ces mouvements outrés fussent permis
aux seuls Bacchants et justifiés par l'enthousiasme rituel qui les
enflammait. Un vase du Louvre du v⁰ siècle, et du plus beau style,
met sous nos yeux une danse de Nymphes dont les formules sont
identiques à celles de l'orchestique dionysiaque (fig. 199). Les
têtes s'agitent comme celles des Ménades en délire ; les mouvements des jambes de la danseuse A et l'inclinaison de tout son
corps sont les mêmes qu'on observe sur le Satyre de la figure 275 [1] ;
la danseuse C est comparable, par sa cambrure et par son piétinement, à la figure 352 [2], qui est empruntée à une scène bachique.
Les fervents de Dionysos n'ont donc pas le monopole de ces vio-
lences orchestiques, et nous devons conclure que les danseurs
grecs n'étaient pas toujours fidèles à l'eurythmie, — à moins que
ce mot n'ait une signification tellement étendue, qu'il désigne à la
fois des mouvements pleins de grâce et des mouvements désordonnés.

Une autre conclusion s'impose : les contorsions et les gambades
improvisées auxquelles se livre si souvent le danseur grec feraient
triste figure à côté des Pas et des Enchaînements que notre danse
moderne règle avec une savante minutie.

**422.** Il est vrai de dire que si l'orchestique grecque, dans son
mécanisme, est beaucoup moins parfaite que la nôtre, elle est
aussi moins convenue. La liberté qu'elle laisse au danseur dans le
choix et dans l'exécution de ses mouvements permet à la fantaisie
de chacun de se donner carrière. Il suffit de parcourir du regard la
série des vases peints pour voir les effets de cette indépendance ;
cette imagerie révèle un art dont les fidèles ont disposé suivant
leurs goûts. Il ne leur est enjoint que de respecter quelques formules

1. Cf. (226).
2. Cf. (266).

traditionnelles qui leur servent de thèmes ; là-dessus ils peuvent broder toutes les variations que bon leur semblera.

Nos artistes ont plus difficile d'échapper au moule de l'école : la danse moderne est une science en même temps qu'un art, et ne laisse de liberté à l'exécutant que dans le choix de minimes détails. Son formulaire est inflexible : la moindre infraction aux conventions établies est réputée une faute. Le danseur grec n'a jamais connu cette contrainte et ne doit pas être jugé selon la même mesure.

**423**. Nous devons en effet voir en lui un *mime* au moins autant qu'un *danseur* : ces deux termes sont impliqués dans le mot ὀρχηστής dont la signification est très large (59) et dont l'équivalent n'existe pas dans notre langue.

Ce danseur-mime ne saurait être astreint à une gymnastique trop rigoureuse. Les formules mécaniques qu'il a apprises aux leçons du Pédotribe et du Maître de danse sont en même temps des signes et deviennent un langage. Elles ne peuvent point, par conséquent, rester systématiques et conserver dans tous les cas les mêmes *dimensions*. Elles se prêtent à toutes les nuances de l'expression mimétique : elles se modifient au gré de l'exécutant et suivant ses besoins.

Cela justifie les enfantillages (418) et les exagérations (421) dont nous parlions tout à l'heure : ils sont le fait du mime dont tout danseur était doublé, et ils ont un sens, qui n'échappait pas aux spectateurs.

Pour juger l'orchestique grecque dans ses représentations par les monuments figurés, il est indispensable d'envisager toujours la complexité du rôle dévolu à ses interprètes.

**424**. On le comprendra mieux maintenant : le danseur grec ne consentait à perdre son indépendance que dans les Ensembles où la figuration chorégraphique exigeait que chacun pliât à la règle commune, dans l'intérêt de l'*imitation en masse*. En tout autre cas il se faisait libre, afin de rester maître de son *imitation individuelle*.

La danse à deux, — homme et femme, — telle qu'elle est pratiquée dans nos salons, aurait paru aux anciens un non-sens : ne transforme-t-elle pas le couple en un personnage hybride qui ne peut plus rien exprimer par ses mouvements et à qui tout geste devient impossible? Dans nos danses de société l'homme et la femme s'enlacent étroitement : chacun des danseurs conserve uniquement l'usage de ses jambes; le haut du corps et les bras sont presque immobilisés. Même les mouvements des jambes se trouvent limités à tel point qu'ils se réduisent à la répétition monotone des mêmes formules.

L'indépendance est si chère au danseur grec que l'homme et la femme, en formant un couple orchestique, paraissent craindre de se toucher. Ils s'agitent en face l'un de l'autre, sans souci de la simultanéité de leurs mouvements, ni de leur symétrie. Au milieu des Bacchanales on peut fréquemment reconnaître des groupes de deux — ou de trois — danseurs qui, tout en exécutant des Pas, miment une scène érotique. C'est dans cette mimique qu'il faut chercher la raison d'être du groupe, — dans cette comédie amoureuse qui se joue en même temps qu'elle se danse.

Toujours, partout, le danseur grec « imite ».

**425.** Ne lui soyons pas trop sévères s'il met peu de soins à régler ses Temps et ses Pas.

Nous en conviendrons de bonne grâce : sa science est modeste, son habileté médiocre. Il ne peut pas lutter avec notre danseur qui met quinze ou vingt ans à s'instruire de son art. Mais si l'orchestique grecque dans sa technique, — dans son *mouvement*, — est inférieure à la nôtre, il ne serait pas impossible de montrer qu'elle prend sa revanche sur un autre terrain.


Vu et lu
en Sorbonne, le 20 juillet 1895,
*par le Doyen de la Faculté des Lettres de Paris,*
A. Himly.

Vu et permis d'imprimer :
*Le Vice-Recteur de l'Académie de Paris,*
Gréard:

# Liste des Figures

indiquant leur provenance et la date approchée
des monuments antiques
auxquels elles sont empruntées.

---

## PLANCHES HORS TEXTE
### (Phototypie Berthaud.)

PLANCHE I. — Vase en forme de psyctère (190), remontant aux dernières années du
VIᵉ siècle. Musée du Louvre. — Six joyeux compagnons du Kômos se livrent, deux à
deux, à des exercices orchestiques variés. (Photographie de M. J. Bompard.)

PLANCHE II. — Analyse chronophotographique d'un *Grand Battement à la Quatrième
ouverte, tendu, à terre*, par M. Demeny, préparateur de M. le Dʳ Marey.

PLANCHE III. — Analyse chronophotographique d'un *Entrechat Quatre*, par
M. Demeny.

PLANCHES IV et V. — Images empruntées à diverses analyses chronophotographiques de M. le Dʳ Marey. Reconstitution de Pas orchestiques.

## FIGURES DANS LE TEXTE
### (Photogravure J. Mauge.)

Abréviations employées dans la liste suivante :

v. F. N. = vase à figures noires.
v. F. R. = vase à figures rouges.
Fig. T. C. = figurine de terre cuite.

Toutes les dates indiquées sont antérieures à l'ère chrétienne.

Quelques-unes des images ont été *retournées par transparence*, en vue de faciliter la
comparaison des mouvements entre eux.

Parmi les monuments antiques publiés dans le présent volume, sont *inédits* : le vase
du Louvre dont la planche I montre le développement ; — les vases du Louvre, à
figures noires, partiellement reproduits dans les figures 127, 131, 135, 159, 160, 404,
405, 408, 409, 410, 485, 496, 504, 505, 506, 521, 543, 598 ; — les vases du Louvre, à
figures rouges, auxquels sont empruntées les figures 206, 366, 367, 414, 461, 481, 486,
531, 552 ; — les figurines de terre cuite, du Louvre, dont les figures 190, 192, 359,
559, 565 sont les schémas ; — les statuettes de bronze, du Cabinet des Médailles
(fig. 207 et 558) ; — le camée du Cabinet des Médailles (fig. 579).

# Répertoire alphabétique

## des termes de danse et des mots techniques.

---

# Table des Matières

---

## Les Monuments Figurés.

## Les Mouvements en général.   39

### Les Mouvements Naturels.

## Technique de la Danse.   65

### I. — Les Positions.

# Reconstitution des Temps et des Pas

### *au moyen des Images antiques.*

# Études du Danseur. 219

# La Chorégraphie. 231

# Les Danseurs. 283

# Conclusion. 317

Coulommiers. — Imp. PAUL BRODARD. — 289-95.

**COULOMMIERS**

Imprimerie PAUL BRODARD.